Cubierta:
*Bab al-Mansur, detalle de la decoración
incrustada de azulejos, Mequinez.*

Guías temáticas *Museum With No Frontiers (MWNF)*

EL ARTE ISLÁMICO EN EL MEDITERRÁNEO | MARRUECOS

El Marruecos Andalusí
El descubrimiento de un arte de vivir

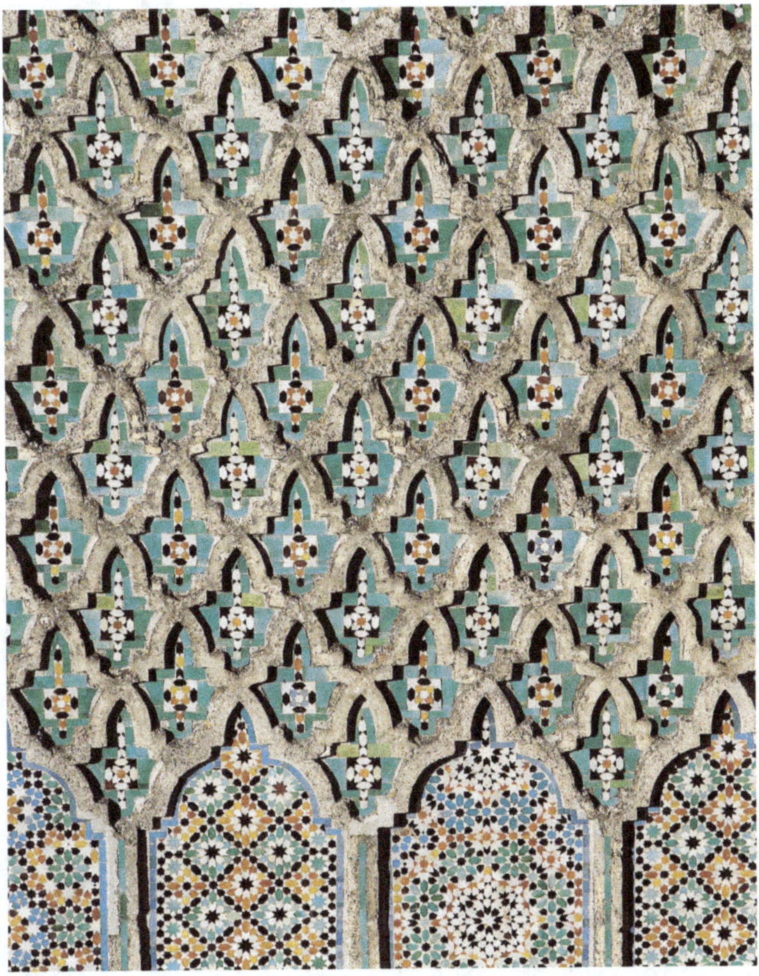

UNIÓN EUROPEA
Euromed Heritage

La realización del Itinerario-Exposición Museum With No Frontiers
EL MARRUECOS ANDALUSÍ: El descubrimiento de un arte de vivir
ha sido cofinanciada por la **Unión Europea** en el marco
del Programa **Euromed Heritage**
y ha recibido el apoyo de las instituciones marroquíes e internacionales
siguientes:

MINISTERIO DE ASUNTOS CULTURALES — Ministerio de Asuntos Culturales del Reino de Marruecos

MINISTERIO DE TURISMO DEL REINO DE MARRUECOS — Ministerio de Turismo del Reino de Marruecos

OFICINA NACIONAL MARROQUÍ DE TURISMO — Oficina Nacional Marroquí de Turismo

Primera edición
© 2000 Ministerio de Asuntos Culturales del Reino de Marruecos & Museum With No Frontiers (textos e ilustraciones)
© 2000 Electa (Grijalbo Mondadori, S.A.), Madrid, España & Museum With No Frontiers
© 2000 Editions EDDIF, Casablanca, Marruecos

Segunda edición
eBook
© 2010 Ministerio de Asuntos Culturales del Reino de Marruecos & Museum Ohne Grenzen | Museum With No Frontiers (textos e ilustraciones)
© 2010 Museum Ohne Grenzen | Museum With No Frontiers, MWNF

Libro de bolsillo
© 2019 Ministerio de Asuntos Culturales del Reino de Marruecos & Museum Ohne Grenzen | Museum With No Frontiers
© 2019 Museum Ohne Grenzen | Museum With No Frontiers, MWNF

ISBN
978-3-902782-81-6 (eBook)
978-3-902782-80-9 (libro de bolsillo)
Todos los derechos reservados.

Información: www.museumwnf.org

Museum Ohne Grenzen | Museum With No Frontiers (MWNF) hace todos los esfuerzos posibles por garantizar la exactitud de la información contenida en sus publicaciones. Sin embargo, MWNF no puede ser considerada responsable por posibles errores, omisiones o inexactitudes y declina toda responsabilidad en caso de accidente, de cualquier tipo, que pueda ocurrir durante las visitas propuestas.

Este libro se preparó entre 1998 y 2000. Toda la información práctica (como llegar, horarios, contactos, etc.) se refiere al momento de la preparación del libro y por lo tanto se recomienda comprobar los datos antes de programar una visita.

Las opiniones expresadas en esta obra no reflejan necesariamente las opiniones de la Unión Europea o de sus estados miembros.

Programa
Museum With No Frontiers
Idea y concepción general
Eva Schubert

Director del proyecto
Abdelaziz Touri, Rabat

Comité científico
Mhammad Benaboud, Tetuán
Naïma El-Khatib Boujibar, Casablanca
Kamal Lakhdar, Rabat
Mohamed Mezzine, Fez
Abdelaziz Touri, Rabat

Catálogo

Introducciones
Abdelaziz Touri
Naïma El-Khatib Boujibar
Mohamed Mezzine

Presentación de los recorridos
Comité Científico

Textos técnicos
Nadia Hachimi Alaoui, Casablanca

Fotografía
Khalil Nemmaoui, Casablanca

Mapa general
José Antonio Dávila Buitrón, Madrid

Esquemas
Rachid Tedjini, Casablanca
Sergio Viguera, Madrid

Planos de monumentos
Comité Científico

Introducción general
El Arte Islámico en el Mediterráneo

Texto
Jamila Binous, Túnez
Mahmoud Hawari, Jerusalén-Este
Manuela Marín, Madrid
Gönül Öney, Esmirna

Planos
Şakir Çakmak, Esmirna
Ertan Daş, Esmirna
Yekta Demiralp, Esmirna

Traducción
Rosa Cifuentes, Madrid
Pablo Ripollés, Madrid

Revisión de textos
Rosalía Aller Maisonnave, Madrid

Diseño y maquetación
Agustina Fernández,
Electa España, Madrid
Christian Eckart,
MWNF, Viena (2ª edición)

Coordinación local

Dirección de producción
Nadia Hachimi Alaoui, Casablanca
Nouria Cherradi, Casablanca

Secretaría
Lamia Moukhliss, Casablanca

Coordinación internacional

Coordinación General
Eva Schubert

Coordinación Comités Científicos,
traducciones, edición y producción
de los catálogos (1ª edición)
Sakina Missoum, Madrid

Agradecimientos

Nuestro agradecimiento a las siguientes personas e instituciones por su colaboración y apoyo:

Archivos del Ministerio de Asuntos Culturales, Rabat
Asociación Ader-Fez
Biblioteca General y Archivos, Rabat
Biblioteca Real al-Hassania, Rabat
Le Carrefour des Arts, Casablanca
Legación americana de Tánger
La Villa des Arts, Fondation ONA, Casablanca
Colectividades locales
Delegados regionales del Ministerio de Turismo y del Ministerio de Asuntos Culturales

así como a los conservadores de los siguientes museos:
Museo Yamai, Mequinez
Museo Batha, Fez
Museo Etnográfico, Xauen
Museo Etnográfico, Tetuán
Museo Arqueológico, Tetuán
Escuela de Artes y Oficios, Tetuán
Museo de la Alcazaba, Tánger
Museo de los Udayas, Rabat
Museo Arqueológico, Rabat

y a
Royal Air Maroc

Por otra parte, Museum With No Frontiers agradece

al Gobierno de España
Ministerio de Asuntos Exteriores y de Cooperación,
Agencia Española de Cooperación Internacional para el Desarrollo (AECID)
Ministerio de Cultura

al Ministerio Federal de Asuntos Europeos e Internacionales, Austria
al Ministerio de Bienes y Actividades Culturales (Museo Nacional de Artes Orientales, Roma), Italia
al Secretariado de Estado para el Turismo, Portugal
al Museo de Antigüedades del Mediterráneo y de Oriente Próximo, Estocolmo, Suecia

así como
al Gobierno de la Región del Tirol (Austria) donde se instaló el proyecto piloto de los Itinerarios-Exposición de Museum With No Frontiers.

Referencias fotográficas

Ver página 5 así como
Ann & Peter Jousiffe (Londres), ciudadela de Alepo, página 20.
Archivos Oronoz fotógrafos (Madrid), Alhambra, Granada, página 23.
Biblioteca de la Universidad de Cambridge, carta de Maimónides, página 141.

Advertencias

Transcripción del árabe

Se han utilizado los arabismos del castellano como "magreb", "alcazaba", "alminar", "zoco", etc. que han conservado el sentido de su lengua de procedencia y se ha respetado la transcripción fonética de los términos del dialecto árabe hablado en las diferentes regiones de Marruecos, suministrada por los propios autores. Para las demás palabras, hemos utilizado un sistema de transcripción simplificado, para el cual hemos optado por no transcribir la *hamza* inicial y por no diferenciar entre vocales breves y largas, que se transcriben por *a, i, u*.

La *ta' marbuta* se transcribe por *a* (estado absoluto) y *at* (seguida de un genitivo). La transcripción de las veintiocho consonantes árabes se indica en el cuadro siguiente:

ء	'	ح	h	ز	z	ط	t	ق	q	ه	h
ب	b	خ	kh	س	s	ظ	z	ك	k	و	u/w
ت	t	د	d	ش	sh	ع	'	ل	l	ي	y/i
ث	th	ذ	dh	ص	s	غ	gh	م	m		
ج	j	ر	r	ض	d	ف	f	ن	n		

Las palabras que aparecen en cursiva en el texto, salvo las que están seguidas por su traducción entre paréntesis, se encuentran en el glosario, acompañadas por una breve definición.

La era musulmana

La era musulmana comienza a partir del éxodo del Profeta Muhammad desde La Meca a Yathrib, que tomó entonces el nombre de Madina, "la Ciudad" por excelencia, la del Profeta. Acompañado de su pequeña comunidad (70 personas y miembros de su familia) recién convertida al Islam, el Profeta realizó *al-hiyra* (Hégira, literalmente "emigración") y se inició una nueva era.

La fecha de esta emigración está fijada al primer día del mes de *Muharram* del año 1 de la Hégira, que coincide con el 16 de julio del año 622 de la era cristiana. El año musulmán se compone de 12 meses lunares, cada mes tiene 29 ó 30 días. Treinta años constituyen un ciclo en el cual el 2.º, 5.º, 7.º, 10.º, 13.º, 16.º, 18.º, 21.º, 24.º, 26.º y 29.º año son años bisiestos de 355 días; los demás son años corrientes de 354 días. El año lunar musulmán es 10 u 11 días más corto que el año solar cristiano. Cada día empieza, no justo después de medianoche, sino inmediatamente después del ocaso, en el crepúsculo. La mayoría de los países musulmanes utiliza el calendario de la Hégira (que señala todas las fiestas religiosas) en paralelo con el calendario cristiano.

Las fechas

Las fechas aparecen primero según el calendario de la Hégira, seguidas de su equivalente en el calendario cristiano, tras una barra oblicua.
La fecha de la Hégira no figura cuando se trata de referencias procedentes de fuentes cristianas, de acontecimientos históricos europeos o que hayan tenido lugar en Europa, de dinastías cristianas y de fechas posteriores a la firma del tratado de 1856 que obligó a Marruecos a reconocer, entre otras cosas, el régimen de la protección.
La correspondencia de los años de un calendario a otro sólo puede ser exacta cuando se proporcionan el día y el mes. Para facilitar la lectura, hemos evitado los años intercalados y, cuando se trata de una fecha de la Hégira comprendida entre el final y el comienzo de un siglo, se mencionan directamente los dos siglos correspondientes.

Abreviaturas:
principio = p.; mediados = m.; primera mitad = p.m.; segunda mitad = s.m.; final = f.

Indicaciones prácticas

Los recorridos que componen el Itinerario-Exposición *EL MARRUECOS ANDALUSÍ: El descubrimiento de un arte de vivir* son independientes. Por tanto, es posible seguirlos en el orden que se desee.

El recorrido VII, titulado "Los puertos del Estrecho", se articula en tres días. Esta división responde a un criterio geográfico, pues la distancia entre las diferentes etapas es considerable. En cambio, el recorrido VIII, "Pleamar y bajamar, resplandor y ocaso", se realiza en dos días, debido al gran número de monumentos que se visita.

En los recorridos de la medina de Fez —II, III y IV—, las indicaciones técnicas para llegar a los monumentos son solo sugerencias. A menudo el camino elegido es el más sencillo, cuando no el más corto. Es posible optar por otra alternativa, o incluso cambiar el orden de las visitas.

En Marruecos, se plantea el problema de la transcripción de los nombres árabes. Esto puede dificultar la orientación, ya que el nombre de un monumento aparece escrito de diferentes formas.

En términos generales, en Marruecos solo pueden acceder a los lugares de culto —con excepción del mausoleo de Mulay Ismail, en Mequinez— las personas de confesión musulmana. Esta información aparece en los textos técnicos.

Las indicaciones referentes a la visita de los monumentos corresponden a las vigentes en el momento de la redacción de este catálogo. Durante nuestra visita, algunos monumentos estaban cerrados al público; la información correspondiente figura en los textos técnicos. Museo Sin Fronteras no se responsabiliza de modificaciones posteriores.

Sin embargo, es importante tener en cuenta que los viernes, el horario de apertura de ciertos monumentos puede modificarse en torno a las 12 horas, para que el guardián pueda acudir a la mezquita. Como esta variación no se refleja en las indicaciones técnicas, rogamos que se tenga presente en el momento de la visita.

Los museos nacionales no abren los martes, y los que se encuentran en las dependencias de una administración están cerrados los fines de semana.

Museo Sin Fronteras no se responsabiliza de los incidentes que pudieran producirse durante la visita del Itinerario-Exposición.

Para más información, rogamos que se dirijan a Museo Sin Fronteras, oficina de Casablanca.

Nadia Hachimi Alaoui
Directora de Producción

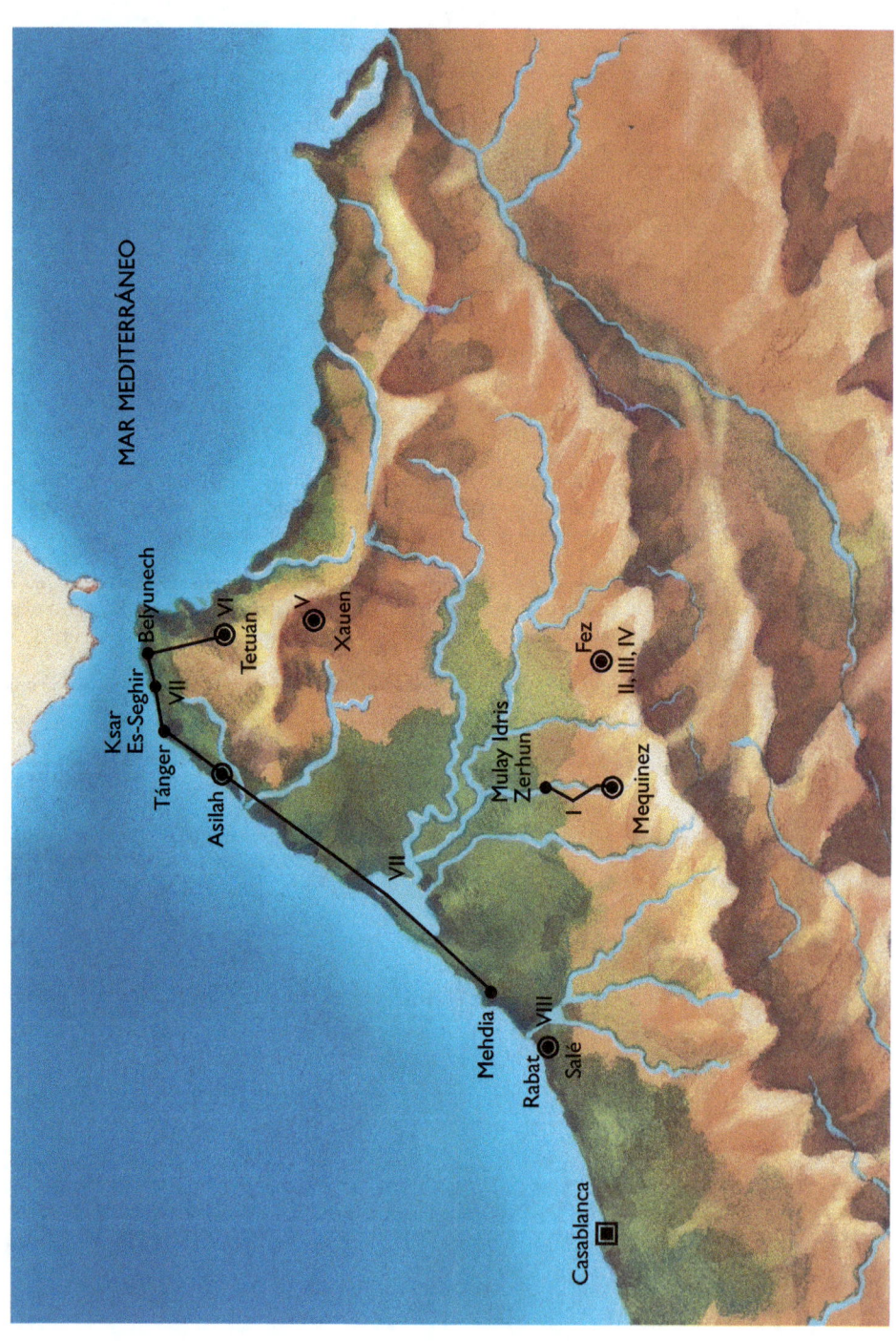

Sumario

15 **El Arte Islámico en el Mediterráneo**
Jamila Binous, Mahmoud Hawari, Manuela Marín, Gönül Öney

35 **Aproximación histórica**
Abdelaziz Touri

50 **El Marruecos andalusí**
Naïma El-Khatib Boujibar
Mohamed Mezzine

64 **Recorrido I**
La Villa Real
Mulay Ismail
Mohamed Mezzine

86 **Recorrido II**
Un día en la vida de un taleb en Fez
La caligrafía
Mohamed Mezzine

110 **Recorrido III**
Un día en la vida de un artesano en Fez
Mohamed Mezzine, Naïma El-Khatib Boujibar
La cerámica
Naïma El-Khatib Boujibar

130 **Recorrido IV**
Un día en la vida de un judío de Fez
Maimónides
Mohamed Mezzine

142 **Recorrido V**
Xauen, la ciudad santa de las montañas del Rif
Saida El-Horra, princesa de Xauen
Naïma El-Khatib Boujibar

162 **Recorrido VI**
Tetuán, patio de una civilización
La música andalusí
Mhammad Benaboud

182 **Recorrido VII** (3 días)
Los puertos del Estrecho
Ibn Battuta
Naïma El-Khatib Boujibar

214 **Recorrido VIII** (2 días)
Pleamar y bajamar, resplandor y ocaso
La alfombra de Rabat – El zelish
Kamal Lakhdar

249 **Glosario**

253 **Índice de personajes históricos**

258 **Orientación bibliográfica**

259 **Autores**

LAS DINASTÍAS ISLÁMICAS EN EL MEDITERRÁNEO

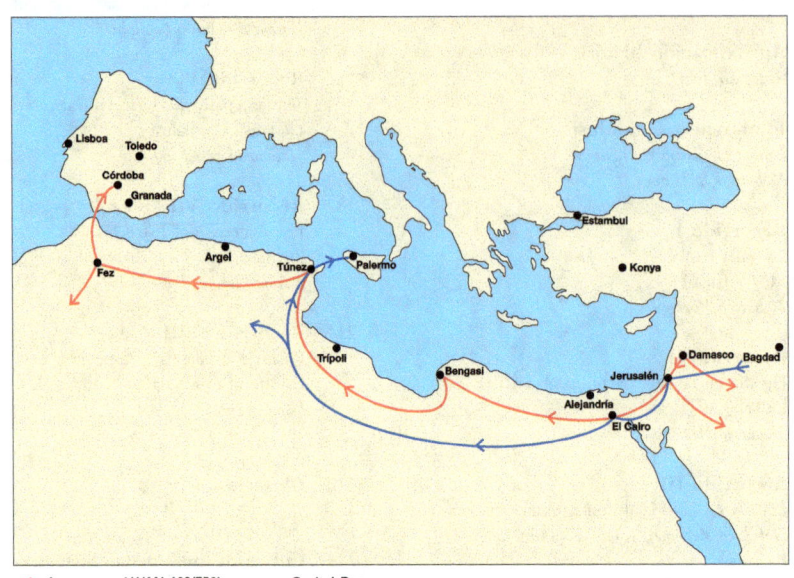

← Los omeyas (41/661-132/750) Capital: Damasco
← Los abbasíes (132/750-656/1258) Capital: Bagdad

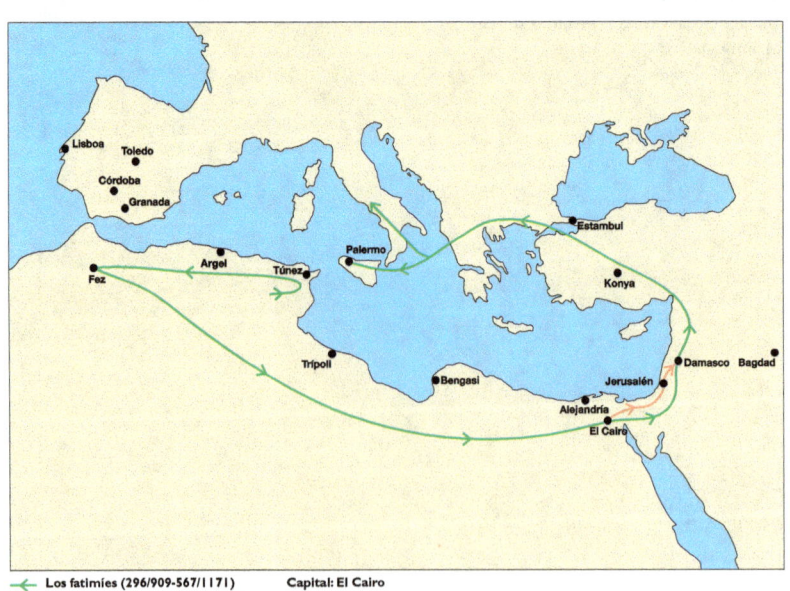

← Los fatimíes (296/909-567/1171) Capital: El Cairo
← Los mamelucos (648/1250-923/1517) Capital: El Cairo

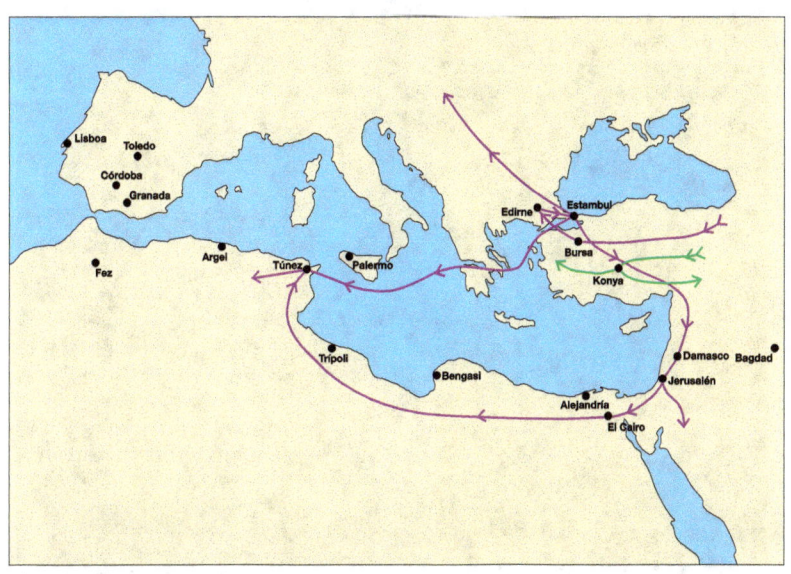

← Los selyuquíes (571/1075-718/1318)   Capital: Konya
← Los otomanos (699/1299-1340/1922)   Capital: Estambul

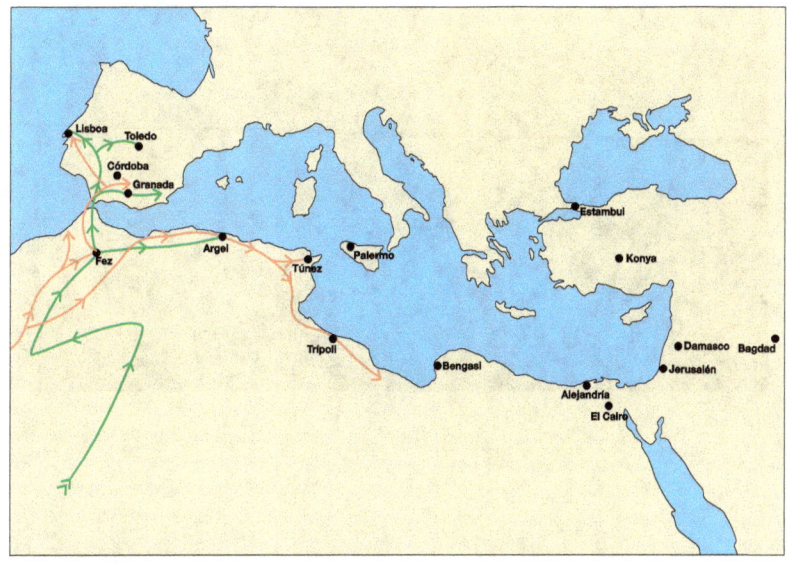

← Los almorávides (427/1036-541/1147)   Capital: Marrakech
← Los almohades (515/1121-667/1269)   Capital: Marrakech

Qusayr 'Amra,
pintura mural
en la Sala de Audiencia,
Badiya de Jordania.

EL ARTE ISLÁMICO EN EL MEDITERRÁNEO

Jamila Binous
Mahmoud Hawari
Manuela Marín
Gönül Öney

El legado islámico en el Mediterráneo

Desde la primera mitad del siglo I/VII, la historia de la Cuenca Mediterránea ha estado unida en casi igual proporción a la de dos culturas: el Islam y el Occidente cristiano. Esta extensa historia de conflicto y contacto ha generado una mitología ampliamente difundida por el imaginario colectivo, una mitología basada en la imagen de la otra cultura como el enemigo implacable, extraño y diferente y, como tal, incomprensible. Por supuesto, las batallas han salpicado los siglos transcurridos desde que los musulmanes se esparcieron desde la Península Arábiga y se apoderaron del Creciente Fértil, Egipto, y posteriormente del norte de África, Sicilia y la Península Ibérica, penetrando por la Europa occidental hasta el mismo sur de Francia. A principios del siglo II/VIII, el Mediterráneo estaba bajo control islámico.

Este impulso de expansión, de una intensidad raramente igualada en la historia, se llevaba a cabo en nombre de una religión que se consideraba heredera simultánea de sus dos predecesoras: el judaísmo y el cristianismo. Pero sería una inapropiada simplificación explicar la expansión islámica únicamente en términos religiosos. Existe una imagen muy extendida en Occidente que presenta el Islam como una religión de dogmas simples adaptados a las necesidades de la gente corriente y difundida por vulgares guerreros que habrían surgido del desierto blandiendo el Corán en las puntas de sus espadas. Esta burda imagen ignora la complejidad intelectual de un mensaje religioso que, desde el momento de su aparición, transformó el mundo. Se identifica esta imagen con una amenaza militar y se justifica así una respuesta en los mismos términos. Finalmente, reduce toda una cultura a uno solo de sus elementos —la religión— y, al hacerlo, la priva de su potencial de evolución y cambio.

Los países mediterráneos que se fueron incorporando progresivamente al mundo musulmán comenzaron sus respectivos trayectos desde puntos de partida muy diferentes. Por tanto, las formas de vida islámica que comenzaron a desarrollarse en cada uno de ellos fueron lógicamente muy diversas, aunque dentro de la unidad resultante de su común adhesión al nuevo dogma religioso. Es precisamente la capacidad de asimilar elementos de culturas previas (helenística, romana, etc.) uno de los rasgos distintivos que caracterizan a las sociedades islámicas. Si se restringe la observación al área geográfica del Mediterráneo, que era culturalmente muy heterogénea en el momento de la emergencia del Islam, se descubre rápidamente que este momento inicial no supuso ni mucho menos una ruptura con la historia previa. Se constata así la imposibilidad de imaginar un mundo islámico inmutable y monolítico, embarcado en el ciego seguimiento de un mensaje religioso inalterable.

Si algo se puede distinguir como *leitmotiv* presente en toda el área del Mediterráneo es la diversidad de expresión combinada con la armonía de sentimiento, un sentimiento más cultural que religioso. En la Península Ibérica —por empezar por el perímetro occidental del Mediterráneo— la presencia del Islam, impuesta inicialmente mediante la conquista militar, produjo una sociedad claramente diferenciada de la cristiana, pero en permanente contacto con ella. La importancia de la expresión cultural de esta sociedad islámica fue percibida como tal incluso después de que cesara de existir, y dio lugar a lo que tal vez sea uno de los componentes más originales de la cultura hispánica: el arte mudéjar. Portugal ha mantenido, a lo largo del periodo islámico, fuertes tradiciones mozárabes cuyas huellas siguen claramente visibles hoy en día. En Marruecos y Túnez, el legado andalusí quedó asimilado en las formas locales y sigue siendo evidente en nuestros días. El Mediterráneo occidental produjo formas originales de expresión que reflejan su evolución histórica conflictiva y plural.

Encajado entre Oriente y Occidente, el Mar Mediterráneo está dotado de enclaves terrestres como Sicilia, que corresponden a emplazamientos históricos estratégicos con siglos de antigüedad. Conquistada por los árabes que se habían establecido en Túnez, Sicilia siguió perpetuando la memoria histórica y cultural del Islam mucho después de que los musulmanes cesaran de tener presencia política en la isla. Las formas estéticas normandas conservadas en los edificios demuestran claramente que la historia de estas regiones no puede explicarse sin entender la diversidad de experiencias sociales, económicas y culturales que florecieron en su suelo.

En agudo contraste, pues, con la imagen inamovible a la que aludíamos al principio, la historia del Islam mediterráneo se caracteriza por una sorprendente diversidad. Está formada por una mezcla de gentes y caracteres étnicos, de desiertos y tierras fértiles. Aunque la religión mayoritaria fue la del Islam desde el principio de la Edad Media, también es cierto que las minorías religiosas mantuvieron cierta presencia. El idioma del Corán, el árabe clásico, ha coexistido en términos de igualdad con otros idiomas y dialectos del propio árabe. Dentro de un escenario de innegable unidad (religión musulmana, idioma y cultura árabes), cada sociedad ha evolucionado y respondido a los desafíos de la historia de una forma propia.

Aparición y desarrollo del arte islámico

En estos países, dotados de civilizaciones diversas y antiguas, fue surgiendo a finales del siglo II/VIII un nuevo arte impregnado de las imágenes de la fe islámica, que acabó imponiéndose en menos de cien años. Este arte dio origen a todo tipo de creaciones e innovaciones basadas en la unificación de las fórmulas y los procesos tanto decorativos como arquitectónicos de las diversas regiones, inspirándose simultáneamente en las tradiciones artísticas sasánidas, grecorromanas, bizantinas, visigóticas y beréberes.

El primer objetivo del arte islámico fue servir tanto a las necesidades de la religión como a los diversos aspectos de la vida socioeconómica. Y así aparecieron nuevos edificios destinados a usos religiosos, tales como las mezquitas y los santuarios. Por este motivo, la arquitectura desempeñó un papel central en el arte islámico, ya que gran parte de las otras artes están ligadas a ella. No obstante, al margen de la arquitectura, apareció un abanico de artes menores que encontraron su expresión artística a través de una amplia variedad de materiales, tales como la madera, la cerámica, los metales o el vidrio, entre otros muchos. En el caso de la alfarería, se recurrió a una amplia variedad de técnicas, entre las cuales sobresalen las piezas policromadas y lustradas. Se fabricaron también vidrios de gran belleza, alcanzándose un alto nivel en la realización de piezas adornadas con oro y esmaltes de colores brillantes. En la artesanía del metal, la técnica más sofisticada fue el trabajo en bronce con incrustaciones de plata o cobre. Se confeccionaron también tejidos y alfombras de alta calidad, con diseños basados en figuras geométricas, humanas y animales. Los manuscritos iluminados con ilustraciones en miniatura, por otra parte, representan un avance espectacular en las artes del libro. Toda esta diversidad en las manifestaciones menores refleja el esplendor alcanzado por el arte islámico.

Sin embargo, el arte figurativo quedó excluido del ámbito litúrgico del Islam, lo cual significa que permanece marginado con respecto al núcleo central de la civilización islámica y que solo es tolerado en su periferia. Los relieves son poco frecuentes en la decoración de los monumentos, mientras que las esculturas son casi planas. Esta ausencia se ve compensada por la gran riqueza ornamental de los revestimientos de yeso tallado, paneles de madera esculpida y mosaicos de cerámica vitrificada, así como frisos de *muqarnas* (mocárabe). Los elementos decorativos sacados de la naturaleza —hojas, flores, ramas— están estilizados al máximo y son tan complicados que casi no evocan sus fuentes de inspiración. La imbricación y la combinación de motivos geométricos, como rombos y polígonos, configuran redes entrelazadas que recubren por completo las superficies, dando lugar a formas llamadas "arabescos". Una innovación dentro del repertorio decorativo fue la introducción de elementos epigráficos en la ornamentación de los monumentos, el mobiliario y todo tipo de objetos. Los artesanos musulmanes recurrieron a la belleza de la caligrafía árabe, la lengua del Libro Sagrado, el Corán, no solo para la transcripción de los versos coránicos, sino simplemente como elemento decorativo para la orna-

El arte islámico en el Mediterráneo

Cúpula de la Roca, Jerusalén.

mentación de los estucos y los marcos de los paneles.

El arte estaba también al servicio de los soberanos. Para ellos los arquitectos construían palacios, mezquitas, escuelas, casas de baños, *caravansarays* y mausoleos que llevan a menudo el nombre de los monarcas. El arte islámico es, sobre todo, un arte dinástico. Con cada soberano aparecían nuevas tendencias que contribuían a la renovación parcial o total de las formas artísticas, según las condiciones históricas, la prosperidad de los diferentes reinos y las tradiciones de cada pueblo. A pesar de su relativa unidad, el arte islámico permitió así una diversidad propicia a la aparición de diferentes estilos, identificados con las sucesivas dinastías.

La dinastía omeya (41/661-132/750), que trasladó la capital del califato a Damasco, representa un logro singular en la historia del Islam. Absorbió e incorporó el legado helenístico y bizantino, y refundió la tradición clásica del Mediterráneo en un molde diferente e innovador. El arte islámico se formó, por tanto, en Siria, y la arquitectura, inconfundiblemente islámica debido a la personalidad de los fundadores, no perdió su relación con el arte cristiano y bizantino. Los más importantes monumentos omeyas son la Cúpula de la Roca de Jerusalén, el ejemplo más antiguo de santuario islámico monumental; la Mezquita Mayor de Damasco, que sirvió de modelo para las mezquitas posteriores; y los palacios del desierto de Siria, Jordania y Palestina.

Cuando el califato abbasí (132/750-656/1258) sustituyó a los omeyas, el centro político del Islam se trasladó desde el Mediterráneo hasta Bagdad, en Mesopotamia. Este factor influyó en el desarrollo de la civilización islámica, hasta el punto de que todo el abanico de manifestaciones culturales y artísticas quedó marcado por este cambio. El arte y la arquitectura abbasíes se inspiraban en tres grandes tradiciones: la sasánida, la asiática central y la selyuquí. La influencia del Asia central estaba presente ya en la arquitectura sasánida, pero en Samarra esta influencia se reflejó en la forma de trabajar el estuco con ornamentaciones de arabescos que rápidamente se difundiría por todo el mundo islámico. La influencia de los monumentos abbasíes se puede observar en los edificios construidos durante este período en otras regiones del imperio, pero especialmente en Egipto e Ifriqiya. La mezquita de Ibn Tulun (262/876-265/879), en El Cairo, es una obra maestra notable por su planta y por su unidad de concepción. Se inspiró en el modelo de la Mezquita Mayor abbasí de Samarra, sobre todo en su alminar en espiral. En Kairuán, la capital de Ifriqiya, los vasallos de los califas abbasíes, los aglabíes (184/800-296/909), ampliaron la Mezquita Mayor de Kairuán, una de las más venerables mezquitas *aljamas* del Magreb y cuyo *mihrab* está revestido con azulejos de Mesopotamia.

El reinado de los fatimíes (296/909-567/1171) representa un período notable en la historia de los países islámicos del Mediterráneo: el norte de África, Sicilia, Egipto y Siria. De sus construcciones arquitectónicas permanecen algunos ejemplos como testimonio de su gloria pasada: en el Magreb central, la Qal'a de los Bani Hammad y la mezquita de Mahdia; en Sicilia la Cuba (*Qubba*) y la Zisa

Mezquita de Kairuán, mihrab, Túnez.

Mezquita de Kairuán, alminar, Túnez.

Ciudadela de Alepo, vista de la entrada, Siria.

Complejo Qaluwun, El Cairo, Egipto.

(*al-'Aziza*), en Palermo, construidos por artesanos fatimíes bajo el reinado del rey normando Guillermo II; en El Cairo, la mezquita de al-Azhar es el ejemplo más prominente de la arquitectura fatimí egipcia.

Los ayyubíes (567/1171-648/1250), quienes derrocaron a la dinastía fatimí de El Cairo, fueron importantes mecenas de la arquitectura. Establecieron instituciones religiosas (*madrasas*, *janqas*) para la propagación del Islam sunní, así como mausoleos, establecimientos de beneficencia social e imponentes fortificaciones derivadas del conflicto militar con los cruzados. La ciudadela siria de Alepo es un ejemplo notable de su arquitectura militar.

Los mamelucos (648/1250-923/1517), sucesores de los ayyubíes que resistieron con éxito a los cruzados y a los mongoles, consiguieron la unidad de Siria y Egipto, y construyeron un imperio fuerte. La riqueza y el lujo que reinaban en la corte del sultán mameluco de El Cairo fueron la causa principal de que los artistas y arquitectos llegaran a desarrollar un estilo arquitectónico de extraordinaria elegancia. Para el mundo islámico, el período mameluco señala un momento de renovación y renacimiento. El entusiasmo de los mamelucos por la fundación de instituciones religiosas y por la reconstrucción de las existentes los sitúa entre los más grandes impulsores del arte y la arquitectura en la historia del Islam. Constituye un ejemplo típico de este período la

Mezquita de Hassan (757/1356), una mezquita funeraria de planta cruciforme en la que los cuatro brazos de la cruz están formados por cuatro *iwan*s que circundan un patio central.

Anatolia fue el lugar de nacimiento de dos grandes dinastías islámicas: los selyuquíes (571/1075-718/1318), quienes introdujeron el Islam en la región, y los otomanos (699/1299-1340/1922), quienes pusieron fin al imperio bizantino con la toma de Constantinopla, consolidando su hegemonía en toda la región.

Mezquita Selimiye, vista general, Edirne, Turquía.

El arte y la arquitectura selyuquíes dieron lugar a un floreciente estilo propio a partir de la fusión de las influencias provenientes de Asia central, Irán, Mesopotamia y Siria con elementos derivados del patrimonio de la Anatolia cristiana y la antigüedad. Konya, la nueva capital de la Anatolia central, al igual que otras ciudades, fue enriquecida con numerosos edificios construidos en este nuevo estilo selyuquí. Son numerosas las mezquitas, *madrasa*s, *turbe*s y *caravansaray*s que han llegado hasta nuestros días, lujosamente decorados por estucos y azulejos con diversas representaciones figurativas.

A medida que los emiratos selyuquíes se desintegraban y Bizancio entraba en declive, los otomanos fueron ampliando rápidamente su territorio y trasladaron la capital de Iznik a Bursa y luego otra vez a Edirne. La conquista de Constantinopla en 858/1453 por el sultán Mehmet II imprimió el necesario impulso para la transición desde un estado emergente a un gran imperio, una superpotencia cuyas fronteras llegaban hasta Viena, incluyendo los Balcanes al oeste e Irán al este, así como el norte de África desde Egipto hasta Argelia. El Mediterráneo se convirtió, pues, en un mar otomano. La carrera por superar el esplendor de las iglesias bizantinas heredadas, cuyo máximo ejemplo es Santa Sofía, cul-

Cerámica del palacio Kubadabad, museo Karatay, Konya, Turquía.

El arte islámico en el Mediterráneo

Mezquita Mayor de Córdoba, mihrab, España.

Madinat al-Zahra', Dar al-Yund, España.

minó en la construcción de las grandes mezquitas de Estambul. La más significativa de ellas es la mezquita Süleymaniye, concebida en el siglo X/XVI por el famoso arquitecto otomano Sinán, que constituye el ejemplo más significativo de armonía arquitectónica en edificios con cúpula. La mayoría de las grandes mezquitas otomanas formaba parte de extensos conjuntos de edificios llamados *külliye*, compuestos por varias *madrasas*, una escuela coránica, una biblioteca, un hospital (*darüssifa*), un hostal (*tabjan*), una cocina pública, un *caravansaray* y varios mausoleos. Desde principios del siglo XII/XVIII, durante el llamado Período del Tulipán, el estilo arquitectónico y decorativo otomano reflejó la influencia del Barroco y el Rococó franceses, anunciando así la etapa de occidentalización de las artes y la arquitectura islámicas.

Situado en el sector occidental del mundo islámico, al-Andalus se convirtió en la cuna de una forma de expresión artística y cultural de gran esplendor. Abderramán I estableció un califato omeya independiente (138/750-422/1031) cuya capital era Córdoba. La Mezquita Mayor de esta ciudad habría de convertirse en predecesora de las tendencias artísticas más innovadoras, con elementos como los arcos superpuestos bicolores y los paneles con ornamentación vegetal, que pasarían a formar parte del repertorio de formas artísticas andalusíes.

En el siglo V/XI, el Califato de Córdoba se fragmentó en una serie de principados incapaces de hacer frente al progresivo avance de la Reconquista, iniciada por los estados cristianos del noroeste de la Península Ibérica. Estos reyezuelos, o Reyes de Taifa, recurrieron a los almorávides en 479/1086 y a los almohades en 540/1145, para repeler el avance cristiano y restablecer parcialmente la unidad de al-Andalus.

A través de su intervención en la Península Ibérica, los almorávides (427/1036-541/1147) entraron en contacto con una nueva civilización y quedaron inmediatamente cautivados por el refinamiento del arte andalusí, como lo refleja su capital Marrakech, donde construyeron una gran mezquita y varios palacios. La influencia de la arquitectura de Córdoba y otras capitales como Sevilla se hizo sentir en todos los monumentos almorávides desde Tlemcen o Argel hasta Fez.

Mezquita de Tinmel, vista aérea, Marruecos.

Bajo el dominio de los almohades (515/1121-667/1269), quienes extendieron su hegemonía hasta Túnez, el arte islámico occidental alcanzó su momento de máximo apogeo. Durante este período, se renovó la creatividad artística que se había originado bajo los soberanos almorávides y se crearon varias obras maestras del arte islámico. Entre los ejemplos más notables se encuentran la Mezquita Mayor de Sevilla, con su alminar, la Giralda; la Kutubiya de Marrakech; la mezquita de Hassan de Rabat; y la Mezquita de Tinmel, en lo alto de las Montañas del Atlas marroquí.

Torre de las Damas y jardines, la Alhambra, Granada, España.

Tras la disolución del imperio almohade, la dinastía nazarí (629/1232-897/1492) se instaló en Granada y alcanzó su esplendor en el siglo VIII/XIV. La civilización de Granada había de convertirse en un modelo cultural durante los siglos venideros en España (el arte mudéjar) y sobre todo en Marruecos, donde esta tradición artística disfrutó de gran popularidad y se ha conservado hasta nuestros días en la arquitectura, la decoración, la música y la cocina. El famoso palacio y fuerte de *al-Hamra'*

Mértola, vista general, Portugal.

Friso epigráfico con caracteres cursivos sobre azulejos, madrasa Buinaniya, Mequinez, Marruecos.

(la Alhambra) de Granada señala el momento cumbre del arte andalusí y posee todos los elementos de su repertorio artístico.

En Marruecos, los meriníes (641/1243-876/1471) sustituyeron en la misma época a los almohades, mientras que en Argelia reinaban los Abd al-Wadid (633/1235-922/1516) y en Túnez los hafsíes (625/1228-941/1534). Los meriníes perpetuaron el arte andalusí, enriqueciéndolo con nuevos elementos. Embellecieron la capital Fez con numerosas mezquitas, palacios y *madrasa*s, considerados todos estos edificios, con sus mosaicos de cerámica y sus paneles de *zelish* decorando los muros, como los ejemplos más perfectos del arte islámico. Las últimas dinastías marroquíes, la de los saadíes (933/1527-1070/1659) y la de los alauíes (1070/1659-hasta hoy), prosiguieron la tradición artística de los andalusíes exiliados de su tierra nativa en 897/1492. Para construir y decorar sus monumentos, estas dinastías siguie-

Qal'a de los Bani Hammad, alminar, Argelia.

Tumba de los Saadíes, Marrakech, Marruecos.

ron recurriendo a las mismas fórmulas y a los mismos temas decorativos que las dinastías precedentes, y añadieron toques innovadores propios de su genio creativo. A principios del siglo XI/XVII, los emigrantes andalusíes (los moriscos) que establecieron sus residencias en las ciudades del norte de Marruecos, introdujeron allí numerosos elementos del arte andalusí. Actualmente, Marruecos es uno de los pocos países que ha mantenido vivas las tradiciones andalusíes en la arquitectura y el mobiliario, modernizadas por la incorporación de técnicas y estilos arquitectónicos del siglo XX.

LA ARQUITECTURA ISLÁMICA

En términos generales, la arquitectura islámica puede clasificarse en dos categorías: religiosa, como es el caso de las mezquitas y los mausoleos, y secular, como en los palacios, los *caravansarays* o las fortificaciones.

Arquitectura religiosa

Mezquitas

Por razones evidentes, la mezquita ocupa el lugar central en la arquitectura islámica. Representa el símbolo de la fe a la que sirve. Este papel simbólico fue comprendido por los musulmanes en una etapa muy temprana, y desempeñó un papel importante en la creación de adecuados signos visibles para el edificio: el alminar, la cúpula, el *mihrab* o el *mimbar*.

La primera mezquita del Islam fue el patio de la casa del profeta en Medina, desprovista de cualquier refinamiento arquitectónico. Las primeras mezquitas construidas por los musulmanes a medida que se expandía su imperio eran de gran sencillez. A partir de aquellos primeros edificios se desarrolló la mezquita congregacional o mezquita del viernes (*yami'*), cuyos elementos esenciales han permanecido inalterados durante casi 1400 años. Su planta general consiste en un gran patio rodeado de galerías con arcos, cuyo número de arcadas es más elevado en el lado orientado hacia la Meca (*qibla*) que en los otros lados. La Mezquita Mayor omeya de Damasco, cuya planta se inspira en la mezquita del Profeta, se convirtió en el prototipo de muchas mezquitas construidas en diversas partes del mundo islámico.

Otros dos tipos de mezquitas se desarrollaron en Anatolia y posteriormente en los dominios otomanos: la mezquita basilical y la mezquita con cúpula. La primera tipología consiste en una simple basílica o sala de columnas inspirada en las tradiciones romana tardía y bizantina siria, introducidas con ciertas modificaciones durante el siglo V/XI. En la segunda tipología, que se desarrolló durante el período otomano, el espacio interior

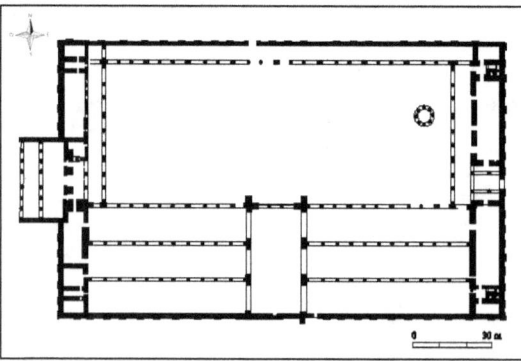

Mezquita omeya de Damasco, Siria.

se organiza bajo una cúpula única. Los arquitectos otomanos crearon en las grandes mezquitas imperiales un nuevo estilo de construcción con cúpulas, fusionando la tradición de la mezquita islámica con la edificación con cúpula en Anatolia. La cúpula principal descansa sobre una estructura de planta hexagonal, mientras que las crujías laterales están cubiertas por cúpulas más pequeñas. Este énfasis en la creación de un espacio interior dominado por una única cúpula se convirtió en el punto de partida de un estilo que habría de

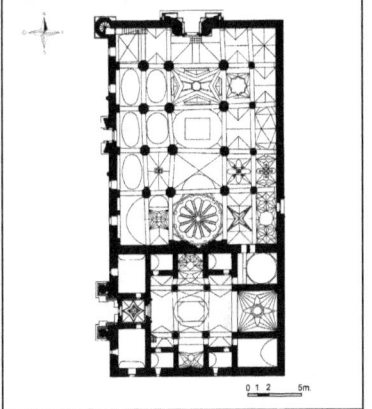

Mezquita Mayor de Divriği, Turquía.

difundirse en el siglo X/XVI. Durante este período, las mezquitas se convirtieron en conjuntos sociales multifuncionales formados por una *zawiya*, una *madrasa*, una cocina pública, unas termas, un *caravansaray* y un mausoleo dedicado al fundador. El monumento más importante de esta tipología es la mezquita Süleymaniye de Estambul, construida en 965/1557 por el gran arquitecto Sinán.

El alminar desde lo alto del cual el *muecín* llama a los musulmanes a la oración, es el signo más prominente de la mezquita. En Siria, el alminar tradicional consiste en una torre de planta cuadrada construida en piedra. Los alminares del Egipto mameluco se dividen en tres partes: una torre de planta cuadrada en la parte inferior, una sección intermedia de planta octogonal y una parte superior cilíndrica rematada por una pequeña cúpula. Su cuerpo central está ricamente decorado y la zona de transición entre las diversas secciones está recubierta con una franja decorativa de mocárabe. Los alminares norteafricanos y españoles, que comparten la torre cuadrada con los sirios, están decorados con paneles de motivos ornamentales dispuestos en torno a ventanas geminadas. Durante el período otomano las torres cuadradas fueron sustitui-

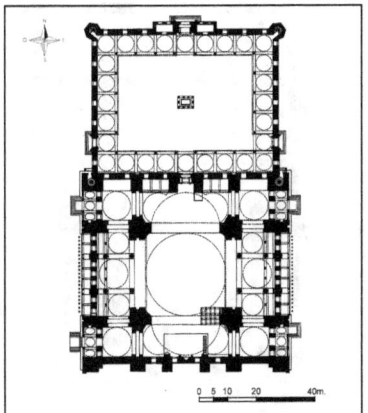

Mezquita Süleymaniye, Estambul, Turquía.

Tipología de alminares.

das por alminares octogonales y cilíndricos. Suelen ser alminares puntiagudos de gran altura y, aunque las mezquitas sólo suelen tener un único alminar, en las ciudades más importantes pueden tener dos, cuatro o incluso seis.

Madrasas

Parece probable que fueran los selyuquíes quienes construyeran las primeras *madrasas* en Persia a principios del siglo V/XI, cuando se trataba de pequeñas edificaciones con una sala central con cúpula y dos *iwans* laterales. Posteriormente se desarrolló una tipología con un patio abierto y un *iwan* central rodeados de galerías. En Anatolia, durante el siglo VI/XII, la *madrasa* se transformó en un edificio multifuncional que servía como escuela médica, hospital psiquiátrico, hospicio con comedores públicos (*imaret*) y mausoleo.

La difusión del Islam ortodoxo sunní alcanzó un nuevo momento cumbre en Siria y Egipto bajo el reinado de los zenyíes y los ayyubíes (siglos VI/XII - p. VII/XIII). Esto condujo a la aparición de la *madrasa* fundada por un dirigente cívico o político en aras del desarrollo de la jurisprudencia islámica. La fundación venía seguida de la concesión de una dotación financiera en perpetuidad (*waqf*), generalmente las rentas de unas tierras o propiedades en la forma de un pomar, unas tiendas en algún mercado (*suq*) o unas termas (*hammam*). La *madrasa* respondía tradicionalmente a una planta cruciforme con un patio central rodeado de cuatro *iwans*. Esta edificación no tardó en convertirse en la forma arquitectónica dominante, a partir de la cual las mezquitas adoptaron la planta de cuatro *iwans*. Posteriormente, fue

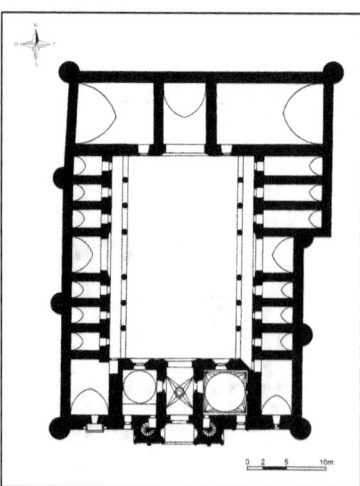

Madrasa de Sivas Gök, Turquía.

perdiendo su exclusiva función religiosa y política como instrumento de propaganda y comenzó a asumir funciones cívicas más amplias, como mezquita congregacional y como mausoleo en honor del benefactor. La construcción de *madrasas* en Egipto y especialmente en El Cairo adquirió un nuevo impulso con la llegada de los mamelucos. La típica *madrasa* cairota de esta época consistía en un gigantesco edificio con cuatro *iwans*, un espléndido portal de mocárabe (*muqarnas*) y unas espléndidas fachadas. Con la toma del poder por parte de los otomanos en el siglo X/XVI, las dobles fundaciones conjuntas —las típicas mezquitas-*madrasas*— se difundieron en forma de extensos conjuntos que gozaban del patronazgo imperial. El *iwan* fue desapareciendo gradualmente, sustituido por la sala con cúpula dominante. El aumento sustancial en el número de celdas con cúpulas para estudiantes constituye uno de los elementos que caracterizan las *madrasas* otomanas.

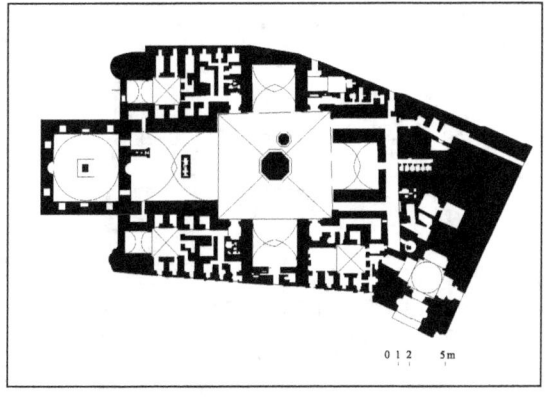

Mezquita y madrasa Sultán Hassan, El Cairo, Egipto.

Una de las varias tipologías de edificios que puede relacionarse con la *madrasa* en virtud tanto de su función como de su forma es la *janqa*. Este término, más que a un tipo concreto de edificio, se refiere a una institución que aloja a los miembros de una orden mística musulmana. Los historiadores han utilizado también los siguientes términos como sinónimos de *janqa*: en el Magreb, *zawiya*; en el mundo otomano, *tekke*; y en general, *ribat*. El sufismo dominó de forma permanente el uso de la *janqa*, que se originó en el este de Persia durante el siglo IV/X. En su forma más simple, la *janqa* era una casa donde un grupo de discípulos se reunía en torno a un maestro (*chayj*) y estaba equipada con instalaciones para la celebración de reuniones, la oración y la vida comunitaria. La fundación de *janqas* floreció bajo el dominio de los selyuquíes en los siglos V/XI y VI/XII, y se benefició de la estrecha asociación entre el sufismo y el *madhab chafi'i* (doctrina), favorecida por la elite dominante.

Mausoleos

La terminología utilizada por las fuentes islámicas para referirse a la tipología del mausoleo es muy variada. El término descriptivo corriente de *turba* hace referencia a la función del edificio como lugar de enterramiento. Otro término, el de *qubba*, hace hincapié en lo más identificable, la cúpula, y a menudo se

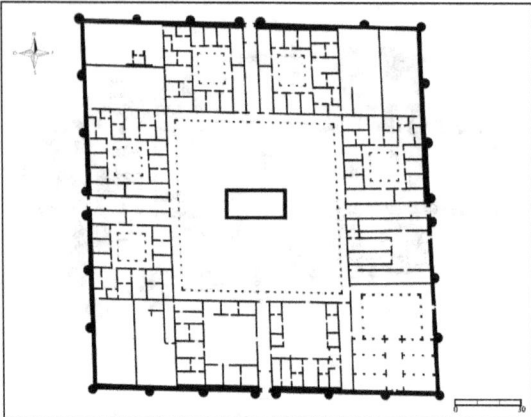

Qasr al-Jayr al-Charqi, Siria.

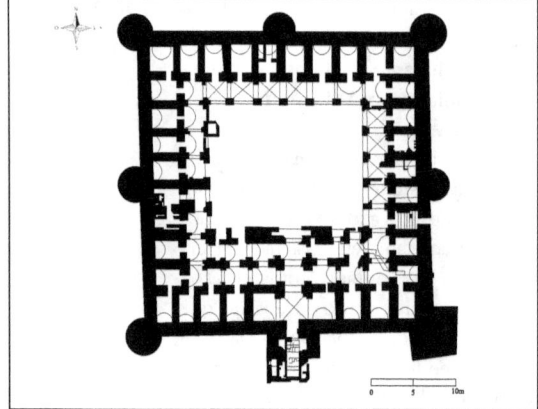

Ribat de Susa, Túnez.

aplica a una estructura donde se conmemora a los profetas bíblicos, a los compañeros del Profeta Muhammad o a personajes notables, ya sean religiosos o militares. La función del mausoleo no se limita exclusivamente a la de lugar de enterramiento y conmemoración, sino que desempeña también un papel importante para la práctica "popular" de la religión. Son venerados como tumbas de los santos locales y se han convertido en lugares de peregrinación. A menudo, estas edificaciones suelen estar ornamentadas con citas coránicas y dotadas de un *mihrab* que los convierte en lugares de oración. En algunos casos, el mausoleo forma parte de alguna edificación contigua. Las formas de los mausoleos islámicos medievales son muy variadas, pero la forma tradicional tiene la planta cuadrada y está rematada por una cúpula.

Arquitectura secular

Palacios

El período omeya se caracteriza por los palacios y las casas de baños situados en remotos parajes desérticos. Su planta básica proviene de los modelos militares romanos. Aunque la decoración de estas edificaciones es ecléctica, constituyen los mejores ejemplos del incipiente estilo decorativo islámico. Entre los medios utilizados para llevar a cabo esta notable diversidad de motivos decorativos se encuentran los mosaicos, las pinturas murales y las esculturas de piedra o estuco. Los palacios abbasíes de Irak, tales como los de Samarra y Ujaydir, responden al mismo esquema en planta que sus predecesores omeyas, pero sobresalen por su mayor tamaño, el uso de un gran *iwan*, una cúpula y un patio, así como por el recurso generalizado a las decoraciones de estuco. Los palacios del período islámico tardío desarrollaron un estilo característico diferente, más decorativo y menos monumental. El ejemplo más notable de palacio real o principesco es La Alhambra. La amplia superficie del palacio se fragmenta en una serie de unidades independientes: jardines, pabellones y patios. Sin embargo, el rasgo más sobresaliente de La Alhambra es la decoración, que brinda una atmósfera extraordinaria al interior del edificio.

Jan Sultan Aksaray, Turquía.

Caravansarays

El *caravansaray* suele hacer referencia a una gran estructura que ofrece alojamiento a viajeros y comerciantes. Generalmente es de planta cuadrada o rectangular, y ofrece una única entrada monumental saliente y torres en los muros exteriores. En torno a un gran espacio central rodeado por galerías se organizan habitaciones para los viajeros, almacenes de mercancía y establos.

Esta tipología de edificio responde a una amplia variedad de funciones, como lo demuestran sus múltiples denominaciones: *jan*, *han*, *funduq* o *ribat*. Estos términos señalan diferencias lingüísticas regionales más que distinciones funcionales o tipológicas. Las fuentes arquitectónicas de los diversos tipos de *caravansarays* son difíciles de identificar. Algunas derivan tal vez del *castrum* o campamento militar romano, con el que se relacionan los palacios omeyas del desierto. Otras tipologías, como las frecuentes en Mesopotamia o Persia, se asocian más bien a la arquitectura doméstica.

Organización urbana

Desde aproximadamente el siglo III/X, cualquier ciudad de cierta importancia se dotó de torres y muros fortificados, elaboradas puertas urbanas y una prominente ciudadela (*qal'a* o alcazaba) como asentamiento del poder. Estas últimas son construcciones realizadas con materiales característicos de la región circundante: piedra en Siria, Palestina y Egipto, o ladrillo, piedra y tapial en la Península Ibérica y el norte de África. Un ejemplo singular de arquitectura militar es el *ribat*. Desde el punto de vista técnico, consistía en un palacio fortificado destinado a los guerreros islámicos que se consagraban, ya fuera provisional o permanentemente, a la defensa de las fronteras. El *ribat* de Susa, en Túnez, recuerda los primeros palacios islámicos, pero difiere de ellos en su distribución interior con grandes salas, así como por su mezquita y alminar.

La división en barrios de la mayoría de las ciudades islámicas se basa en la afinidad étnica y religiosa, y constituye por otra parte un sistema de organización urbana que facilita la administración cívica. En cada barrio hay siempre una mezquita. En el interior o en sus proximidades hay, además, una casa de baños, una fuente, un horno y una agrupación de tiendas. Su estructura está formada por una red de calles y callejones, y un conjunto de viviendas. Según la región y el período, las casas adoptan diferentes rasgos que responden a las distintas tradiciones históricas y culturales, el clima o los materiales de construcción disponibles.

El mercado (*suq*), que actúa como centro neurálgico de los negocios locales, es de hecho el elemento característico más relevante de las ciudades islámicas. La distancia del mercado a la mezquita determina su organización espacial por gremios especializados. Por ejemplo, las profesiones consideradas limpias y honorables (libreros, perfumeros y sastres) se sitúan en el entorno inmediato de la mezquita, mientras que los oficios asociados al ruido y el mal olor (herreros, curtidores, tintoreros) se sitúan progresivamente más lejos de ella. Esta distribución topográfica responde a imperativos basados estrictamente en criterios técnicos.

*Estrecho de Gibraltar
visto desde Belyunech.*

APROXIMACIÓN HISTÓRICA

Abdelaziz Touri

La gran saga del Marruecos andalusí se entremezcla con la epopeya del Islam en Occidente. La implantación de esta religión en el norte de África en general, y en Marruecos en particular, en lugar de los cultos oficiales o locales —como el cristianismo y, en cierta medida, el judaísmo— no fue fácil ni rápida. Las conquistas de Egipto y España durarían apenas tres años cada una; la de Irak, cuatro, y la de Siria, seis; pero los ejércitos del Islam necesitarían más de medio siglo (del 26/647 al 91/710) de lucha casi continua para implantarse definitivamente en el Magreb.

La islamización de Marruecos se asentó firmemente con Musa Ibn Nosayr quien, a principios del siglo II/VIII, consiguió la conversión de sus habitantes y su integración en los ejércitos de Alá. Serán, además, estos contingentes rudos y belicosos los que jugarán un papel decisivo en la conquista de España. Tal política fue muy útil para los objetivos del Islam, pues al integrar a los beréberes, ya que no era posible desarmarlos, hizo de ellos punta de lanza de su propagación. El mensajero árabe y el neófito beréber fueron así enrolados en un proceso irreversible que dará lugar, en este Magreb lejano, a uno de los focos más brillantes de la civilización islámica, un centro que será durante más de siete siglos punto de encuentro hispanomagrebí.

Desde esta nueva posición, el Islam marroquí no tardará en dirigir su mirada a la vecina Península Ibérica. Corría el año 92/711 y Tarik Ibn Ziad, célebre y enigmático beréber recién convertido y general a las órdenes de Musa Ibn Nosayr, condujo a los ejércitos musulmanes de Occidente a la conquista de lo que se convertiría en al-Andalus. Cuarenta años más tarde, cuando el califato omeya agonizaba en Oriente, lo encontraremos revitalizado en España con la ayuda de los beréberes. Desde entonces, los destinos de las dos orillas del Estrecho permanecerán unidos inexorablemente y asistiremos, a lo largo de dos siglos de existencia del Islam andalusí, a un movimiento incesante de intercambio e interpenetración. Entre el 91/710 y el 122/740 el Islam progresa, pues, de manera espectacular; pero es un Islam beréber, que va a actuar de forma cada vez más autónoma frente al califato de Damasco.

En efecto, por razones que tienen mucho que ver con una política fiscal dura e impopular, en el año 122/740 estalló una revuelta en la región de las llanuras atlánticas: la revuelta jariyí. El nombre de esta intransigente doctrina religiosa surgió en Oriente en el 37/658, durante la primera gran crisis del califato. Fue un movimiento importante, ya que destacó rápidamente entre muchas otras tendencias y se extendió por diversas partes del Imperio, entre ellas el Magreb. En el sudeste de Marruecos, en el Tafilalet, se crea un principado jariyí que funda la ciudad de Siyilmasa, importante centro caravanero que desempeñará un papel muy activo en el comercio sahariano hasta el siglo VI/XII.

La revuelta jariyí se extendió rápidamente por todo el Magreb. Esto le permitirá independizarse de la tutela oriental ya que, a pesar de la reestructuración del califato por parte de los abbasíes, el Occidente musulmán se convertirá en soberano a partir del siglo II/VIII bajo la férula de tres dinastías: los omeyas en España, los idrisíes en Marruecos y los rustemíes en Argelia.

Pero a fines del siglo II/m. IX, la imagen de Marruecos es la de un país dividido.

Aproximación histórica

Mulay Idris Zerhun, vista panorámica.

Además del principado de Siyilmasa están el de Nakkur, en el Rif, y el de los berguatas, en las llanuras y mesetas atlánticas; en el resto, las tribus y confederaciones de tribus gozan de total independencia.

En medio de esta división, nace en Volubilis la primera gran dinastía musulmana de Marruecos: la idrisí, que por primera vez en la historia logra la unificación del país y funda la ciudad de Fez.

Recordemos que el advenimiento de los idrisíes tiene lugar en plena crisis del Califato de Oriente, que había dividido a los musulmanes entre partidarios del yerno del Profeta, Alí, de donde surgiría el chiísmo, y de su rival Mu'awiya, que fundaría en Damasco la dinastía omeya, reemplazada por los abbasíes en torno al año 132/750.

Idris Ibn Abdallah escapó en el 169/786 de la represión abbasí y se refugió en Marruecos. En el 171/788 se instaló en Ualili (antigua Volubilis), una región que mantenía su independencia tanto frente a los jariyíes de Siyilmasa como a los berguatas de Tamesna. Debido en parte a sus orígenes jerifianos (descendientes del Profeta), fue muy bien acogido por los beréberes autóctonos, que le rindieron vasallaje y le reconocieron como imán. Fundó la dinastía de los idrisíes y tomó el nombre de Idris I.

El reinado de Idris I no duró más que tres años, del 171/788 al 174/791. Pero en tan breve tiempo, con sorprendente rapidez, asentó su autoridad, llevó a cabo campañas de pacificación y se ganó a una serie de tribus, creando un estado centralizado que pronto adquirió gran renombre; hasta el punto de inquietar al Gran Califa de Bagdad, que ordenó su asesinato.

El éxito de los idrisíes atrajo tanta gente a Walili, primera capital del reino, que pronto quedó pequeña. En consecuencia, en el 172/789 Idris fundó en la orilla derecha del *wad* Fez, en el emplazamiento del actual barrio de los Andalusíes, una nueva capital: *madinat Fas*, ciudad de Fez.

Concebida como sede del Gobierno, la ciudad tenía ante sí un futuro prometedor. Como estaba situada en un cruce de caminos, en medio de ricas tierras, se benefició de las sucesivas oleadas de emigrantes andalusíes e ifriqíes hasta alcanzar el rango de gran metrópoli económica, espiritual y religiosa. Sus éxitos inaugurarán el ciclo de fundación soberana de grandes ciudades ya que, siguiendo el ejemplo de los idrisíes, casi todas las dinastías marroquíes fundarán una capital o una ciudad: los almorávides, Marrakech; los almohades, Rabat; los meriníes, *Fas Ydid* (o Fez la Nueva); y los alauíes, Mequinez.

En el 193/809, *madinat Fas* verá nacer en la orilla izquierda del mismo *wad* Fez, hoy día orilla de los kairuaníes, una nueva ciudad. Este desdoblamiento —potenciado por Idris II, hijo y sucesor del fundador de la dinastía— entrañó una rivalidad muy benéfica entre ambas riberas, pues la "ciudad doble" crecía cada vez más en tamaño y esplendor.

En el plano político, los dos primeros monarcas desplegaron un gran dinamismo y establecieron las bases de una verdadera organización estatal. Idris II (192/808-212/828), en concreto, inspirándose en los modelos orientales, dotó a su reino de una administración, una moneda, un ejército y una nueva capital. Pero las dos décadas que abarcó su reinado no fueron suficientes para extender su autoridad a todo Marruecos; su avance se detuvo, *grosso modo*, en las fronteras de la antigua Mauritania Tingitana. No obstante, logró congregar bajo su mando a numerosas tribus beréberes hasta entonces independientes. La misteriosa muerte de Idris II reveló la fragilidad de las estructuras existentes. Su hijo y sucesor, Mohamed Ibn Idris (212/828-221/836), cometió un error fatal: repartir las posesiones de su padre con sus tres hermanos. Así comenzó un largo periodo de rivalidades que daría lugar a la desestabilización y las luchas declaradas. La inestabilidad del poder y la debilidad de los príncipes favorecieron las intervenciones extranjeras. Fez fue tomada tanto por los fatimíes de Ifriqiya como por los omeyas de al-Andalus; los idrisíes, dudando los unos de los otros, terminan refugiándose en el norte del país, donde se quedarán atrincherados hasta la llegada de los almorávides.

La aparición de estos últimos en la escena del poder, en el siglo V/XI, marca una etapa importante en la historia marroquí y de todo el norte de África. Los almorávides (gente del *ribat*) eran beréberes nómadas que recorrían el gran desierto desde los oasis del sur de Marruecos hasta el País de los Negros, *Bilad al-Sudan*. Su riqueza procedía de su absoluto control sobre el tráfico de caravanas, de la importancia de sus rebaños, y también de sus botines de guerra y correrías. Estos rudos guerreros, poco inclinados a la disciplina, constituían un terreno propicio para quien los supiera organizar; y este fue Abdallah Ibn Yasin. Predicador famoso por su gran piedad, erudición y rigor, fue reclamado por los jefes nómadas para enseñar la lengua árabe y los principios del Islam a sus tribus. Gracias a su extraordinario talento unificador, en poco tiempo creó un pequeño ejército de "monjes-soldados" y

Panorámica de la medina de Fez desde el tejado de la mezquita Qarawiyin, Fez.

Aproximación histórica

empezó a organizar expediciones de guerra santa contra las tribus animistas subsaharianas.

Así pues, los belicosos y ahora bien organizados almorávides pusieron sus ojos en las regiones septentrionales, y tomaron Siyilmasa en 445/1053-54. De este modo comienza una de las más hermosas epopeyas islámicas que, en nombre del rigor religioso, supuso la creación del primer gran imperio islámico-beréber de Occidente.

Con la toma de Siyilmasa, los almorávides se aseguraron el dominio de las dos grandes rutas de comercio transaharianas: la del oeste, que ya controlaban, y la que finalizaba en la recién conquistada Siyilmasa. La débil resistencia que encontraban a su paso animó a sus príncipes a la empresa de imponerse en todo Marruecos.

Guiados por Yusef Ibn Tachfin (453/1061-500/1107) tomarán una a una las principales ciudades y regiones del momento, llegando en sus incursiones hasta el Magreb central. Hacia 464/1072-466/1074 ya estaban sólidamente establecidos en Marruecos y la mitad occidental de Argelia.

En 466/1074, tras un verdadero paseo militar que le permitió extender su dominio a la mayor parte del Magreb, Yusef Ibn Tachfin recibió una petición de ayuda de los Reyes de Taifas. Estos príncipes musulmanes, herederos del Califato de Córdoba, corrían serio peligro de verse exterminados por las tropas castellanas de Alfonso VI, quien en un primer afán de reconquista logró entrar en Toledo en 477/1085. Esto fue lo que animó a los almorávides a cruzar el Estrecho de Gibraltar.

El choque con los cristianos tuvo lugar en 478/1086 en la batalla de Zalaqa, o Sagrajas (cerca de Badajoz), con resultado favorable para las tropas musulmanas. Yusef salió de la contienda investido de un prestigio aún mayor, lo que le permitió entrar en al-Andalus y conquistar, uno a uno, los principados andalusíes, minados por la división y los excesos de sus gobernantes.

Dueños del Magreb y de al-Andalus, los almorávides realizaron por primera vez en la historia la unificación de la mayor parte del Occidente islámico. Pero sobre todo, al tomar al-Andalus, estos feroces guerreros del desierto entraron en contacto con una civilización brillante y refinada. Su capital, Marrakech, creada a partir de cero hacia el 461/1069 como base para sus operaciones en Marruecos, se convierte en punto de encuentro de los sabios más prestigiosos, los poetas más inspirados y los artistas de más fama. El poder de los monarcas, la estabilidad del Imperio y su riqueza propiciaron la eclosión de un arte floreciente, cuyas más bellas realizaciones vieron la luz en tierras magrebíes.

Hacia mediados del siglo VI/XII, el poder almorávide es suplantado por el de los almohades. La llegada de estos últimos supone, según algunos, "el apogeo de la preponderancia marroquí" en el Magreb y al-Andalus, al tiempo que una independencia total del Occidente islámico frente a la tutela oriental.

En efecto, aunque políticamente desligado de todo poder extranjero, el Marruecos almorávide dependía espiritualmente del Califato de Bagdad. Al adoptar solo el título honorífico de *Amir al-Muslimin*, Príncipe de los Musulmanes, los monarcas almorávides reconocieron la preeminencia religiosa y espiritual del Califa oriental,

Aproximación histórica

Mezquita de Tinmel.

único que podía ostentar el glorioso título de *Amir al-Muminin,* Jefe de los Creyentes.

Con Abd al-Mumen Ibn Alí, primer monarca de la dinastía almohade, se inició la era del califato magrebí. Tan pronto como se instala en el poder, después de una serie de campañas que le llevaron más allá de las fronteras actuales de Marruecos, a España y el Magreb, adopta el título de califa, que ostentarían después de él tanto los monarcas de su propia dinastía como los de las siguientes.

El poderío almohade, nacido de la lucha por un ideal y de una misión espiritual, se asienta firmemente gracias a la personalidad de sus tres primeros soberanos. Estos combativos monarcas, Abd al-Mumen (524/1130-558/1163), Abu Ya'qub Yusef (558/1163-579/1184) y Ya'qub al-Mansur (579/1184-595/1199), se consideraban investidos de una misión reformadora cuyo objetivo era la unidad de Alá, o *tawhid*. Abd al-Mumen tuvo que luchar siete años para someter Marruecos y Argelia antes de entrar en Túnez (546/1152). La España musulmana se plegó a su poder, y sus sucesores jamás bajaron la guardia frente a los ataques cristianos. La victoria de Alarcos, en 591/1195, señala el punto culminante del esfuerzo almohade en pro del Islam. Pero, además de hacer la guerra santa en España, debían luchar también en Ifriqiya, caída en manos normandas. Al tomar Túnez y extender su poderío hasta Trípoli, consiguieron unificar por primera vez todo el Occidente musulmán en el seno de un único imperio, con centro en Marruecos y el Atlas.

En la fuente original de este poder está la figura de Mohamed Ibn Tumert, un *fqih,* teólogo además de pensador, que muy pronto se hizo notar por su celo religioso. Este hombre cultivado, buen orador y fino polemista, siempre se ponía en evidencia en sus contradictorias conferencias y en las discusiones apasionadas que mantenía con los juristas almorávides. Pero la calle fue el terreno predilecto de su

Aproximación histórica

Explanada de la mezquita y torre Hassan, Rabat.

acción reformadora, fundada en la censura de las costumbres, la reforma moral y una lucha sin tregua contra el antropomorfismo, que confería atributos humanos a Dios.

Ibn Tumert consideraba a los almorávides, aquejados del síndrome de la civilización —es decir, del apego a la riqueza y el bienestar—, como los "antropomorfistas" que debía combatir para reemplazarlos por otro poder que retornara, en todos sus actos, a las fuentes del islam: el Corán y la tradición del Profeta.

Para lograrlo, Ibn Tumert, el imam irreprochable, crea una espartana organización socio-militar en Tinmel (en pleno corazón del Alto Atlas, a un centenar de kilómetros de Marrakech), donde tuvo que refugiarse hacia el 519/1125. Allí, la pequeña comunidad de los primeros almohades creció pronto; tanto la iniciación del pueblo como la de sus futuros guías se realiza en el más estricto respeto a los principios del maestro. A su muerte, en 524/1130, le sucede en la jefatura su discípulo más próximo y fiel, Abd al-Mumen, que cumplirá la voluntad del preceptor con auténticas dotes de conquistador infatigable. A excepción de las Islas Baleares, el conjunto del Occidente musulmán obedecerá totalmente a los almohades: solo por esto, su época puede considerarse ya como la verdadera edad de oro del Magreb.

La unidad, la paz y el poder así creados favorecieron de manera evidente la eclosión de una civilización estimada por muchos autores como magnífica, tanto más cuanto que los duros reformadores de los comienzos supieron crear el clima de libertad necesario para su desarrollo.

¿Cuáles fueron los factores decisivos para tal evolución? En primer lugar, la riqueza económica. Todas las rutas comerciales de la época estaban dominadas por Marruecos. Las riquezas africanas (oro y esclavos) llegaban a Marrakech, Siyilmasa, Fez o Ceuta antes de emprender camino hacia el norte (al-Andalus, Europa) o el este. Las vías marítimas discurrían todas a lo largo de las costas del Imperio. Los siglos VI/XII y VII/XIII —fundamentales para la renovación de la vida económica y, sobre todo, comercial de Europa— estuvieron dominados por los almohades. Su dinar de oro, al igual que el anterior dinar almorávide (*morabotin*), era la divisa más solicitada en los mercados europeos y mediterráneos.

En segundo lugar, el mecenazgo cultural y artístico ejercido por los soberanos y notables del Imperio, que protegían a intelectuales y artistas. La época almohade vio así aparecer a pensadores, filósofos y médicos de la categoría de Ibn Tofail, Ibn Rochd (Averroes) e Ibn Maimun (Maimónides), o importantes geógrafos como al-Idrisi, etc. Las realizaciones arquitectónicas y urbanísticas fueron grandiosas y variadas, incluso en las zonas más remotas; el ejemplo más importante es la fortaleza de Tinmel.

Pero esta brillante civilización declinó pronto. En una cincuentena de años, el Imperio se desmiembra en múltiples dinastías. En el propio Marruecos, nuevas fuerzas procedentes de los confines argelino-marroquíes toman la capital almohade, Marrakech, en 667/1269 y llevan al poder una nueva estirpe regia: los meriníes.

Será su condición de nómadas, criadores de rebaños trashumantes de camellos y corderos entre el oasis de Figuig —al sudeste de Marruecos— y las planicies de la Muluya, lo que les empujará a buscar nuevos pastos; hacia 610/1214 comienzan a efectuar mayores desplazamientos, que los llevan hasta el Rif, Sais (región de Fez y Mequinez) y Taza. Estas incursiones, debidas a razones puramente económicas y de subsistencia, no albergaban en principio ninguna ambición política. Pero un conjunto de circunstancias hará nacer esas veleidades.

En primer lugar, la debilidad de los soberanos almohades quienes, después de Ya'qub al-Mansur y su hijo al-Nasir (595/1199-609/1213), son manipulados, manejados o, simplemente, depuestos por las facciones y tribus rivales. A continuación vendrá la desmembración del Imperio. En Túnez, los hafsíes se declaran independientes en 626/1229. Les siguen

Chellah, lápidas funerarias del sultán meriní Abu al-Hassan y su esposa, Rabat.

Aproximación histórica

los Beni Abd al-Wad, que fundan su dinastía en Tlemcen. En al-Andalus, la derrota almohade ante los ejércitos cristianos en Las Navas de Tolosa, en 608/1212, arruinó todas las esperanzas, acarreando incluso el asesinato del califa en 609/1213. Finalmente, el hambre y la peste que asolaron simultáneamente el país acabaron con las últimas fuerzas del Imperio.

La época meriní puede dividirse en dos periodos. El primero, desde 656/1258 (advenimiento de Abu Yusef Ya'qub) hasta 759/1358 (muerte de Abu Inan), es el de la construcción y el apogeo. El segundo, que comienza con la muerte de Abu Inan y termina un siglo más tarde, es el del declive, las dificultades y la desmembración.

Durante el primer siglo (656/1258-759/1358), la dinastía meriní consiguió devolver a Marruecos parte de su grandeza pasada. El reino conoció una extensión importante, "de la mar océana a Barça". Gracias a soberanos enérgicos y clarividentes como Abu Said Uzmán (709/1310-731/1331), Abu al-Hassan (731/1331-752/1351) y Abu Inan (752/1351-759/1358), recobra una estabilidad y prosperidad relativas que permiten la puesta en marcha de realizaciones muy importantes.

En el plano intelectual, la era meriní es la de las *medersas*. Estos seminarios religiosos, donde se formaban tanto funcionarios como hombres de ciencia, florecieron por todas partes. Marruecos es hoy el país donde se conserva el mayor número de estos monumentos, que se pueden admirar en Fez, Mequinez o Salé.

En la era meriní, el pensamiento y la creación cultural y artística conocieron también grandes momentos. Para calibrar su importancia, baste saber que es la época del gran historiador Ibn Jaldun o el gran viajero Ibn Battuta.

Pero el segundo siglo de la dinastía meriní es solo un pálido reflejo de la expansión y el bienestar alcanzados durante el primero; la debilidad del poder central, las dificultades económicas y los peligros externos son su distintivo.

En efecto, las disputas internas de los grandes de la corte, que siempre finalizan con el derrocamiento del soberano, entrañan rápidamente la paralización de todas las estructuras del Estado. El Imperio se divide y surgen dos reinos independientes de Fez: el de Marrakech y el de Tafilalet, alrededor de Siyilmasa.

Privado del comercio transahariano y con una fuerte competencia marítima por parte de las potencias europeas, el poder central se encuentra sin recursos. La Europa conquistadora del Renaci-

Medersa Buinaniya, patio interior, Mequinez.

miento está a sus puertas; no tardará en dar el primer paso por medio de los portugueses, que desembarcan en Ceuta en 817/1415, acabando con las esperanzas de los meriníes y abriendo el país a la conquista cristiana. De 817/1415 a 947/1541, portugueses y españoles están presentes en muchas ciudades y puntos estratégicos situados a lo largo de la costa; toman Ksar Es-Seghir en 862/1458, Anfa en 873/1468-69, Asilah y Tánger en 875/1471, Melilla en 902/1497 (por los españoles), etc. La reacción de Abu Zakariya, gran visir wattasí que consigue detener a los portugueses en el estrecho y defender victoriosamente Tánger en 840/1437, no fue más que una chispa que se extinguió rápidamente. El advenimiento de la dinastía wattasí, fundada por los grandes visires de los meriníes, no fue el detonante tan esperado.

Sin embargo, frente a los peligros cristianos y la debilidad del poder central se organiza la reacción marroquí, popular y religiosa; apoyándose en las cofradías que lideran la resistencia, pronto se convertirá en un movimiento de reconquista. Es la era de las *zawiya*s.

El pregón de la guerra santa —*yihad*— entrañó la emergencia de un movimiento jerifiano que explotó hábilmente la fuerza de los morabitos para reconquistar, en un primer momento, todas las plazas caídas en manos cristianas y restablecer el orden interno. Este nuevo poder es el de los saadíes, *chorfa* procedentes de la región del Draa, al sudeste de Marruecos, entre Zagora y Tamgrut. A mediados del siglo IX/XV se instalan en una pequeña ciudad de los alrededores de Tarudant, donde pronto adquieren importancia, gracias a su condición de *chorfa* y al renombre del jefe de la cofradía chadili-

Bastión portugués, Asilah.

ya junto al que vinieron a instalarse, que tenía gran número de adeptos en la región de Susa.

La acción saadí comienza en 916/1511 con un primer ataque contra Agadir. Sin que llegue a ser un éxito, se percibe como el punto de partida de una nueva era y de una nueva fuerza. En efecto, durante los 43 años siguientes, la dinastía saadí se asienta firmemente en la escena nacional, arrebatando Marrakech a los wattasíes en 931/1525 y Fez en 961/1554.

Entre tanto, también arrancan muchas plazas de manos de los portugueses —Agadir (947/1541), Safi, Azemmur— quienes, a partir de 957/1550, ya solo retendrán Ceuta, Tánger y Mazagán (al-Yadida).

En 985/1578 tuvo lugar sobre suelo marroquí la llamada Batalla de los Tres Reyes, cuyas consecuencias sobrepasaron el marco histórico de Marruecos y

Aproximación histórica

afectaron al conjunto de la cuenca mediterránea. Sin embargo, sería Marruecos quien obtendría importantes ventajas materiales y, sobre todo, un gran prestigio internacional.

El choque se produjo en *wad* al-Majazin, en la región de Larache, el 30 *Yumada I* 985/4 de agosto de 1578. Se saldó con una victoria aplastante de los ejércitos saadíes, comandados por Abd al-Malik y su hermano Ahmed (futuro al-Mansur), sobre los del rey Sebastián de Portugal (1557-1578). Allí encontraron la muerte tres reyes: Abd al-Malik, Sebastián y Mohamed al-Mottuwakil, sobrino de Abd al-Malik y aliado de los portugueses.

Portugal perdió su rey y su independencia, porque enseguida fue incorporado a la corona de España. En Marruecos, Ahmed, hermano y lugarteniente de Abd al-Malik, se convirtió en sultán y tomó el título de *al-Mansur* (el Victorioso). "Las potencias europeas están llenas de consideración por el nuevo monarca, al que se le suponen grandes riquezas, después de hacerse con el botín de la batalla".

En el Mediterráneo, esta victoria puso freno a las ambiciones otomanas sobre Marruecos. Al-Mansur pudo volverse hacia el África subsahariana, para controlar su oro y sus esclavos, y contrarrestar la supremacía europea en el mar. En 998/1590, los ejércitos marroquíes llegan a Tombuctú y Gao. Al-Mansur se convirtió también en *al-Dahbi*, "el Dorado". El comercio de caravanas, que desde mucho tiempo atrás se había desviado hacia el este, retoma el camino de las ciudades de Marruecos.

En el ámbito europeo, Marruecos, aunque se alía a la España de Felipe II, maneja hábilmente los enfrentamientos anglo-españoles.

Seguro de sí, al-Mansur es un monarca satisfecho. Su corte es brillante. Se rodea de poetas y sabios, ama los libros. El lujo, el ceremonial y la pompa de los que se rodea dejan atónitos a los observadores y visitantes extranjeros.

Este prestigio recobrado animó a los monarcas a trabajar en el interior del país, a imprimir en piedra la huella de su soberanía y el recuerdo de su poder. Desarrollan trabajos de construcción por todas partes, pero será sobre todo la capital, Marrakech, lo que más se apresuren a embellecer.

Sin embargo, la muerte de al-Mansur en 1011/1603 marca el fin del apogeo de la dinastía, al tiempo que el de una estabilidad política que este monarca había sabido preservar hábilmente. Así pues, las querellas sucesorias no tardan en estallar, arrastrando a Marruecos a un periodo de anarquía de más de 60 años.

La debilidad fue el peor de los problemas de los hijos de al-Mansur, pero las dificultades económicas agravaron la situación. Todo lo que hacía fuerte al sistema saadí —el azúcar, el oro, las

Ciudad y puerto de Tánger, grabado, Biblioteca General de Rabat.

caravanas— se vino abajo en cinco meses frente a una competencia europea extremadamente fuerte. Mientras que a Marruecos sólo llegaba una caravana cada tres años, cada galeón español desembarcaba en Cádiz hasta cuatro toneladas procedentes de América. Además, a pesar de estar minada por la Guerra de los Treinta Años, Europa seguía siendo una amenaza y aspiraba a ocupar de nuevo las plazas marroquíes perdidas. En consecuencia, España se apodera de Larache en 1018/1610, y de Mehdía y la Maamora en 1023/1614; Portugal recobra Tánger y Mazagán (al-Jadida) en 1049/1640, etc.

Paralelamente, las cofradías religiosas, durante un tiempo apartadas de todo papel político, resurgen y tratan de extender su poder. Bien pronto estuvieron rodeadas de pretendientes que utilizaban el ideal de la guerra santa contra el invasor cristiano para acceder al poder.

Con este telón de fondo, se desarrolló un fenómeno nuevo en Marruecos: la lucha en el mar, que tiene su origen en las distintas oleadas de musulmanes expulsados de España. Los edictos afectaron a "Los musulmanes de Castilla en 1017/1609, de Andalucía en 1018/1610, de Cataluña en 1019/1611, de Murcia en 1023/1614". Naturalmente, los expatriados se dirigen a África del Norte para encontrar refugio.

Los primeros moriscos que llegaron a la costa atlántica marroquí fueron los hornacheros, originarios de Hornachos, un pueblecito de Extremadura. Se instalan en Rabat, en la actual alcazaba de los Udayas. A ellos se unen en 1018/1610 los andalusíes, que se establecen en la *medina* de Rabat. Ambas comunidades fundan la república de Salé, prácticamente independiente de todo poder, que emprende la lucha marítima contra los cristianos. "Cuarta villa corsaria después de Argel, Túnez y Trípoli, Salé tiene (desde 1050/1641) los piratas más temidos de todos los mares". Las ganancias son enormes. Metales preciosos, cautivos, productos manufacturados, mercancías diversas... todos los cargamentos de los navíos atacados acaban en los almacenes saletianos.

Marruecos seguirá dividido durante 60 años, hasta 1074/1664, cuando Mulay Rachid, triunfador sobre su hermano Mulay Mohamed, emprende la conquista del país y funda la dinastía de los *chorfa* alauíes.

Embarcaciones corsarias, puerto de Salé, grabado, Biblioteca General de Rabat.

Aproximación histórica

Alcazaba de los Udayas, vista general, Rabat.

Ciudad de Salé, grabado, Biblioteca General de Rabat.

Los alauíes son originarios del Tafilalet, sudeste de Marruecos. Su antepasado, Hassan al-Dajil, llegó procedente de Yanbu, Arabia, en el siglo VI-VII/m. XIII. "Su familia se vio rodeada inmediatamente de la consideración debida a los miembros de la estirpe del Profeta".

Seguros de su triunfo y de la estima que las tribus árabes y beréberes les tenían por su nobleza, y también, sin duda, gracias al carisma de los primeros jefes de la familia, los alauíes asientan su poder religioso y espiritual; pero además, la anarquía del país durante la primera mitad del siglo XI/XVII les ofrece la posibilidad de aventurarse en política.

El proceso de creación de una dinastía iniciado por Mulay Mohamed es desarrollado por Mulay Rachid, que neutralizará prácticamente todos los poderes locales y procederá a extender su autoridad, centralizando el poder y concentrándolo en sus manos. Tiene también la inteligencia de no cerrarse a las aspiraciones del pueblo ni a los deseos de las elites.

Para granjearse las simpatías de los habitantes de Fez, por ejemplo, instala su capital en esta villa devota y comercial, donde construye una *medersa*: la Cherratin. A su muerte, en 1082/1672, "Marruecos tiene como jefe al emir de los creyentes, y no a un simple jefe de banda. Deja a su sucesor un Estado formado".

El sucesor de Mulay Rachid es su medio hermano Mulay Ismail (1082/1672-1139/1727). Desde su ascenso al poder en 1672, emprende dos grandes proyectos: unificar el país bajo su autoridad y construir una capital digna del rey de Marruecos, que establecerá en Mequinez. A su muerte, Marruecos es un país unido y soberano. Pero esta situación, conseguida a costa de un gran esfuerzo personal, desaparecerá tras su muerte: el edificio levantado por Mulay Ismail descansaba enteramente en su persona.

A pesar de los problemas que asuelan al país durante más de 30 años, la dinastía sigue en el poder; el conjunto de sus habitantes reconoce la autoridad del sultán y su prestigio religioso se mantiene intacto.

De ello se aprovecha Mulay Abdallah (1140/1728-1170/1757) quien, pese a ser depuesto tres veces, consigue restablecer el orden. Su hijo y sucesor Sidi Mohamed (o Mohamed III, 1170/1757-1204/1790) proseguirá su obra con tenacidad, inteligencia y sabiduría.

Con la mente puesta en los grandes asuntos de su tiempo, emprende la apertura del país a Europa y América. En el terreno diplomático, reconoce la independencia de Estados Unidos y mantiene relaciones amistosas con George Washington, a quien presta buenos servicios a través de sus embajadas en Túnez y Trípoli. En el plano económico, firma tratados basados en el principio de reciprocidad, que proporcionan a los comerciantes las garantías esenciales para sus mercancías y personas.

Por lo que se refiere a la política interior, decide apoyarse en la red de puertos atlánticos. Inicia así el desarrollo de Anfa (actual Casablanca) y Tánger. Arrebata Mazagán a los portugueses (1079/1769) y, siguiendo el modelo francés de Saint-Malo, funda Essauira y la eleva al rango de primer puerto del reino.

Aunque el siglo XIX parecía poder abordarse con fuerzas renovadas y una situación de vuelta al equilibrio, las dificultades creadas por una larga sequía de siete años (1190/1776-1196/1782), seguida de una terrible epidemia de peste que durará de 1211/1797 a 1214/1800, frenan de golpe el impulso iniciado y provocan profundos trastornos, sobre todo en el ámbito demográfico: más de la mitad de la población muere. Marruecos se encontró, por tanto, sin la fuerza política ni la capacidad económica y militar necesarias para afrontar el siglo XIX, cuya primera mitad iba a ser decisiva para su futuro.

A pesar de los grandes esfuerzos desplegados por los tres monarcas que se sucederían en el trono desde 1206/1792 hasta 1289/1873 —Mulay Sliman (1206/1792-1237/1822), Mulay Abderrahman (1237/1822-1275/1859) y Sidi Mohamed (o Mohamed IV, 1275/1859-1289/1873)—, los retos eran demasiado importantes como para poder afrontarlos todos con

Medersa Cherratin, parte superior de la pared de la galería, Fez.

éxito. Esta vez, el peligro vendría principalmente del exterior.

En efecto, en 1830, las tropas francesas toman Argel. Se inaugura la era de los imperialismos europeos y Marruecos entra en confrontación directa con Francia. En el primer choque entre ambas naciones (batalla de Isly, cerca de Uyda, en 1260/1844) son vencidas las tropas marroquíes. Era la primera derrota en dos siglos. Las consecuencias fueron muy graves; Europa, que veía en el país un pujante imperio cuyas fronteras llegaban hasta el río Senegal, se dio cuenta de su fragilidad.

En 1859-60, España conquistó Tetuán, después de una guerra en la que la desorganización de las fuerzas marroquíes pudo más que la bravura de sus hombres. Marruecos tuvo que pagar enormes indemnizaciones que lo obligaron, por primera vez en la historia, a solicitar un préstamo a Gran Bretaña.

Con anterioridad, y bajo la presión inglesa —con el apoyo de Francia y España—, Marruecos fue obligado a firmar un tratado muy desventajoso. Además de las disposiciones comerciales y de navegación desfavorables, el tratado de 1856 atenta contra la libertad de iniciativa del sultán y su soberanía en el terreno jurídico. El país renuncia a "sus derechos de justicia con respecto a los europeos y a una parte de sus súbditos", al reconocer el principio de extraterritorialidad y el régimen de protección. La presión europea era tanto más fuerte cuanto que Marruecos controlaba una de las orillas del Estrecho de Gibraltar, "paso cuyo valor se acrecentó desde la apertura del Canal de Suez". Pero el problema más grave en las relaciones con Europa fue el Protectorado: la sustitución de la autoridad marroquí por la extranjera sobre sus propios ciudadanos constituyó un grave obstáculo para toda tentativa de progreso.

La primera tarea de Mulay Hassan I (1873-1894) fue, pues, tratar de resolver este problema; pero todas sus tentativas estaban condenadas al fracaso. Más aún, la Conferencia Internacional de Madrid (1880) "sentó un peligroso precedente: a partir de ese momento, no podría realizarse ningún cambio en Marruecos sin el acuerdo de las potencias". Y si bien la Conferencia de Algeciras (1906) reconoció la integridad del Imperio jerifiano, con la garantía de las potencias signatarias, sitúa a Marruecos bajo una especie de Protectorado internacional en el que Francia es preponderante. El tratado de protección propiamente dicho se firmará el 30 de marzo de 1912 en Fez.

Este hecho, que a ojos de las potencias europeas pondría fin a decenas de incidentes y mutuos malentendidos político-diplomáticos, al tiempo que

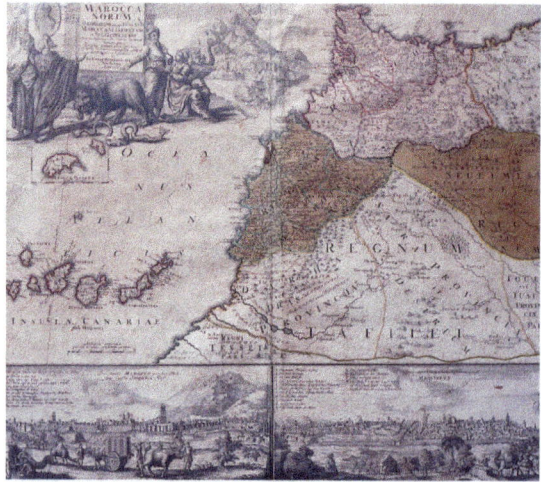

Estado del reino de Fez, 1140/1728, Biblioteca General de Rabat.

reducía definitivamente a Marruecos, enciende sin embargo la llama de una resistencia feroz: llama que no se apagó durante los 44 años de presencia extranjera en Marruecos a través de Francia y España.

La lucha armada, que duró 20 años (1912-1934) y dio lugar a episodios heroicos (guerra del Rif, resistencia del Medio Atlas, resistencia del Antiatlas, resistencia de los confines saharianos en torno a los Ait Baamran, etc.), se convirtió en lucha política y siguió sin descanso hasta la independencia, obtenida en 1956 bajo la autoridad de Mohamed V (1927-1961); él mismo apoyó la independencia hasta el punto de preferir el exilio a continuar sometido al Protectorado. El 16 de noviembre de 1955, Mohamed V y su familia efectúan el retorno triunfal a Marruecos. El soberano legítimo recobra su trono y la independencia de Marruecos se proclama en marzo de 1956.

La dinastía alauí reinante fue la defensora de la unidad nacional y la garante de la consolidación de la especificidad marroquí. El plano político nos ha dado la medida de la lucha de los diferentes monarcas por la independencia y la libertad. En el aspecto artístico e intelectual también han sabido conservar, tanto en la forma como en el fondo, lo adquirido en épocas precedentes. El arte alauí es, de hecho, un arte de fidelidad y perpetuo retorno a las fuentes; pero también, en muchas de sus realizaciones, manifiesta un gran interés por las nuevas tendencias. Todo ello, en conjunto, constituye el sello distintivo de la creación alauí: el gusto por la grandeza, la unidad temática y la adopción de nuevas fórmulas y procedimientos.

Mausoleo de Mohamed V, vista general, Rabat.

EL MARRUECOS ANDALUSÍ

Naïma El-Khatib Boujibar, Mohamed Mezzine

Modulada por el ir y venir de hombres que partieron a islamizar la Península Ibérica en el siglo II/VIII y huyeron de ella siete siglos más tarde, al culminar la reconquista cristiana, la historia de al-Andalus se funde con la de Marruecos. Si en lo político la relación entre ambas orillas del Estrecho fue agitada, el incesante intercambio cultural, humano y comercial permitió la eclosión de un arte floreciente, cuyas más bellas realizaciones verán la luz en Marruecos.

Los especialistas están de acuerdo en que la doble fundación en la villa de Fez, a mediados del siglo III/IX, de esos dos grandes santuarios que son las mezquitas Qarawiyin y de los Andalusíes señala el inicio del arte islámico marroquí. Como sus propios nombres indican, la primera es obra de inmigrantes ifriqíes, y de cordobeses, la segunda. Ambas llevan el sello respectivo de sus autores, que se manifiesta tanto en la arquitectura como en el mobiliario litúrgico. En el siglo siguiente, cuando Marruecos se halla preso de las luchas de influencia libradas en el Magreb entre los omeyas de Córdoba y los fatimíes de Ifriqiya, cada facción domina su parcela en el terreno de la creación arquitectónica y artística.

De hecho, ya en el periodo idrisí (171/788-363/974) las relaciones entre ambas orillas se caracterizaron por el conflicto entre las grandes dinastías islámicas de la época: los omeyas de al-Andalus y los abbasíes de Bagdad, y más tarde los fatimíes de Ifriqiya y Egipto. La dinastía idrisí, instalada en Marruecos, desempeñó durante casi dos siglos el papel de árbitro, intermediario y contemporizador.

Este período de luchas intestinas será muy benéfico para la creación artística marroquí. Cada dinastía rivaliza en

Mezquita de los Andalusíes, patio, Fez.

dotar al país de obras arquitectónicas y mobiliarias, sobre todo en el ámbito religioso, dejando su propia impronta; también es en esta época cuando se introducen los primeros elementos andalusíes.

Fue así como los fatimíes elevaron las dos mezquitas de Fez a la categoría de *Yama'*, "mezquita-catedral" donde se pronuncia el sermón del viernes. El califa español Abderrahman II hará agrandar la sala de oración de la Qarawiyin y edificar el alminar. Esta torre, construida con sillares, y encalada en la época meriní, tiene un marcado sabor andalusí aun cuando ciertos detalles —como la moldura en relieve, la cúpula hemisférica o el arrabá (marco) de la puerta— la vinculen a las tradiciones ifriqíes y orientales. De planta cuadrada y con una altura igual al cuádruplo de la base, su diseño y proporciones recuerdan a las torres de las mezquitas de Córdoba; se convertirá en el prototipo de todos los alminares ulteriores de Marruecos.

En esta misma época se crea otra obra maestra: la silla de la mezquita de los Andalusíes. Este mueble litúrgico de exquisita ejecución, testimonio elocuente de la lucha de influencia entre fatimíes y omeyas, revela la existencia de un taller de ebanistería en Fez —aparentemente el primero de Marruecos— capaz de enseñar las diferentes técnicas decorativas de la madera: talla, ensamblado, torneado y pintura. Este *mimbar*, ofrecido por un vasallo de los fatimíes (el zirí Buluggin) a la mezquita de los Andalusíes en el 369/980, cuando se apodera de la villa de Fez, fue parcialmente destruido en nombre de la ortodoxia musulmana. Restaurado en el 375/986 bajo las directrices del gobernador omeya, recibió un nuevo respaldo con motivos de inspiración oriental.

Mezquita Qarawiyin, alminar, Fez.

En el siglo V/XI, con la llegada al poder de los almorávides, el Magreb occidental experimenta una importante apertura a las influencias andalusíes y se lleva a cabo una verdadera "hispanización" de la arquitectura, la cultura y el ejército, especialmente en Marrakech.

Aunque los almorávides, en puridad, no fueron los iniciadores ni introductores del arte arquitectónico andalusí en Marruecos, sí contribuyeron enormemente

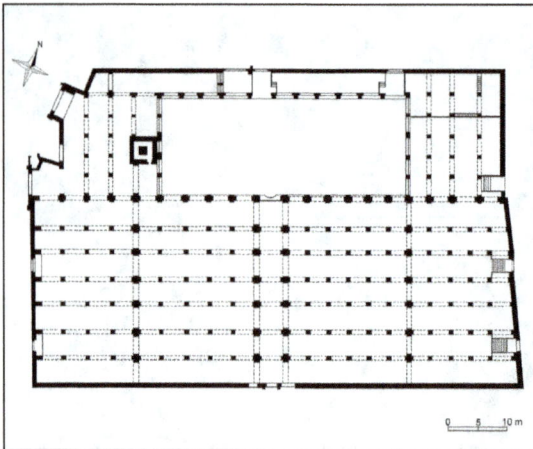

Mezquita Qarawiyin, plano de la mezquita durante el reinado de Alí Ibn Yusef, Fez.

Mezquita Qarawiyin, nave del mihrab, Fez.

a su difusión en todas las regiones. Grandes constructores, su legado consiste fundamentalmente en fortalezas y santuarios. Marrakech, capital de su reino, fue la primera en beneficiarse de este mecenazgo. En cuanto a Fez, tras conquistarla en el 461/1069, Yusef Ibn Tachfin edificó allí una fortaleza (la alcazaba de Buylud), ordenó la construcción de mezquitas en cada barrio y decidió ampliar la Qarawiyin. Su hijo Alí, nacido en Sebta de una esclava cristiana, proseguirá su labor. Después de pasar gran parte de su vida en España, quedó seducido por la belleza de la arquitectura y decoración andalusíes, introduciendo en los monumentos que mandó erigir las nuevas fórmulas aplicadas por los arquitectos de la época en Córdoba, tales como el arco de herradura, el arco rectilíneo y las cúpulas con nervaduras.

Entre 528/1134 y 538/1144 se llevan a cabo grandes reformas en la mezquita Qarawiyin: la sala de oración es ampliada con tres naves y se construye un nuevo *mihrab*, precedido de cúpulas que cubren la luz libre axial. En esta parte de la mezquita, en la que la influencia andalusí es palpable, se cuidó especialmente tanto el aspecto arquitectónico como el decorativo. Los capiteles que coronan los nuevos pilares están emparentados con los compuestos propios del arte omeya occidental: constan de un caveto —cuarto de círculo cóncavo— sobre dos hileras de estilizadas hojas de acanto. Las arquerías que apoyan en los pilares adoptan tipologías muy variadas, tomadas del repertorio andalusí: predomina el arco de medio punto y de herradura, simple o suavizado con lóbulos y frisos. Esa misma influencia da lugar a la introducción por primera vez en Marruecos, en un monumento religioso, del ataurique en yeso tallado. La decoración floral estucada que enmarca la arquería del *mihrab* —y en la que se funden armoniosamente tallos y follaje con palmas sencillas o dobles, lisas o nervadas— es de una ejecución magistral, prueba del virtuosismo de los artesanos marroquíes y de su plena asimilación de las técnicas importadas. También se emplea estuco para embellecer la cúpula que antecede al *mihrab;* el nombre de Alí Ibn Yusef aparece en una inscripción realizada en caracteres cúficos floridos. Esta decoración, realizada con policromía, recuerda por su delicadeza y exuberancia a los rodapiés de los monumentos árabes de la Península Ibérica. El mismo esmero es patente en el trabajo de la madera, con idéntica fuente de inspiración. Tal es el caso del magnífico panel de cedro que se conserva en el Museo Batha de Fez: la decoración superpuesta en dos planos, con motivos florales y figuras geométricas entrelazadas, presenta una novedad formal que es un deleite para la vista.

Todas las realizaciones artísticas de los príncipes almorávides presentan numerosas similitudes con el arte de la Península Ibérica; pero hasta la llegada al poder de los almohades no despunta una verdadera simbiosis artística marroco-andalusí.

Los almohades se presentaron en principio como enemigos de todas las artes, debido al rigorismo religioso que pregonaban, llegando a atemorizar a los habitantes de Fez al hacer enjalbegar con cal la rica decoración andalusí del *mihrab* de la Qarawiyin. Pero no tardaron mucho en convertirse en los propagadores más activos del arte andalusí por Marruecos y todo el norte de África.

Las saneadas finanzas obtenidas de las provincias de su vasto imperio, que se extendía desde al-Andalus a Tripolitania, les permitieron dedicar importantes medios materiales al arte

Murallas almohades, Bab Ruah, arquería y alfiz, Rabat.

monumental. Sus ciudades y capitales —entre otras, Sevilla, Rabat y Marrakech— se cubrieron de espléndidos conjuntos arquitectónicos, entre los que destacaban grandiosos monumentos de vastas dimensiones: murallas de adobe, puertas de piedra tallada y santuarios "que expresan a la vez la belleza andalusí y la fuerza africana". Con esta nueva monumentalidad trataron de renovar —y mejorar— las fórmulas artísticas heredadas de al-Andalus. En lo sucesivo, y durante más de medio siglo, será Marruecos quien exportará a la España musulmana y las demás provincias sus nuevas concepciones estéticas.

Las puertas de acceso de los sólidos recintos fortificados de la ciudad de

Alcazaba de los Udayas, detalle de la puerta, Rabat.

Rabat y de la alcazaba de los Udayas ya no daban directamente a un corredor, como en las puertas andalusíes, sino a un pasaje acodado; algo que se convertirá en norma general para las entradas de las ciudades. Los vanos de las fachadas de sillería soportan una serie de arcos superpuestos, enmarcados por una faja rectangular —alfiz— que contiene inscripciones cúficas realizadas con una caligrafía enérgica y regular; escritura que favorecerán los almohades, tanto en los monumentos como en la transcripción de libros sagrados. En la zona comprendida entre el alfiz y los arcos —arrabá— se despliega una decoración floral abstracta hecha de estilizadas palmas lisas, sobre las que, en los paños de las esquinas, destacan unas palmetas realzadas por el suave claroscuro del relieve. Este tipo de palma exquisitamente trazada, de contornos tan nítidos que no parece hecha por manos humanas, se empleará con profusión en la ornamentación de los monumentos almohades e incluso dará lugar a nuevas formas arquitectónicas —ménsulas, arcos y capiteles que podemos admirar, por ejemplo, en las fachadas de las puertas de la alcazaba de los Udayas— que caracterizan al arte almohade y contribuyen en gran medida a su elegancia y belleza.

En sus santuarios, los almohades, emulando la tipología de planta basilical en forma de T de la mezquita de Córdoba, dedicarán toda su atención a las dos naves perpendiculares: la que linda con el muro de la *qibla,* o transepto, y la transversal; mayores que las demás, están coronadas por bellas cúpulas decoradas. El alminar, como único cuerpo del edificio religioso visible desde el exterior, adquiere gran valor. La esbelta silueta de las tres famosas torres construidas por el príncipe Ya'qub al-Mansur —la Giralda de Sevilla, la Kutubiya de Marrakech y la Torre Hassan de Rabat— se proyecta hacia el cielo sobre las tejas verdes de la sala de oración. Las tres presentan una notable unidad; pese a su alejamiento geográfico, y aunque diferentes en altura y método constructivo, parecen concebidas por el mismo arquitecto. La deco-

El Marruecos Andalusí

Explanada de la Torre Hassan, fachada que da al Bu Regreg, Rabat.

Chellah, alminar coronado por una linterna y revestido de azulejos polícromos, Rabat.

ración de sus fachadas, repartida en registros bien jerarquizados, recurre a los arcos polilobulados o a lambrequines y, sobre todo, a la lacería geométrica. Este último motivo, que recubre con un entramado romboidal otros monumentos almohades, como las puertas, se convertirá en un ornamento clásico; derivado del entrecruzamiento de los arcos de la mezquita de Córdoba, se utilizará profusamente en decoración, renovado mediante la inclusión de elementos vegetales.

Los almohades introdujeron también en Marruecos las azulejerías policromadas, con las que revestían la faja superior de los alminares, como el de la Kutubia. Este método decorativo, ya empleado en la *Qal'a* de los Banu Hammad (principado zirí de Argelia), será desarrollado y utilizado con profusión posteriormente, tanto en España por los nazaríes como en Marruecos por los meriníes.

Tras destronar a los almohades, los meriníes volverán a estrechar desde el Magreb occidental las relaciones con al-Andalus, bastante deterioradas por la reconquista cristiana. Su reinado señala el apogeo del arte andalusí en Marruecos.

En este plano, de hecho, las obras realizadas por los meriníes reflejan la culminación del arte hispano-magrebí, implantado y afianzado por almorávides y almohades. Los grandes rasgos arquitectónicos de la época son una gran delicadeza estilística, los revestimientos ornamentales tallados y policromados, y la apertura a las innovaciones. En conjunto, su obra está estrechamente ligada al arte nazarí granadino.

Siguiendo la tradición de mecenazgo artístico iniciada por almorávides y almohades, que se mantendrá como una de las principales características del urbanismo musulmán en Marruecos,

Medersa Buinaniya, patio, Fez.

Plaza Neyyarin, funduq, vista general, Fez.

los meriníes construyeron en los recintos fortificados de las ciudades fundaciones piadosas, mezquitas, *zawiya*s y *medersa*s en las que se despliega el repertorio de artes decorativas propio de la dinastía.

Abu Yusef, el fundador de *Fas-Ydid*, inaugura el programa de construcción de *medersa*s erigiendo la primera; le sigue Abu Said, que aumenta su número, pero el gran movimiento se sitúa en el reinado de Abu Hassan, en pleno apogeo de la dinastía, quien dotará a todas las grandes ciudades del reino de una *medersa*. Abu Inan cierra el ciclo construyendo las de Fez y Mequinez.

Aun difiriendo en tamaño, proporciones y decoración, las *medersa*s —seminarios religiosos donde se alojan los estudiantes y a veces se imparten enseñanzas— se atienen a una misma tipología de edificio: las habitaciones de las plantas baja y primera se abren a un patio porticado central, más o menos grande, con un pilón o estanque; a uno de los lados hay una sala de oración. Las paredes del patio, de las galerías y de algunos pasillos están ricamente decoradas con rodapiés de mosaicos y azulejo coronados por labores de estuco, con entrepaños de madera tallada y pintada; en la sala de oración, en cambio, la ornamentación gira en torno al *mihrab* y el techo. Verdaderas obras de arte, las *medersa*s son un fiel reflejo de la exuberancia de la decoración monumental meriní, con todos sus matices.

En cuanto a las residencias privadas, *funduqs* y *hammams* —de los que todavía subsisten ejemplos, o al menos elementos arquitectónicos conservados en museos— construidos en la época, participan todos del mismo espíritu. Las viviendas retoman el planteamiento arquitectónico y decorativo de las *medersas*, aunque con más simplicidad: tienen también los suelos y parte baja de las paredes recubiertos de mosaicos de azulejo, y la alta decorada con yeserías y madera tallada. Las habitaciones que se abren al patio son muy alargadas, con una alcoba en cada extremo. A menudo tienen un piso a nivel intermedio, formando una especie de entresuelo, con las letrinas y una fuente en la planta baja. Las viviendas urbanas construidas posteriormente se mantendrán fieles a este modelo, similar al de las casas nazaríes de Granada.

La concepción arquitectónica de los *funduqs* o *caravansarays*, hospederías para mercaderes en donde se alojaban los hombres con sus bestias de carga y mercancías, era similar a la de las viviendas; pero su entrada era grande y no acodada, para permitir el acceso de carretas. Además, el patio porticado cobraba más importancia, mientras que las múltiples habitaciones tenían dimensiones más reducidas. Esta es la tipología del *funduq* granadino denominado Corral del Carbón.

Los *hammams* siguen también el clásico modelo andalusí adoptado desde el siglo V/XI: las tres salas —fría, templada y caliente, y a menudo también la de descanso—, están dispuestas en fila.

Todas estas creaciones meriníes, donde triunfa la exuberancia decorativa, seducen por la seguridad de su composición, la delicadeza del colorido y la finura de ejecución. Ya se trate de yeso, madera o azulejo, los paramentos recubiertos quedan divididos en paneles, fajas y registros con un perfecto equilibrio de masas, gracias al juego de colores matizados que armonizan a la perfección. Los múltiples planos obtenidos por ahuecamientos poco

Medersa Buinaniya, ventana de celosía enmarcada con decoración de estuco cincelado, Mequinez.

Medersa Attarin, puerta de acceso a la sala de oración, detalle de la decoración en estuco calado, Fez.

Alcazaba, museo, salón de gala, cúpula de mocárabe, Tánger.

Medersa Buinaniya, pilar, cenefa epigráfica en caracteres cursivos sobre azulejos, Mequinez.

El cedro labrado confiere un valor singular a los edificios religiosos y civiles, a partir de la época meriní. Los frisos, modillones esculpidos y pórticos con dinteles de cedro, junto con la técnica de ensamblaje por caja y espiga, demuestran el elevado nivel del trabajo de la madera en esta época.

La influencia de las decoraciones de la madera andalusíes aplicadas en el siglo V/XI en Granada, Toledo y Tarifa es palpable sobre todo en la ornamentación floral, el vigor de los relieves y el lujo de la composición.

Aparece un motivo geométrico oriental sobre cualquier soporte, ya sea madera, yeso o *zelish* (azulejos): la estrella poligonal con diverso número de puntas. También se emplea sola o intercalada —especialmente con paneles estucados de ataurique— para decorar la carpintería de las cúpulas. Un bello ejemplo es el de los techos artesonados de la *medersa* Attarin de Fez, joya del arte meriní, en donde el entrecruzamiento de las vigas deja huecos en forma de polígonos estrellados. Los arcos festoneados y gallonados sustituyen a los lobulados.

Los mocárabes, estalactitas realizadas en estuco o madera, invaden también los arcos y techos. Formados por un grupo de siete pequeños prismas yuxtapuestos, que se recortan si se trata de madera o se moldean en yeso, componen conjuntos decorativos de una gran riqueza.

En cuanto la decoración epigráfica, los artistas meriníes —como los nazaríes de Granada— utilizaron esos caracteres en cursiva, elegantes y ágiles, sobre todo para cubrir las estrechas borduras o las cartelas circulares en yeso de las *medersas* con versículos coránicos o textos en prosa o verso en loor de los príncipes fundadores y de sus obras. Continuaron profundos jerarquizan la ornamentación en madera y estuco. Los fondos se rellenan con un entramado de motivos vegetales sobre el que se destacan las palmas o las lacerías geométricas y florales que contienen a su vez palmas, palmetas y piñas.

sirviéndose de los caracteres cúficos para las inscripciones dedicatorias de los monumentos, como la de la puerta de la Chellah (Rabat), pero rellenando con palmas y florones los huecos entre los espacios superiores de las verticales de las letras. A veces también se empleaban a menor escala sobre los cimacios de algunos capiteles, como en la *medersa* Attarin de Fez.

Las formas de estos capiteles, como en el caso de la Alhambra de Granada, muestran una evolución muy notable en relación con los de siglos anteriores. En efecto, aparte del perfil más sencillo, y de la decoración interior más menuda y densa, la división entre las dos partes superpuestas es muy nítida: la parte inferior, cilíndrica, adopta las suaves curvas de las hojas de acanto, mientras que el cimacio, prismático (generalmente de sección cuadrada), se cubre de una decoración floral de suave relieve con una faja plana en el centro, en la que figura a veces una inscripción.

Otra novedad aportada por los meriníes y nazaríes fue la generalización, en el siglo VIII/XIV, del revestimiento de azulejos o *zelish* en suelos, paredes, columnas, alminares, etc., aunque no inventaron esta técnica; utilizada para componer taraceas policromadas, ya es patente en los monumentos civiles y religiosos de Fez desde fines del siglo VII/XIII, periodo anterior a las construcciones principales del conjunto de la Alhambra.

En el ámbito artístico, la época meriní señala un periodo de madurez en el que los estilos decorativos —que se convertirán en clásicos— se reafirman, y en el que los artistas marroquíes, que han adquirido una gran maestría expresiva, obtienen ejecutorias de nobleza para sus talleres.

Fragmento de revestimiento mural de azulejos con decoración geométrica, Museo Batha (Num. Inv. C2), Fez.

La expansión meriní, tanto política como económica, se debilitó durante el segundo siglo de la dinastía. Pero en 897/1492, cuando sucumbe ante los embates de la Reconquista el último principado musulmán andalusí, Granada, la tradición de partir en busca de nuevas patrias ya está bien arraigada entre los musulmanes; la corte meriní, al animar a las familias aristocráticas, cultas o principescas a instalarse en la *medina* de Fez, les había abierto las puertas de la administración de *medersa*s y mezquitas.

Tras la toma de Granada en 897/1492, su emir emigra hacia Fez en 10 barcos con más de 1.130 personas, entre miembros del personal dirigente y hombres de leyes. Iba acompañado de 2.919 andalusíes del puerto de Ghadra y 1.166 del de Mankab. Más tarde, la afluencia de andalusíes a Marruecos se acelera: entre 932/1526 y 977/1570, cerca de 200.000 moriscos procedentes de Valencia (Oliva, Cullera, Palmera), Almería, Alicante y distintos puntos de Castilla se establecen allí. Con posterioridad a estas fechas, los cronistas están divididos sobre el número de

Mezquita Qarawiyin, pabellón saadí, Fez.

afectados por los edictos de expulsión; se instalan en las ciudades y el campo, sobre todo en Rabat-Salé, Mequinez, Fez, Xauen, Tetuán y Uezzán. Los hornacheros de Extremadura se instalaron en Rabat, en la actual alcazaba de los Udayas, junto con otros andalusíes; participaron en la persecución de barcos cristianos y crearon la República de Salé.

Tanto las crónicas árabes como las narraciones de cristianos que viajaron por Marruecos señalan la presencia de estos recién llegados, procedentes de todos los sectores de actividad, tanto en las ciudades como en el campo. Testimonio de ello son las técnicas agrícolas, el reparto del agua y su explotación minuciosa, que recuerda a las huertas de Valencia y los surtidores de los palacios de la Alhambra. También los artesanos venidos de España dejarían su impronta en todos los sectores: la azulejería, el estuco, el mármol, la madera, el hierro, el cobre o el oro. A partir del siglo X/XVI, y hasta la época contemporánea, los m'*almin* y los artesanos de la madera, del yeso y del *zelish* continuaron aplicando a la arquitectura y el mobiliario tradicionales las fórmulas artísticas heredadas de sus predecesores. Se inspiran todavía, para la ornamentación, en el repertorio decorativo andalusí de los meriníes y nazaríes, al mismo tiempo que añaden novedades llegadas de Oriente o traídas de la España mudéjar por los moriscos.

personas llegadas a Marruecos pero, en conjunto, la cifra aportada por fuentes moriscas ronda los 800.000.

Ciertamente, la integración de estas oleadas de inmigrantes no se llevó a cabo sin problemas. Los andalusíes fundaron Tetuán en el siglo IX/XV y Xauen en el X/XVI. En el XI/XVII llegan a Marruecos las últimas oleadas de moriscos procedentes de Castilla (1017/1609), Cataluña (1018/1610) y Murcia (1023/1614),

Siguiendo el modelo de los pabellones del Patio de los Leones de la Alhambra, los monarcas saadíes dotaron a la mezquita Qarawiyin de dos pabellones unidos a los lados menores del patio, con algunas variantes más o menos felices debidas al lugar y la época en que fueron construidos. Cuando accedieron al poder a fines del siglo XI/XVII, los soberanos alauíes sembraron su reino de fortalezas impresionantes —alcazabas—, de edificios religiosos —mezquitas y *medersas*, de las que la más típica que aún está en pie es la *medersa* Cherratin de Fez—, de palacios y mansiones, donde se retoman los estilos andalusíes enraizados en el país. Pero cada reinado tiene su impronta particular.

En Rabat y Salé, los moriscos emigrados en el siglo XI/XVII trajeron consigo algunos motivos renacentistas españoles, como las ricas molduras de los arcos de medio punto peraltados, el tratamiento de las puertas de las mansiones, el modelo de los cofres de madera de cedro, cuyas caras, delimitadas por columnillas salomónicas, están enmarcadas por molduras gallonadas y motivos de bordado.

La influencia morisca es aún más notable en ciudades norteñas como Tetuán, donde el legado andalusí en el terreno arquitectónico y mobiliario es muy rico, y donde se adoptará una técnica de trabajo del *zelish* diferente a la de Fez, que ha permanecido hasta nuestros días como una especialidad de la villa: consiste en cortar pequeñas piezas de cerámica antes del vidriado.

Las mezquitas y mansiones de Tetuán y Xauen construidas a principios del siglo XI/XVII se distinguen también por su extrema sobriedad y por la ausencia de superficies decoradas. Los alminares de los oratorios, de una notable sencillez, están adornados únicamente con fajas de ladrillos y a veces con arquerías ciegas; son comparables a los campanarios de las iglesias mudéjares de España. Por su parte, las estelas funerarias de Yebel Dersa, conservadas en el Museo Arqueológico de Tetuán, se relacionan con el arte renacentista y barroco español. Asimismo, ciertos detalles de la vestimenta de las mujeres de Xauen (gran sombrero, abrigo corto y polainas) y de las mujeres judías de Tetuán y Tánger, como los motivos de los bordados y joyas de estas ciudades, recuerdan características artísticas de la España de los siglos X/XVI y XI/XVII. Numerosos aspectos de la vida cotidiana en las ciudades, y también en algunas zonas del campo, quedaron impregnados del legado andalusí, en

Alcazaba, museo, salón de gala, reconstrucción del mobiliario de un salón tradicional, Tánger.

Palacio Lebbadi, zelish tetuaní, detalle, Tetuán.

Mezquita al-Ansar, Xauen.

Tela de cortina bordada de Xauen, detalle de los motivos con carácter andalusí, Museo de la Alcazaba, Xauen.

particular la gastronomía y la música. Las recetas de la cocina marroquí han conservado sus nombres originales, que se remontan a los siglos VII/XIII y VIII/XIV: la *mruziya*, un plato agridulce, y la *bestela*, torta de hojaldre rellena de pollo o de carne. Y otro tanto ocurre con la música clásica marroquí: la denominada *garnatí*, de Granada.

Es esta pleamar y bajamar entre las dos orillas del Estrecho, que finalizó en simbiosis, lo que inspira la Exposición "El Marruecos andalusí": en sus ocho recorridos, que cubren doce siglos de historia —desde el II/VIII hasta nuestros días—, aborda las diferentes facetas de esta influencia recíproca.

Si la organización de **La Villa Real** (recorrido I) refleja la imagen de las villas reales andalusíes, **Un día en la vida de un taleb en Fez** (recorrido II) o **Un día en la vida de un artesano en Fez** (recorrido III) recuerdan al visitante que imperaba un mismo estilo en la época medieval, en el apogeo de la civilización marroquí y andalusí, tanto en Fez como en Granada. Tierra de acogida, Marruecos supo abrir sus puertas con toda tolerancia a judíos y musulmanes perseguidos en España; es precisamente en Fez, la ciudad que albergó a la mayor comunidad judía magrebí, donde se desarrolla entre el taller y la sinagoga **Un día en la vida de un judío de Fez** (recorrido IV). Remontándonos al norte, la influencia andalusí está todavía más presente, como lo testimonian **Xauen, la ciudad santa de las montañas del Rif** (recorrido V) y **Tetuán, patio de una civilización** (recorrido VI), el patio andaluz de Marruecos, a la que todavía se considera hija de Granada. Pero es siguiendo a los mercaderes, artesanos y príncipes en su ruta por los **Los puertos del Estrecho** (recorrido VII) que salpican las costas marroquíes como se comprende mejor la atracción mutua entre ambas orillas. En fin, el emplazamiento de Bu

Regreg encierra él solo toda la historia de las relaciones entre Marruecos y al-Andalus: una historia de flujos y reflujos, de **Pleamar y bajamar, resplandor y ocaso** (recorrido VIII), que ha hecho del norte de Marruecos el principal lugar de conservación de este patrimonio secular.

RECORRIDO I

La Villa Real

Mohamed Mezzine

I.1 MEQUINEZ
- I.1.a Museo Yamai
- I.1.b Mezquita Mayor
- I.1.c Medersa Buinaniya
- I.1.d Bab al-Mansur
- I.1.e Cúpula de los Embajadores
- I.1.f Mausoleo de Mulay Ismail
- I.1.g Silos
- I.1.h Estanque de las Norias
- I.1.i Bab Bardain

I.2 MULAY IDRIS ZERHUN (opción)
- I.2.a Mausoleo de Mulay Idris Zerhun

Mulay Ismail

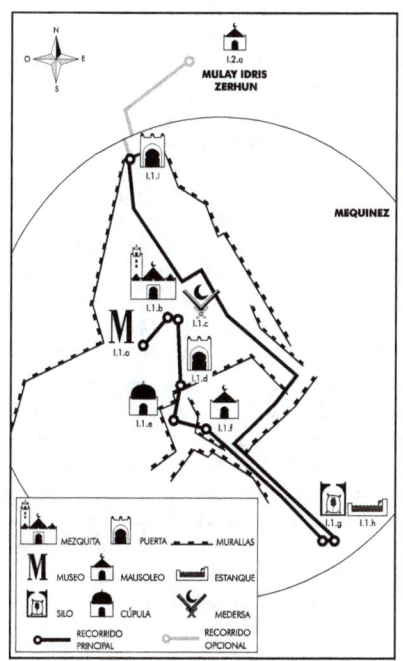

Mausoleo de Mulay Ismail, tercer patio, Mequinez.

RECORRIDO 1 *La Villa Real*

Bab al-Mansur, vista general, Mequinez.

En la cultura arábigo-musulmana, la "villa real" —o ciudad en la que viven los soberanos— es un elemento fundamental. Ocupa siempre un gran espacio, tanto en al-Andalus como en el Magreb y en el Machrek. A menudo está rodeada de murallas y comprende, además del palacio del monarca, sus dependencias, sus jardines o *riyads*, las zonas reservadas a la corte y los altos dignatarios, barrios comerciales y talleres para acuñar moneda.

En general, el origen de esta organización espacial no es andalusí, como tampoco lo es el de la villa real: se remonta a los griegos, romanos, persas y, posteriormente, a las dinastías musulmanas del Machrek. Sin embargo, la disposición urbanística de la ciudad, especialmente en Marruecos, se debe tanto a la influencia oriental directa como a la de los andalusíes; se encuentra tanto en Granada y Sevilla como en Fez, Marrakech y Mequinez.

En todas las ciudades de al-Andalus o Marruecos, y hasta el siglo XI/XVII, el esquema dominante iba a ser bipolar: la *medina* por una parte y la villa real o alcazaba por la otra.

La villa real de Mequinez, tal como la concibió el sultán alauí Mulay Ismail, es particularmente representativa, ya que conjuga la organización oriental del espacio, la decoración abigarrada y colorista de al-Andalus, y la arquitectura local marroquí de los grandes príncipes.

A partir de un núcleo urbano meriní, el sultán alauí Mulay Ismail (1082/1672-1139/1727), asesorado por consejeros —entre ellos numerosos andalusíes—, llevó a cabo durante los 55 años de su reinado obras monumentales, generalmente de tierra batida, movilizando para ello a millares de personas: obreros venidos de todas las regiones de Marruecos junto con esclavos, prisioneros de guerra y cautivos cristianos.

Son numerosos los testimonios de los cronistas extranjeros que presenciaron los trabajos, o incluso participaron en ellos. Por ejemplo, el francés Moüette quien, prisionero de 1670 a 1681, tuvo que trabajar en los monumentos erigidos por el soberano: en 1683 publicó un relato de su cautiverio. Según su testimonio, Mulay Ismail ordenó, en primer lugar, desalojar la alcazaba almorávide en la que se había instalado, y luego demoler todas las casas contiguas a palacio. Así se creó el lugar denominado plaza El-Hedim, o "plaza de los escombros", debido a la cantidad de materiales de derribo acumulados, que constituía una barrera natural entre la *medina* y la alcazaba. Más tarde se construyó una muralla para separar la alcazaba del resto de la villa: un muro interior sencillo, sin camino de ronda ni torreón, a diferencia del exterior, de una altura de entre 9 y 12 m, y con vanos para las puertas.

En el interior de la alcazaba, un vasto cuadrilátero de aproximadamente 500 x 1.000 m albergaba los palacios que Mulay Ismail mandó construir: el Gran Palacio, o *Dar al-Kebira*, al este de la *medina*, y el Palacio Imperial, *Dar al-Majzen,* que a su vez contenía dos palacios más, Dar al-Medersa y Dar al-Mehencha.

Dar al-Kebira, construido a partir de 1082/1672, estaba destinado a alojar a la familia real y a los parientes próximos del rey. Era un conjunto arquitectónico independiente del resto de los palacios de la alcazaba, que se extendía a lo largo de unas 13,5 ha y estaba constituido por múltiples pabellones destinados a cubrir las distintas necesidades funcionales: patios, salas de recepción, *hammam*s, cocinas y jardines.

A diferencia de este primer palacio ismailí, conjunto arquitectónico denso y urbano, el Palacio Imperial o *Dar al-Majzen* —residencia principal de Mulay Ismail— ocupaba un espacio muy reducido en relación con la extensión de los jardines, que hacían de Mequinez, según el historiador Ibn Zidane, "una ciudad en el campo y un campo en la ciudad". Esta parte de la alcazaba, rodeada de altos muros, encerraba en un espacio de unas 60 ha los dos palacios ya citados —Dar al-Medersa y Dar al-Mehencha—, separados por murallas que formaban un impresionante pasillo.

Cúpula de los Embajadores, parque y muralla, Mequinez.

Deseoso de preservar su ciudad de toda amenaza exterior o climática, el sultán hizo construir a 500 m del palacio inmensos silos subterráneos, graneros para guardar alimentos en previsión de sequías o de un eventual estado de sitio de la ciudad. Junto a estos silos se construyó también un gran lago artificial, el Estanque de las Norias, destinado a proporcionar agua a la villa.

Debido a su originalidad arquitectónica, a la grandeza y hermosura de sus monumentos públicos y privados, todos los viajeros quedaban impresionados por la monumental obra de Mulay Ismail, como lo atestigua la descripción del padre Dominique Busnot, que fue a Mequinez en 1704 para tratar de rescatar a los prisioneros cristianos:

"Al acercarme a ella, esta ciudad me pareció bastante importante, tanto por su extensión, el número y variedad de casas, por las diversas mezquitas que se alzan allí, como por la agradable variedad de sus jardines, poblados de infinidad de árboles frutales de toda especie; visitamos la Alcazaba o Palacio Real, que parecía cerrar magníficamente la villa por el Norte. La grandeza de su muralla, la cantidad de pabellones cubiertos de tejas vidriadas junto con las agujas de dos o tres mezquitas, nos han dado, después de verla de cerca, una idea muy distinta de la que teníamos...".

Por la riqueza de su concepción e instalaciones, los palacios ismailíes se adecuaban perfectamente a la imagen fastuosa de los palacios y mansiones árabes, con patios, fuentes, enramadas y alamedas, estanques y quioscos. Y, aunque lo que queda hoy de la villa real no es más que una parte de lo que Mulay Ismail hizo construir, el visitante puede imaginar los fastos de otro tiempo y apreciar esta "naturaleza hecha arquitectura" que responde perfectamente a las exigencias de una corte principesca marroquí del siglo XI/XVII.

Aproximación histórica

Mequinez —en sus orígenes *Meknasa al-Zitun*, "Mequinez de los olivos"— nació en el siglo IV/X con el asentamiento a orillas del *wad* Bufekrane de una fracción de la tribu beréber de los zenatas, los meknasa. Atraídos por la fertilidad del suelo y la abundancia de agua, y aprovechándose de la lucha por el poder que agitaba el norte de Marruecos tras la caída de la dinastía idrisí, estos beréberes propiciaron el nacimiento de una serie de pequeñas aglomeraciones urbanas no fortificadas y rodeadas de jardines.

Cuando Yusef Ibn Tachfin, príncipe almorávide, se apodera de estas ciudades-jardín en 455/1063, instala en ellas una guarnición militar, o alcazaba, en el emplaza-

Silos, interior de la Casa de las Diez Norias, pasillo central, Mequinez.

Estanque de las Norias, muralla de los antiguos silos reforzada por contrafuertes, Mequinez.

miento de la actual *medina*. Los almohades, llegados a Mequinez en 544/1150, se encargaron de embellecer la ciudad, dotándola de murallas y fuentes. Pero, en general, sus barrios eran modestos, y su importancia dentro del entramado urbano marroquí muy limitada.

Con el acceso al poder de los meriníes a mediados del siglo VII/XIII, de gran ciudadela se transformó en villa comercial, con sus *funduq*s, *medersa*s y mezquitas. Se convirtió en la residencia de los visires (ministros), mientras que Fez quedaba para los príncipes. En la época de Abu Inan (752/1351-759/1358), muchas familias andalusíes vinieron a establecerse en Mequinez y sus alrededores. Los cordobeses y sevillanos practicaron el comercio, organizaron mercados e influyeron en la artesanía con sus trabajos en *zelish* y madera; se instalaron en un nuevo barrio que ha conservado su nombre hasta nuestros días: el barrio de los Andalusíes. Otros, sobre todo los que procedían de la región de Valencia, se quedaron en los campos de los alrededores y contribuyeron a hacer prosperar una agricultura ya rica por sus frutos: granadas, membrillos, higos, uvas y aceitunas. Mequinez debe a los andalusíes una prosperidad que los cronistas de los siglos IX/XV y X/XVI ya subrayaron, pero difícil de mantener durante los períodos de convulsión, guerras y hambrunas que conoció el conjunto del país, sobre todo en el siglo IX/XV. León el Africano, que visitó la villa a principios del siglo X/XVI, la describe como una bella ciudad fortificada, bastante poblada, con calles aireadas y placenteras. Pero, dos siglos más tarde, la voluntad del soberano alauí Mulay Ismail (1082/1672-1139/1727) fue construir una capital digna del rey de Marruecos, lo que hizo a Mequinez entrar definitivamente en la historia.

Situada en pleno corazón de una de las regiones más ricas de Marruecos, Mequinez ofrecía la ventaja de estar alejada de las costas mediterráneas y atlánticas, por lo que Mulay Ismail decidió instalarse allí

RECORRIDO I *La Villa Real*
Mequinez

Museo Yamai, sala de exposición, Mequinez.

sioneros, Mulay Ismail valoraba mucho la opinión de los príncipes cristianos, porque, según él, las relaciones exteriores de Marruecos solo podían ser positivas si sus príncipes eran considerados como grandes constructores y verdaderos hombres de Estado. Los numerosos embajadores del reino, presentes en Francia, Inglaterra y España, relataban al soberano los fastos de las cortes europeas. Decidido a levantar palacios capaces de rivalizar con los de Europa, se propuso hacer de Mequinez el "Versalles marroquí": 55.000 hombres, entre obreros y esclavos cristianos o musulmanes, se pusieron a la tarea en 1082/1672.

En 1139/1727, a la muerte del sultán, que se había mantenido en el poder en medio de constantes luchas, la ciudad iba a atravesar numerosas dificultades. La autoridad central ya no controlaba todo el país y Mequinez conoció revueltas que impidieron todo asomo de prosperidad. A pesar de que la estabilidad volvió a fines del siglo XII/XVIII y principios del XIII/XIX, no recuperaría el papel de capital política del país que había desempeñado de 1082/1672 a 1139/1727.

I.I MEQUINEZ

I.1.a **Museo Yamai**

Seguir la señalización Antigua Medina. *El museo se encuentra en la plaza El-Hedim. Aparcamiento vigilado junto a la plaza. Pagar entrada. Horario: de 9 a 12 y de 15 a 18.*

Construido a fines del siglo XIX, bajo el régimen del sultán Mulay Hassan (1873-

con su familia que, según se dice, a menudo con exageración, se componía de muchas esposas y concubinas, varios centenares de hijos y "unos doscientos jefes y caíds que le seguían dos veces por día en sus paseos, con los 4.000 negros que formaban su guardia".

Deseoso de cuidar su imagen frente a las delegaciones y embajadas extranjeras que venían a negociar la liberación de sus pri-

1894), el palacio pertenecía a la familia Yamai, cuyos miembros fueron visires del monarca. Pero a la muerte de este último cayó en desgracia, perdió su influencia, y sus residencias fueron transferidas al Estado. Durante el Protectorado fue convertido en hospital militar, aunque una parte del edificio se destinó a la Inspección de Bellas Artes. Luego, en 1926, fue transformado en museo para albergar colecciones representativas de las tradiciones artísticas de Mequinez: hierro forjado, tejidos, marroquinería, bordados, latón y orfebrería.

El palacio, construido sobre una gran superficie, comprende muchos anejos y dependencias. En la planta baja hay una mezquita, un *riyad,* un *minzah,* un patio, una cocina y un *hammam.* Además, como anejos exteriores tenía un *funduq,* transformado más tarde en taller de carpintería, y una fuente recientemente restaurada. El acceso al palacio se efectúa por un portal protegido por un porche volado, recubierto de tejas verdes. Esta puerta, habilitada en fecha reciente, ha reemplazado a la original, que se encontraba debajo del *sabat* del *riyad.*

Este antiguo palacio se distingue por la magnificencia de su *riyad,* en el que se puede admirar la armonía de sus dos estanques en estrella y el canal recubierto de *zelish* por el que discurre el agua. En su interior tiene fuentes y un pórtico constituido por siete arcadas con distintas tallas, que apoyan en pilares y comunican con la cúpula principal o *qubba,* donde el visir recibía a sus huéspedes; por su concepción y decoración —techo de madera cincelada con vitrales y grandes dinteles también de madera— es totalmente andalusí.

Se puede alquilar una calesa para hacer el recorrido tras la visita de los monumentos I.1.b y I.1.c. Los andarines pueden hacer a pie la mayor parte del recorrido.

I.1.b **Mezquita Mayor**

Al salir del museo, coger la estrecha y sinuosa calle de la izquierda, Sidi Amor Buauda, que desemboca en la mezquita. Acceso reservado a los musulmanes.

La Mezquita Mayor, situada en pleno corazón de la *medina,* al parecer fue construida por los almorávides en el siglo V/XI. El sultán almohade Mohamed al-Nasir (595/1199-609/1213) la amplió y restauró, suministrándole agua procedente de la fuente Taguema, situada 9 km al sur de la ciudad. De esta

Mezquita Mayor, nave del mihrab, Mequinez.

RECORRIDO I *La Villa Real*
Mequinez

Medersa Buinaniya, acceso a la sala de oración y panel de celosía de la entrada, Mequinez.

época conserva, entre otras cosas, una lámpara de cobre; junto con las de la mezquita Qarawiyin de Fez, es uno de los raros ejemplares que han llegado a nuestros días

Con la llegada de los meriníes a Mequinez, a mediados del siglo VII/XIII, cobra impulso el desarrollo cultural de la ciudad y de la mezquita, especialmente durante el reinado del sultán Abu al-Hassan (731/1331-751/1351), que hizo construir las tres *medersas*: Buinaniya, al-Cadi y Chuhud. Además, dotó a la mezquita de numerosas cátedras de enseñanza y fundó una biblioteca científica, a semejanza de la Qarawiyin de Fez, donde los *tolba* acudían a consultar los manuscritos.

La actuación de los meriníes no se limitó al desarrollo cultural de la mezquita, sino que procedieron también a realizar restauraciones y modificaciones; el alminar se desplomó, causando la muerte de siete fieles. Hoy día la mezquita ocupa una superficie de 3.500 m^2, tiene 11 puertas y está compuesta de dos partes bien diferentes:

— la sala de oración, formada por 9 naves, con un *mihrab* adornado con

RECORRIDO I   *La Villa Real*
Mequinez

Medersa Buinaniya, pilar, revestimiento de estuco con decoración geométrica, floral y epigráfica con caracteres cúficos, Mequinez.

motivos pintados y esculpidos de perfecta ejecución, a pesar de haber sido rehechos repetidas veces por las diferentes dinastías. A un lado de esta sala se encuentra la *anza,* que servía de *mihrab* durante el verano. Data de la época de Mulay Ismail; es contemporánea de las fuentes que se encuentran en el lado este del *sahn;*
— el patio interior, el *sahn,* de sección cuadrada, cercado por una galería. El alminar, que se alza en una de sus esquinas, está guarnecido de azulejos de color verde.

I.1.c Medersa Buinaniya

Se encuentra al final de la calle que bordea la Mezquita Mayor.
Pagar entrada. Horario: de 9 a 12 y de 15 a 18. Abierto todos los días.

Esta *medersa,* obra del sultán meriní Abu al-Hassan, fue construida en 736/1336. Así lo atestiguan dos inscripciones, una poética, que bordea el *mihrab* de la sala de oración, y otra trazada sobre los dinteles de madera del patio, que hace un elogio del sultán: "Poder, éxito y clamorosa victoria para nuestro señor Abu al-Hassan, emir de los creyentes".
En principio se la conocía como *medersa al-Yadida* —la nueva *medersa*— con el fin de distinguirla de la antigua de Abu Yusef Ya'qub. Más tarde, fue rebautizada por el hijo de Abu al-Hassan, Abu Inan, quien la restauró y le dio su nombre: Buinaniya.
Ocupa una superficie de 315 m^2; a la entrada llama la atención la puerta de madera chapada en cobre y decorada con finura. Un largo vestíbulo conduce

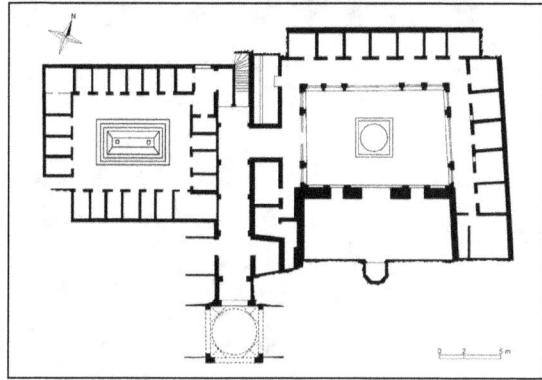

Medersa Buinaniya, plano de la planta baja, Mequinez.

al *sahn,* patio en torno al cual se articulan las partes principales del edificio y embellecido con un pilón de mármol central en forma de concha. Los pilares, unos exentos y otros encastrados en el muro, se elevan hasta lo más alto, entrecruzándose con los dinteles de madera; en los entrepaños hay paneles de celosía para separar el *sahn* de las galerías, que daban acceso a las habita-

RECORRIDO I   *La Villa Real*
Mequinez

Bab al-Mansur, acceso, detalle del alfiz con decoración de azulejos, Mequinez.

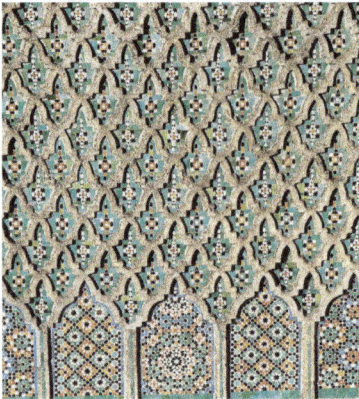

Bab al-Mansur, detalle de la decoración incrustada de azulejos, Mequinez.

ciones de los estudiantes de la planta baja; las del primer piso abren a él por ventanas delicadamente ornadas. En la sala de oración se daba clase a los jóvenes *tolba*. Es bastante grande y cuenta con un *mihrab* construido en el muro de la *qibla*: es un nicho poligonal, con columnas que soportan un arco delineado en un marco, encuadrado por una inscripción. En la época de Mulay Ismail se construyó una cúpula a la entrada de la *medersa*.

La Buinaniya de Mequinez tiene la impronta andalusí en todos sus elementos decorativos: las fachadas interiores ricamente decoradas; el suelo revestido de azulejos que componen figuras geométricas; los rodapiés, también de azulejos, que alcanzan una altura de 1,60 m. Estas composiciones están coronadas por un friso epigráfico con caracteres de color negro sobre fondo claro; por encima hay motivos geométricos, florales y epigráficos en estuco. La parte superior de las fachadas está decorada con madera tallada y paneles que contienen inscripciones coránicas, fórmulas religiosas, dedicatorias, arabescos, motivos vegetales, follaje, etc.

I.1.d Bab al-Mansur

Plaza El-Hedim. La puerta, acondicionada como sala de exposiciones y abierta ocasionalmente, se encuentra en un extremo de la plaza. Pintada a la acuarela sobre tela, su presencia fue uno de los hechos relevantes de "El tiempo de Marruecos", durante 4 meses en París (Place de la Concorde).

Bab al-Mansur al-'Alsh (Puerta del Renegado Victorioso) es la más impresionante de Mequinez, y también una de las puertas más originales de Marruecos. Su construcción, como indica la gran inscripción en caracteres cursivos situada en la parte superior del monumento, se inició al final del reinado de Mulay Ismail y fue terminada por su hijo en 1144/1732.

RECORRIDO I *La Villa Real*
Mequinez

Con acceso en codo, como la mayoría de las puertas exteriores de las ciudades marroquíes, abre a un vano de 8 m de altura, enmarcado por dos torres cuadradas en saledizo con galerías abiertas. A su vez, ambas torres están flanqueadas por dos masas colgantes más estrechas, soportadas por dos altas columnas de mármol con capiteles compuestos

La puerta, ya notable por sus proporciones y la originalidad de su planta, lo es también por la rica ornamentación de entrelazados. Estas formas romboidales, que forman una retícula, están dispuestas en fajas que enmarcan el vano y dominan las arquerías ciegas sobre las dos torres; incrustadas de *zelish* (azulejos), añaden un encanto singular a su majestuosidad. Cabe señalar que los fustes y capiteles son de mármol de Carrara —hecho excepcional—, al parecer procedente del palacio al-Badia de Marrakech, erigido por el príncipe saadí Ahmed al-Mansur al-Dahbi (985/1578-1011/1603).

La puerta conoció diferentes usos. En el siglo XIX, el sultán Mulay Abderrahman hizo levantar una construcción a su izquierda, que utilizaba para celebrar reuniones de jefes militares y altas personalidades. El edificio servía de tribunal al pachá de la ciudad, que tomaba allí el almuerzo con los jefes militares cada viernes, después de la oración. Ante este monumento se organizaban también ceremonias religiosas y militares. Estas costumbres se mantuvieron hasta la instauración del Protectorado en 1912.

I.1.e **Cúpula de los Embajadores**

Coger de nuevo el coche y, tras pasar la puerta Bab al-Mansur (a la derecha), seguir la señalización del mausoleo de Mulay Ismail. Aparcamiento frente a la cúpula, en la plaza al-Khayyatin.
Pagar entrada. Abierto todos los días. Horario: de 9 a 12 y de 15 a 18.

Cúpula de los Embajadores, vista exterior, Mequinez.

RECORRIDO I *La Villa Real*

Mequinez

Este pabellón es un pequeño edificio emplazado en la primera muralla de la villa. Aunque hoy día es conocido como Cúpula de los Sastres, nombre que evoca una de sus utilizaciones recientes, durante mucho tiempo fue la Cúpula de los Embajadores; designación que corresponde a sus primeras funciones, ya que Mulay Ismail lo eligió para recibir allí a los embajadores extranjeros que venían a tratar, entre otros asuntos, el rescate de los cautivos cristianos.

Construido sobre un gran espacio rectangular (6 x 8,20 m), el edificio en sí es un cuadrado de 13,80 m de lado. La entrada cuenta con un porche añadido posteriormente. La monumental puerta está adornada con fajas de *zelish*, que forman composiciones geométricas, y con frisos de madera tallada. A cada lado de la cúpula hay una pequeña habitación con techo recubierto de tejas verdes; el suelo está solado con baldosas de diversos colores: azul, amarillo, blanco, rojo…

El interior de la cúpula, grande y armoniosa, está constituido por diez arcadas con motivos labrados en yeso, parcialmente restaurados. Los pilares que soportan las arcadas están revestidos de mosaico hasta una altura de 2 m. Los bajos de las paredes también están embellecidos con mosaicos, coronados por una faja en estuco en la que se puede leer la inscripción: "El poder reside en Alá".

Lo que distingue especialmente a este edificio es su cúpula cónica, cuyo intradós está decorado con motivos geométricos y florales.

I.1.f Mausoleo de Mulay Ismail

Situado frente a la Cúpula de los Embajadores. Acceso autorizado a los no musulmanes.

Abierto todos los días. Horario: de 8:30 a 12 y de 15:30 a 18.

El real complejo funerario de la alcazaba de Mequinez está situado al sur de Dar al-Kebira, entre la primera y tercera murallas. El emplazamiento no se debe al azar: Mulay Ismail eligió como morada mortuoria un lugar previamente santificado por la tumba del santo local Sidi Abderrahman al-Majdhub, poeta y místico del siglo X/XVI. El sultán Mulay Ahmed al-Dahbi, hijo y sucesor de Mulay Ismail, realizó numerosas modificaciones. La irregularidad de la construcción —algunos elementos parecen excavados en las murallas— prueba que se trata de un conjunto modificado en múltiples ocasiones.

Antes de entrar en detalles sobre este inmenso complejo, es importante dar una visión general del mismo. Las dos *qubba*s que determinaron la elección del lugar por parte de Mulay Ismail aparentemente estuvieron unidas en tiempos por tres elementos: el patio, la sala funeraria y la sala de lectura coránica. Todo indica que las partes anejas no se habían previsto al principio.

Este mausoleo, que no tiene nada que envidiar a los del mundo oriental, infinitamente más complejos, es descendiente directo de las tumbas saadíes de Marrakech, que son, a su vez, de origen hispano-magrebí. Así pues, el mausoleo de Mulay Ismail repite el alineamiento de tres piezas consecutivas (la del centro, de planta cuadrada, alberga la tumba regia), comparable a las tres salas de la rauda de Granada; además, el motivo de la estancia cuadrada con antesala parece directamente inspirado esta vez no en la arquitectura funeraria de dicha ciudad, sino en la palaciega.

RECORRIDO I   *La Villa Real*
Mequinez

Mausoleo de Mulay Ismail, patio, Mequinez.

Al parecer, la disposición inicial constaba de las tres salas situadas al este, las dependencias del oeste y las del sur (es decir, el gran patio con dos pórticos). En un principio el acceso al complejo se encontraba al norte, mirando hacia Dar al-Kebira; la entrada actual data de la época del Protectorado.

La entrada y los primeros patios

El primer complejo al que abre la puerta de acceso al mausoleo está compuesto por una sala de entrada y tres patios anejos. Esta primera sala y el primer patio tienen una distribución funcional, y el segundo patio es un lugar de paso, pero el tercero ofrece en cambio una decoración adecuada para un lugar de descanso, es decir, un verdadero patio. Destacan los dos pórticos enfrentados de los lados oriental y occidental, que tienen en el centro un pilón redondo y profundo. En la pared del pórtico oriental se construyó un sencillo *mihrab* de forma hexagonal, con un segundo encastrado en el muro oriental del patio. En los laterales

RECORRIDO I *La Villa Real*
Mequinez

Silos, exterior, arcos de las bóvedas, Mequinez.

largos de este tercer patio hay dos puertas condenadas.

El patio y las salas funerarias

El patio situado en el ángulo nordeste del complejo funerario es el resultado de un cuidadoso y reciente trabajo de restauración, en el que se emplearon elementos antiguos. Destacan las columnas de mármol agrupadas en tríos y coronadas por capiteles, algunos de ellos de tipo hispano-magrebí: un elemento cilíndrico con doble fila de hojas coronado por otro prismático, de recargada decoración (palmetas y palmas) más grabada que esculpida.

Este patio comunica con las otras salas funerarias por una puerta abierta en el muro sur, ricamente decorada. Da acceso a una especie de antesala abierta a la sala mortuoria por un gran vano en forma de arco de herradura liso, levemente apuntado. En el centro de la sala se encuentran las estelas funerarias del sultán Mulay Ismail, de su sucesor Ahmed al-Dahbi y del sultán Abderrahman Ibn Hicham.

I.1.g **Silos**

Situados en el extremo norte de la alcazaba. Se puede ir en coche. Al salir del mausoleo, dirigirse a la izquierda para franquear la puerta Bab al-Rih y bordear el Palacio Real. El conjunto era conocido en otro tiempo con el nombre de Dar al-Majzen. Seguir hasta el final, doblar a la derecha y continuar recto, pasando delante de la entrada principal del Palacio (a la derecha) hasta llegar más allá del camping, desde donde se ven los silos.
Pagar entrada. Abierto todos los días. Horario: de 9 a 12 y de 15 a 18.

Obra del sultán Mulay Ismail, la Casa de las Diez Norias era parte de un conjunto tripartito formado por un edificio trapezoidal, una serie de bóvedas de cañón paralelas cuyos techos se han derrumbado (los silos) y un estanque trapezoidal (el Estanque de las Norias). Edificio con funciones utilitarias, atestigua la voluntad de Mulay Ismail de dotar a su lugar de residencia de infraestructuras que le permitieran estar preparada para arrostrar los peligros exteriores y desarrollarse salvaguardando su estatuto, como hicieron Fez y Marrakech.

Casa de las Diez Norias

En el interior de este edificio, una serie de salas exiguas rodea una estancia central más espaciosa, con bóvedas de cañón de fábrica somera. Un corredor circunda esta masa central, dando paso a un conjunto de 15 habitaciones cubiertas por bóvedas cónicas de 12 caras. En origen, cada una de estas piezas redondas albergaba una noria; es decir, un pozo profun-

Estanque de las Norias, vista general, Mequinez.

RECORRIDO I   *La Villa Real*
Mequinez

Bab Bardain, vista general, entrada exterior, Mequinez.

do que llegaba a la capa freática y por el que subía el agua mediante un rosario de cangilones en forma de vaso con fondo puntiagudo.

Silos

Adyacente a la pared sudoeste de la Casa de las Diez Norias hay una serie de 22 arcadas, de 14 arcos cada una, algunos de los cuales han sido cegados posteriormente. Esta especie de soportales —llamados a menudo, erróneamente, "cuadras"— eran silos.
El edificio, considerado como una de las más hermosas realizaciones de Mulay Ismail, estaba destinado a almacenar productos alimenticios, especialmente trigo, según narra el historiador al-Nasiri en el siglo XIX:
"Mulay Ismail ordenó también construir en la alcazaba un granero con pasillos abovedados para almacenar el trigo y otros cereales, que podía contener grano bastante para todos los habitantes de Marruecos".
Los mulos que traían el trigo de las diferentes regiones no accedían por las puertas principales del edificio, sino que atravesaban una galería que los conducía a unas bocas circulares, practicadas en la azotea del edificio, por las que se vertía el grano.
Así pues, el caserón, construido sobre una superficie de 182 x 104 m, albergaba enormes salas rectangulares que eran graneros subterráneos, a pesar de que hoy los techos están hundidos y no queda rastro de los "tragaluces" que debieron de practicarse en ellos. Hay una galería central transitable hasta el muro posterior; unos pilares sostienen arcos de medio punto, de 3 m de diámetro, que dividen la sala en 18 naves paralelas a la *qibla* y 23 perpendiculares cubiertas, en sus orígenes, por bóvedas de cañón.

El aspecto actual de esta parte de la alcazaba es especialmente impresionante: hay un cierto abandono pintoresco que realza el encanto de esta serie de arcadas de tierra batida.

I.1.h **Estanque de las Norias**

Situado junto al edificio de los silos.

Según el historiador Ibn Zidane, Mulay Ismail "hizo construir en el interior de la alcazaba un gran estanque, en el cual se podía dar paseos en barcas de recreo". A pesar de esta descripción, las funciones utilitarias prevalecían sobre las recreativas, ya que no parece que primara ninguna consideración estética a la hora de construir el estanque, también llamado Sahrish Swani, parte del complejo conocido como Casa de las Diez Norias. En realidad, este edificio hidráulico estaba destinado a asegurar el suministro de agua de la población —Mequinez era objeto de múltiples asedios por parte de las tribus de la región— y de los edificios y distintos equipamientos de la ciudad (mezquitas, baños, mansiones, jardines y huertos).

El estanque, de forma rectangular y notables dimensiones (148,75 x 319 m, con una profundidad media de 1,20 m), estaba alimentado por las 10 norias del edificio vecino; el agua llegaba por una canalización de barro. En sus orígenes estaba rodeado por tres altas murallas almenadas. Hoy día no queda más que un muro aislado, junto a la zona de los Beni Mhamed, al sudoeste, y los cimientos de una muralla de más de 2 m de espesor.

Paseo por la medina
Se puede llegar a pie hasta el monumento I.1.i atravesando la medina. Volver a la plaza al-Hedim; pasada la bóveda a la izquierda del museo Yamai, dirigirse hacia la calle Neyyarin, especializada en la venta de tejidos y babuchas. Siguiendo hacia el oeste, y tras internarse en la calle Sekkarin, se llega a una salida situada en el muro oeste de la medina que conduce al Mellah. Por medio de esta salida, y siguiendo la callejuela que rodea las murallas por el exterior, se desemboca en el colorido mercado de las especias y después en un rastro situado no lejos de las curtidurías de Mequinez. Entrando de nuevo en la medina por la puerta Bab al-Ydid, retomar a la izquierda la calle al-Hnaya y subir hacia el norte en dirección a la mezquita Berdain, cerca de la puerta Bab Berdain.

I.1.i **Bab Bardain**

Situada en el extremo norte de la medina. Para ir en coche, coger el bulevar circular; la puerta se encuentra a la derecha.

Al principio, las murallas de la alcazaba ismailí estaban horadadas por 20 puertas fortificadas, cada una coronada por un torreón. Bab Bardain, la puerta de los fabricantes de albardas, situada en la parte septentrional, es en la actualidad un conjunto de dos puertas separadas por un patio.

Esta antigua puerta no acodada, erigida por Mulay Ismail en 1132/1720, se yergue majestuosa entre sus dos torres, en la cima de una colina. La parte decorada está circunscrita a un cuadrado de no más de 11 m de lado y ha sido recientemente restaurada.

RECORRIDO I *La Villa Real*
Mulay Idris Zerhun

Bab Bardain, contrariamente a lo que sucede hoy, debió de ser importante en el siglo XII/XVIII para la economía de Mequinez: en ella se concentraban todos los intercambios —tanto comerciales como diplomáticos— con el norte y, por consiguiente, con el extranjero. Se entiende así que Mulay Ismail hiciera construir una entrada digna de la residencia de un monarca.

No lejos de allí se encuentra la nueva puerta, que da al mausoleo de Mulay Abdallah Ibn Ahmed, el cementerio de los Chuhada y el gran cementerio donde fueron enterrados numerosos santos de Mequinez, como Chayj al-Kamal y Sidi al-Harthi.

I.2 MULAY IDRIS ZERHUN (opción)

I.2.a Mausoleo de Mulay Idris Zerhun

A 28 km de Mequinez, en la carretera de Kenitra, se encuentra el pueblo de Mulay Idris. El mausoleo está situado en el centro del pueblo. Acceso reservado a los musulmanes.

La ciudad-mausoleo —un gran pueblo blanco incrustado en la montaña de Zerhun, célebre porque alberga la tumba del príncipe que fundó la primera dinastía marroquí musulmana— domina la meseta circundante y mira hacia las ruinas romanas de Volubilis.

Mulay Idris Ibn Abdallah, quinto descendiente de Alí, yerno del profeta, vino a Marruecos huyendo de las guerras libradas en Arabia entre abbasíes y omeyas.

Aquí fue acogido con los honores que le correspondían por su linaje, y el príncipe beréber de Walili, que se había adherido al Islam, hizo un llamamiento a las tribus para que siguieran al *cherif*. Pero la muerte prematura de Mulay Idris en el 176/793, sin duda envenenado por orden del califa abbasí, no le dejó tiempo para dar a su nueva dinastía la estructura deseada. Sin embargo, poco antes de morir había contraído matrimonio con una beréber de Kenza, quien le dio un hijo póstumo que, bajo el nombre de Idris II, continuaría su obra.

La tumba de Idris padre, construida como mausoleo con cúpula, se convirtió en un lugar santo, venerado por los marroquíes. El monumento no cambió prácticamente nada hasta el siglo XI/XVII, cuando el sultán Mulay Ismail dio la orden de demolerlo y de comprar las propiedades vecinas para unirlas al mismo. Los trabajos duraron casi tres años (1131/1719-1133/1721). Mulay Ismail dispuso hacer allí la plegaria del viernes, lo que da muestra de la importancia que tenían el mausoleo y la villa de Mulay Idris Zerhun. En 1237/1822, el sultán alauí Mulay Abderrahman también la hizo ampliar y embellecer: compró la casa vecina, situada entre el monumento y la *qaysariyya*, y la derribó para edificar una mezquita todavía más grande y hermosa, a la vez que decoró de nuevo el mausoleo del santo.

Posteriormente, en tiempos del sultán Mulay Mohamed (1859-1873), la cúpula fue adornada con bellas cerámicas del gran *m'allem* (artesano cualificado) de Mequinez, Ibn Majluf.

El sultán Mohamed V (1927-1961) y su hijo, el rey Hassan II (1929-1999) ordenaron rehacer la decoración del *Darih* (mausoleo) y agrandaron una vez más la mezquita.

RECORRIDO I *La Villa Real*
Mulay Idris Zerhun

Todavía hoy numerosas tribus vienen a orar ante el mausoleo, con ocasión de la gran peregrinación que se celebra cada año el día del *Musem* (fiesta patronal) del santo. El manto —ricamente decorado con bordados dorados— que recubre el catafalco se cambia una vez al año o cada dos años, en una ceremonia en la que participan las autoridades políticas y religiosas del país o de la región. Es una verdadera fiesta llena de cantos, perfumes, sacrificios y salvas de fusil, durante la cual los peregrinos recorren la villa en procesión.

Volubilis
A 5 km de Mulay Idris y a 31 km de Mequinez se encuentran las ruinas romanas más importantes de Marruecos. El yacimiento de Volubilis es, de hecho, uno de los enclaves culturales más ricos del país. Antigua capital del rey Juba II —esposo de la hija de Cleopatra y Marco Antonio—, encierra toda la historia romana de Marruecos.
Pagar entrada. Abierto todos los días.

MOULAY ISMAIL

Retrato del gran Cherif Mulay Ismail, grabado del siglo XVIII.

Hombre vigoroso y bien proporcionado, bastante alto y de complexión fuerte pero esbelta, Mulay Ismail, de "rostro alargado, más negro que blanco, es decir, mulato" era "el hombre más fuerte y vigoroso de sus Estados" según Saint-Olon, embajador de Luis XIV ante el sultán.

De una voluntad a toda prueba —"Si Dios me ha dado el reino, nadie me lo puede quitar" como le gustaba repetir— pero también de una gran perspicacia política, Mulay Ismail consideraba que era, en todo momento, *primus inter pares*. Tanto en los asuntos de Estado como en las tareas de segundo orden, tenía que ser el primero en dar ejemplo. "Ya sea en la guerra o en los trabajos de la paz, como por ejemplo en la construcción de Mequinez, donde se le veía con frecuencia ponerse manos a la obra como el último de sus trabajadores", su presencia efectiva jamás faltó.

Segundo sultán de la dinastía alauí, pasó 24 años de los 55 que duró su largo reinado pacificando el país, combatiendo a los insurrectos e insurgentes y construyendo el orden político. Para todo esto necesitaba, por una parte, un ejército fuerte, permanente y devoto. Lo organizó en torno a contingentes negros de cerca de 150.000 hombres, a los que hizo prestar juramento sobre el libro de *Hadiz* del imam al-Bujari (uno de los cuatro tradicionalistas más grandes del Islam); de ahí el calificativo *Abid al-Bujari* ("Esclavos de al-Bujari") con el que se les conocía. Pero por otro lado también necesitaba ejercer una presencia permanente en todo el territorio; lo conseguiría edificando fortalezas en las que situó guarniciones fuertemente armadas, encargadas de mantener el orden o de contener a las tribus todavía no vencidas.

Hacia 1111/1700, el reinado de Mulay Ismail alcanza su apogeo. El conjunto de Marruecos y la Mauritania actual, el Tuat, le obedecen. Controla las correrías y percibe el 70% del valor de los cargamentos capturados. Se retoman los contactos económicos con Europa, y las firmas comerciales europeas están presentes en Tetuán, Salé, Safi y Agadir. Se recuperan las plazas de la costa atlántica ocupadas por España. Se intercambian embajadores con Francia e Inglaterra. En conjunto, Marruecos normaliza e intensifica las relaciones con las grandes potencias europeas.

Contemporáneo de Luis XIV, Mulay Ismail es considerado por las gentes de su época y por casi todos los cronistas como el monarca más grande de la dinastía alauí durante sus dos primeros siglos de existencia. Como el soberano francés, él también deseaba dejar una huella indeleble en su país. Resolvió, pues, edificar una real villa enteramente concebida y planificada por él: Mequinez, que elevó al rango de capital.

En 1139/1727, a la muerte de este sultán que se había mantenido en el poder en medio de constantes luchas, la ciudad atravesó numerosas dificultades. Y es que el entramado político tejido por Mulay Ismail reposaba enteramente en su persona. A título de ejemplo, su ejército —concebido para ser el garante no solamente de la fuerza del Estado, sino también de su continuidad— se convirtió en un importante agente desestabilizador a causa de sus artimañas e intervenciones directas en los asuntos políticos. Durante 30 años y casi sin pausa impone su ley, nombrando y deponiendo a los sultanes. La consecuencia fue la ruina del país: las arcas vacías, la vida económica destrozada, anarquía, etc.

La leyenda y las crónicas marroquíes y extranjeras nos han dejado de él esta imagen de gran sultán. Pero las crónicas francesas no han retenido de las cartas entre Luis XIV y Mulay Ismail más que la petición de matrimonio, que este último hizo al primero, solicitando la mano de su hermana, la princesa de Conti.

RECORRIDO II

Un día en la vida de un taleb en Fez

Mohamed Mezzine

II.1 FEZ

    II.1.a Museo Batha
    II.1.b Bab al-Guissa
    II.1.c Mezquita al-Guissa
    II.1.d Medersa al-Guissa
    II.1.e Funduq Saga
    II.1.f Medersa Attarin
    II.1.g Mausoleo de Mulay Idris
    II.1.h Medersa Cherratin
    II.1.i Mezquita Qarawiyin
    II.1.j Medersa Mesbahiya
    II.1.k Biblioteca Qarawiyin

La caligrafía

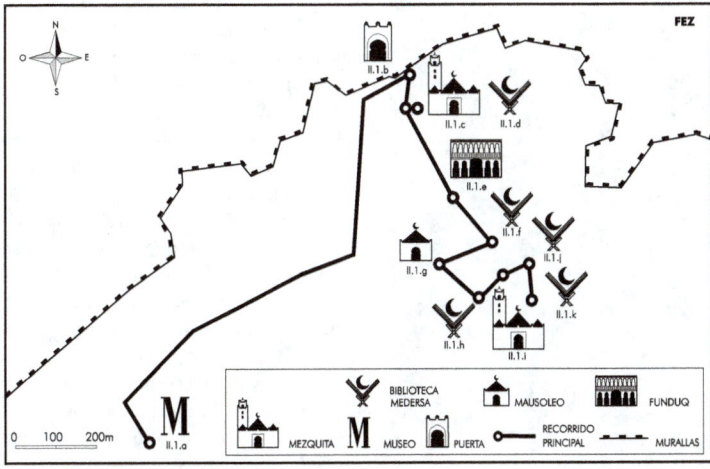

Mezquita Qarawiyin, pabellón saadí, pila para las abluciones, Fez.

Aproximación histórica a la ciudad de Fez

Si la historia de Fez, que ha visto la sucesión de más de siete dinastías en doce siglos, se funde con la de Marruecos, la de su urbanización está imbricada con su devenir político, cultural, económico y religioso que, a su vez, se puede dividir en tres grandes etapas:
— fundación y consolidación de la ciudad, del siglo III/IX al VII/XIII;
— apogeo meriní, del siglo VIII/XIV a comienzos del IX/XV;
— renacimiento de la ciudad con los saadíes y los alauíes, del siglo X/XVI al XX.
Desde su fundación en el siglo III/IX, Fez está compuesta por dos núcleos bien delimitados, separados por el río Fez, o *wad Fas*, conocido también como *wad al-Yawahir* ("río de las perlas"). La ciudad de la orilla izquierda, *adwat* al-Qarawiyin, elegida por los idrisíes como sede, tomó la delantera rápidamente sobre la orilla derecha con la construcción de una mezquita —la mezquita al-Achraf— y de una *qaysariyya*. Esta última, de carácter eminentemente rural (contrariamente a su opuesta, que albergaba a unas dos mil familias kairuanesas venidas a buscar refugio a Fez), experimentó un gran crecimiento en los siglos III/IX y IV/X con la llegada de millares de familias expulsadas de Córdoba, que vinieron a establecerse en la orilla a la que dieron su nombre: *adwat* al-Andalus.
Ambos núcleos estaban rodeados de una muralla que, pese a su grosor y solidez, los comunicaba entre sí y con el exterior. Fez se convirtió pronto en un centro importante, granjeándose cada vez más la atención de las grandes dinastías de la época: los abbasíes de Bagdad, los fatimíes de Egipto y los omeyas de al-Andalus.
Codiciada torre a torre por los jefes militares de los principados berébéres de la región (zenatas), Fez conoció un periodo problemático desde finales del siglo III/IX, con la caída de los idrisíes, hasta el siglo V/XI, y fue repartida entre los hermanos zenatas al-Guissa y al-Futuh, que dieron su nombre a las dos grandes entradas, norte y sur.
En el siglo V/XI los almorávides, nueva dinastía reinante en Marruecos, restablecieron el orden y reconstruyeron la *medina*, suprimiendo las murallas que la dividían en dos, con lo que se convirtió en una sola ciudad a partir de 462/1070, y levantando puentes —Tarrafin y Bab Selsla— para facilitar el paso entre ambas orillas. Regularizaron también el curso del *wad Fas* y organizaron el suministro y la distribución de agua en la villa, construyendo un complejo sistema de doble

Medersa Attarin, nicho del mihrab, Fez.

canalización que permitía a la vez proporcionar agua fresca a las mezquitas, las casas y los talleres, y evacuar las aguas ya utilizadas.

Los almohades, continuando la obra de sus predecesores, suprimieron a su vez las murallas exteriores de la ciudad, símbolo de su poderío. Se atribuyen a Abd al-Mumen, príncipe almohade, las palabras siguientes: "No tenemos necesidad de estar defendidos por muros; nuestras murallas son nuestras espadas y nuestra justicia".

La era de prosperidad que conoció Fez —por entonces centro en torno al cual se articulaban las rutas comerciales del imperio almohade, especialmente en el siglo VI/XII— se distinguió por las grandes obras públicas: reconstrucción de las murallas a la manera almohade y de la alcazaba Bushlud (después de haber sido destruida por el sultán almohade Abd al-Mumen), restauración y ampliación de dos grandes mezquitas de la *medina*, al-Qarawiyin y al-Andalus. Sin olvidar tampoco, en la época del príncipe al-Mansur (579/1184-595/1199), 780 mezquitas y oratorios, 42 salas de ablución, 80 fuentes, 93 baños públicos, 467 *funduqs*, 9.082 tiendas, 29.236 casas, etc.

Pero Fez conoció su hora de gloria en el siglo VII/XIII con el acceso al poder de los meriníes, que hicieron de ella su capital política. Reencontrada la estabilidad, la ciudad se convirtió en centro de una vida cultural intensa y de una actividad comercial sin precedentes, acogiendo en sus *funduqs* caravanas enteras procedentes del Sudán occidental y al-Andalus, o que se dirigían a estos lugares. Por otra parte, se llevaron a cabo grandes proyectos arquitectónicos en los que se plasmó el arte hispano-magrebí.

Mausoleo de Mulay Idris, mampara de la entrada en madera de cedro, vista del exterior, Fez.

El sultán meriní, viendo que se quedaba pequeña la alcazaba almorávide de Bushlud, decidió, en 672/1274, construir una nueva ciudad, *Fas-Ydid* —o Fez la Nueva—, lindando con la *medina*. Destinada a ser símbolo del poder y la gloria de la nueva dinastía, recibirá en un principio el emblemático nombre de *al-Madina al-Bayda'* ("la ciudad blanca") por oposición a la fundada por Mulay Idris, cuyos muros tenían la pátina de seis siglos de existencia. El sultán reservó *Fas-Ydid* para los alojamientos de los príncipes, las mansiones de los grandes dignatarios políticos y militares de la dinastía, y también para la comunidad judía instalada anteriormente en plena *medina*, cerca del mausoleo de Mulay Idris.

Sin embargo, los meriníes destacaron sobre todo por la creación de *medersas*, fundaciones piadosas con vocación pedagógica y nuevo instrumento de poder.

Construyeron siete en Fez, que debían servir tanto para transmitir su propia ideología, diferente de la de los almohades, como para propagar la doctrina malikí, formando a los funcionarios de justicia y de la administración del Estado. El poder meriní fue apoyado por los andalusíes que venían huyendo de la Reconquista cristiana. Eruditos, artesanos anónimos y comerciantes acudieron a la capital y contribuyeron con sus conocimientos y pericia a su reconstrucción, la de sus *medersa*s y mezquitas, y al embellecimiento de sus monumentos. Los artesanos venidos de Sevilla, Toledo y Granada propagaron el trabajo del mosaico, el *zelish*, la madera y el estuco a la manera andalusí. Por su parte, los grandes eruditos andalusíes, como Ibn al-Jatib e Ibn Jaldun, aportaron su contribución a la enseñanza en las *medersa*s y en la Qarawiyin. El último príncipe nazarí de Granada, Abu Abdil, trajo consigo toda su fortuna y se instaló en Fez con su séquito.

Al finalizar el apogeo de los meriníes, las dificultades económicas y políticas que conoció el Marruecos del siglo IX/XV también afectaron a Fez, que no recobrará su prestigio hasta la llegada de los saadíes al poder, en 956/1549, y de los alauíes, en el siglo X/XVI. Con los turcos, españoles y portugueses a las puertas de Marruecos, los saadíes dotaron a la ciudad de dos bastiones, uno al norte y otro al sur, para controlar y proteger la ciudad de toda amenaza exterior. Por otra parte, el gran sultán Ahmed al-Mansur (958/1578-1011/1603) amplió la Qarawiyin, enriqueció su Biblioteca y regularizó el flujo del *wad* al-Yawahir, que atraviesa la *medina*, construyendo el embalse de Abi Tuba río arriba, a la entrada sudoeste de la villa.

Cuando los alauíes subieron al poder, se instalaron en Fez antes de pasar a la conquista del resto del país. Prosiguieron, como sus predecesores, el esfuerzo de restauración y construcción de edificios religiosos, culturales y mercantiles. Organizaron las actividades económicas, el artesanado y el comercio, igual que los meriníes en el siglo VIII/XIV, con sus barrios, *funduqs* y talleres. Los oficios fueron agrupados en gremios *(hanta)* controlados por un *muhtasib*. *Funduqs* y mercados se repartieron por las diferentes partes de la *medina*: el *suq* Attarin, o mercado de las especias, el Chemain, mercado de las velas, y el Neyyarin, junto a los *funduqs* Saga, Stauiniyin y Chemain, en el centro de la *medina*, no lejos de los grandes ejes que la atraviesan: *Tal'a Lakbira*, la gran cuesta, y *Tal'a Sghira*, la pequeña cuesta. Los mercados de barrio, donde se vendía toda clase de artículos y productos, complementaban los principales, más especializados, que se organizaban en el centro de la *medina*. En los siglos XII/XVIII y XIII/XIX, Fez volvió a ser un destino lucrativo para los comerciantes de Tlemcén, Argel, Senegal y Europa. Numerosos cónsules y viajeros ingleses, franceses, alemanes y españoles visitaron la ciudad e instalaron en ella a sus representantes.

El tratado de Protectorado se firmó en Fez en 1912. El general Lyautey, encargado de su organización, puso en marcha un régimen administrativo que buscaba salvaguardar la identidad cultural de la ciudad; en consecuencia, se preservaron y rehabilitaron sus edificios religiosos y culturales. Creó también una nueva villa, al oeste de *Fas-Ydid* y de la *medina*, destinada a alojar a los colonos y la administración.

Tras la independencia, muchos comerciantes y sus familias abandonaron Fez para buscar fortuna en las grandes urbes del Reino: Casablanca y Rabat. En 1981, proclamada por la UNESCO patrimonio universal de la humanidad, la ciudad se benefició de la atención de intelectuales y mecenas; se pusieron en marcha operaciones destinadas a salvaguardar *medersas*, mezquitas y *funduqs*.

Introducción al recorrido

El sistema de enseñanza propio de la civilización musulmana se basaba en una enseñanza pluridisciplinar que comprendía la teología, pilar del saber, y disciplinas profanas como la astrología, las matemáticas o la medicina. De ahí el término árabe *taleb* para denominar al estudiante universitario, derivado del verbo *talaba* (pedir, buscar), que significa "el buscador de ciencia".

La Fez de los meriníes (siglos VII/XIII al IX/XV), metrópoli de las letras, las ciencias y las artes, contribuyó al apogeo de este sistema de enseñanza gracias, fundamentalmente, al estímulo de los sultanes, muy interesados en la ciencia y la cultura. Un hecho distintivo de esta época fue la introducción en Marruecos de las *medersas*, generalizadas en el Machrek desde el siglo VI/XII, que permitieron a la dinastía asegurar su poder frente a las cofradías locales, las *zawiyas*. Este sistema de enseñanza —que, además de formación, ofrecía hospedaje y comida— se basaba en el mecenazgo del Estado y venía en ayuda de la vida devota, hecha de abnegación y renuncia, del joven *taleb*. Estos seminarios religiosos, o fundaciones piadosas con vocación pedagógica, estaban destinados a preparar a los jóvenes para la enseñanza superior impartida en la Qarawiyin. Esta mezquita, templo del saber entre los más antiguos y célebres del mundo musulmán, dispensaba sus enseñanzas mucho antes de la llegada de los meriníes —su fundación se remonta al siglo III/IX—, aunque parece haber adquirido su estatuto de universidad bajo esta dinastía, que fijó clases y programas, y reglamentó los exámenes. Frecuentada por los más grandes *ulema* venidos de diferentes ciudades de Marruecos, o de Córdoba, Granada y Sevilla (como Ibn Jaldun en el siglo VIII/XIV), contribuyó a la formación de una elite intelectual que desempeñó un papel primordial en la civilización arábigo-musulmana. Cabe destacar que la cultura urbana de este periodo tenía un carácter marcadamente hispánico, debido

Mezquita Qarawiyin, fuente y pabellón saadí, Fez.

a la influencia de los refugiados andalusíes y a las relaciones estrechas e incesantes entre Fez y Granada. Escritores y artistas pasaban con frecuencia de una capital a otra, y era habitual el intercambio de cartas entre eruditos especializados en las ciencias consideradas tradicionales: filosofía, anatomía, medicina...

El cosmopolitismo de Fez, especialmente en el siglo VIII/XIV, atrajo a miles de jóvenes estudiantes, que acudían desde lejanos lugares del Magreb y otras partes en busca del saber. Acceder a la universidad de la Qarawiyin era el sueño de todo joven *taleb*, como el de quien nos proponemos seguir en una de sus jornadas, repartida entre la *medersa*, la mezquita y la universidad.

El joven estudiante, procedente de las colinas prerrifeñas del norte del país, llegaba un buen día acompañado de su padre con el sueño de convertirse en *alim*. Desde la puerta Bab Guissa —que abre la *medina* al norte, dando entrada a los viajeros venidos de al-Andalus— iba directamente a la mezquita al-Guissa, adyacente a la misma. Después de haber hecho sus abluciones, se consagraba a los rezos matinales antes de dirigirse a la *medersa* colindante con la mezquita. Allí seguirá sus primeras clases: se trataba sobre todo de demostrar su capacidad para memorizar el Corán y explicar ciertos versículos, formación básica que a todo joven *taleb* se le suponía habría recibido en las escuelas coránicas. En efecto, la memorización literal de las obras estudiadas es la regla de oro de la pedagogía clásica: los textos son objeto de una lectura comentada por el maestro durante las clases y el estudiante los aprende al mismo tiempo que las explicaciones.

Como solo una veintena de alumnos de la *medersa* al-Guissa tenía asegurados el hospedaje y la comida, nuestro joven *taleb*, que todavía no ha podido ser admitido en las prestigiosas "residencias-universidades" de la villa, como las *medersas* Bouinaniya, Attarin o Mesbahiya (donde se ofrecía albergue y alimento con tal de que uno perseverara y tuviera éxito en los estudios), irá al encuentro de su padre al *caravansaray* del barrio: el *funduq* Saga, destinado a alojar a visitantes de todo tipo.

Puestos en marcha en busca de una de las muchas tascas del barrio Attarin, el *suq* más antiguo y animado de la ciudad, pronto se encontrarán en una de las callejuelas que rodean el santuario de Mulay Idris, fundador de la villa; donde unas vigas horizontales, colocadas aquí y allá a la altura de la cabeza, forzaban a los animales impuros a retroceder, y a los que pasaban a inclinar la cabeza, advirtiendo a todos de que penetraban en un recinto sagrado. El lugar más venerado de Fez —en realidad, de Marruecos— congregaba a estudiantes, *ulema* o simples visitantes venidos a recogerse junto al catafalco del santo patrón.

Antes de volver a sus clases, nuestro *taleb* irá a callejear por la calle Butuil, que bordeaba la Qarawiyin, famosa por sus libreros de lance. Allí había tiendas atestadas de manuscritos antiguos y tenderetes repletos de su preciosa mercancía: desde los tratados más rudimentarios a los escritos teológicos de los grandes sabios del islam, pasando por libros de astrología y medicina importados del Machrek o de al-Andalus.

De nuevo con su padre, el joven *taleb* ocuparía un lugar en la vasta sala de oración de la mezquita Qarawiyin, al lado de

Museo Batha, galería oeste, sala central del museo, Fez.

los numerosos estudiantes que, precavidos, se situaban cortésmente detrás de sus maestros. Tras una plegaria solemne dirigida por el gran *muftí* de Fez, se formaban los seminarios donde cada *alim,* rodeado de sus estudiantes e instalado en el lugar que le había sido reservado, en una silla grande y colocada en un lugar más elevado, cerca de un pilar, comenzaba su clase.

La vida cotidiana de la mezquita-universidad se circunscribía a lo cultural, y las clases que se daban allí, al ritmo de las llamadas del *adan,* comenzaban al alba, tras el ritual de la oración. La Qarawiyin contaba con cientos de cátedras de enseñanza: las ciencias tradicionales, la jurisprudencia, la exégesis coránica, la tradición profética, *Hadiz,* se codeaban con la lengua y la gramática; pero también se enseñaban otras disciplinas, por ejemplo ciencias racionales como la lógica, las matemáticas, la filosofía, la medicina y la astronomía.

Al lado de la mezquita, la biblioteca, construida en el siglo VIII/XIV, reforzaba el complejo cultural de la Qarawiyin. Nuestro *taleb,* dispuesto a preparar su clase del día siguiente, rodeado de copistas que trabajan con libros comprados en al-Andalus o traídos por peregrinos venidos de Oriente, se puso a soñar: un día quizá sería uno de los sabios de la Qarawiyin o, ¿por qué no?, tal vez su imam.

II.1 **FEZ**

II.1.a **Museo Batha**

Seguir la señalización Sindicato de Iniciativa. *Una vez en la plaza de la Resistencia, coger la avenida del Batha. La entrada principal del museo se encuentra en la calle Zerktuni, a la izquierda.*

RECORRIDO II Un día en la vida de un taleb en Fez
Fez

Museo Batha, riyad, pórtico de madera pintada, detalle, Fez.

Pagar entrada. Cerrado los martes. Horario: de 8:30 a 12 y de 14:30 a 18.

El palacio Batha, hoy reconvertido en museo, está situado en la intersección de la *medina* idrisí, *Fas al-Bali,* y la ciudad meriní, *Fas-Ydid,* en las proximidades de los jardines Bushlud.

El sultán alauí Mulay al-Hassan ordenó su construcción hacia fines del siglo XIX, para acoger en él a los huéspedes señalados. Las obras finalizaron durante el reinado de su sucesor, el sultán Mulay Abdelaziz. Después de funcionar como residencia, se convirtió en sede del Estado Mayor y, en 1916, cambió su función para pasar a ser Museo de las Artes Indígenas.

Compuesto por dos edificios separados, el palacio se distingue por su magnífico *riyad,* que atestigua su función de residencia estival y lugar de descanso. Las galerías que bordean el *riyad,* cuyos pórticos reposan sobre columnillas de madera pintada, son notables por la ornamentación de sus techos con motivos geométricos y florales. Los patios este —que se utilizaban en otros tiempos como almacén— y oeste del palacio están revestidos con losas de mármol separadas por fajas de *zelish.*

La galería que bordea el patio oeste alberga las salas donde están expuestas las obras maestras del arte marroquí:

— manuscritos, alfarería y cerámica, piezas de cobre y plata, tapices y tejidos, piezas antiguas de madera, yeso y mármol.

— vestigios ornamentales procedentes de casas antiguas en ruinas: puertas decoradas, vigas esculpidas, yesos cincelados, frisos decorativos en madera o estuco, marquetería de maderas preciosas con incrustaciones de nácar, y lápidas sepulcrales delicadamente labradas, se reparten por las diferentes salas del museo.

— vitrinas que guardan los distintos modelos de joyas existentes en la región: anillos adornados con piedras preciosas, grandes brazaletes de plata, fíbulas labradas, collares formados por pequeñas piezas y pesados ornamentos frontales adornados con perlas o esmalte. Las cerámicas, en loza policromada, ocupan una gran sala aparte.

El museo, hoy día restaurado, se utiliza también para acoger las manifestaciones culturales de la ciudad de Fez.

Es preferible dejar el coche en el aparcamiento vigilado de la plaza del Batha y tomar un taxi para ir a Bab al-Guissa. El recorrido se hace a pie por el interior de la medina. *Calcular una hora y media.*

II.1.b Bab al-Guissa

Puerta situada al norte de la medina. Posibilidad de acceder en coche siguiendo la señalización Palacio Yamai. *Aparcamiento vigilado en la plaza al-Guissa.*

Abierta a principios de siglo, Bab al-Guissa lleva el nombre de una antigua puerta construida en el siglo IV/X por el príncipe al-Guissa, en las antiguas murallas. Al ampliar la ciudad, los almohades, y luego los meriníes, levantaron nuevas murallas y abrieron al norte de la *medina* una nueva entrada con el nombre de la primera: Bab al-Guissa.

Fue restaurada por el sultán meriní Abu Yusef Yaʻqub en el siglo VII/XIII, y reconstruida tras el terremoto de 1147/1735, que destruyó también la *medina*. Según al-Qadiri, el terraplén que se encuentra actualmente a la salida de la puerta no sería más que el amontonamiento de los escombros de la destrucción.

La puerta, célebre por el *suq* de pájaros que se encontraba en las proximidades y por los narradores que venían antaño a contar historias y leyendas populares, presenta una decoración arquitectónica sencilla con *zelish* y algunas lacerías de estuco (restaurada).

Otras dos puertas situadas unos 100 m más abajo, hacia el este, abren hoy esta parte de la *medina* a la colina de las tumbas meriníes y a las numerosas *zawiyas* situadas en las proximidades.

Al este de la puerta, se encuentra el gran hotel Palais Yamaï, *antiguo palacio del siglo XIX que perteneció al ministro Yamai del sultán alauí Mulay Hassan.*

Bab al-Guissa, vista general, Fez.

RECORRIDO II   Un día en la vida de un taleb en Fez
Fez

Mezquita al-Guissa, patio y alminar, Fez.

II.1.c **Mezquita al-Guissa**

Junto a la puerta del mismo nombre.

Resulta difícil determinar la fecha de construcción de esta mezquita, situada a unos metros de la puerta del mismo nombre. Una columna de mármol que data de la época meriní, encastrada en el ángulo nordeste del edificio, lleva la inscripción siguiente "A nuestro señor Abu al-Hassan, emir de los Creyentes". ¿Se trata del sultán meriní? No es fácil responder a la pregunta, puesto que Ibn Marzuq, que consagró una obra a su maestro, el sultán Abu al-Hassan, no menciona esta mezquita en la lista de las construcciones que realizó; se limita a decir que Abu al-Hassan hizo construir muchas mezquitas en su capital, Fez.
En cambio, la mezquita sí aparece citada en el registro de los bienes *waqf* de 964/1557, época saadí. En el siglo XII/XVIII, bajo el reinado del sultán alauí Sidi Mohamed Ibn Abdallah, fue ampliada y restaurada, al tiempo que se construyó la *medersa* contigua.

El edificio se distingue por un patio muy grande, que tiene una fuente en el centro y está rodeado por una galería que discurre por tres de sus lados. La sala de oración, poco profunda, formada por dos naves transversales con cinco tramos, presenta un *mihrab* ricamente decorado; el nicho está coronado por paneles calados. Detrás del muro de la *qibla* se extiende la mezquita de las exequias o de los muertos, formada por dos naves separadas por arcos apuntados que apoyan en pilares de sección cuadrada.

Este edificio religioso poseía dos cátedras de enseñanza; a semejanza de las *medersas* y de las numerosas mezquitas de Fez, participaba activamente en la difusión del saber y de la cultura.

II.1.d **Medersa al-Guissa**

Unida a la mezquita al-Guissa. Se accede al edificio por unas escaleras. La medersa está ocupada por estudiantes; pero es posible visitar el patio, desde donde se ve el conjunto del edificio. Cerrada en julio y agosto.

Esta *medersa* fue construida por el sultán alauí Mohamed Ibn Abdallah (1170/1757-1204/1790); comunica con la mezquita al-Guissa por una puerta practicada en mitad de la fachada norte. Colindante con la mezquita Mulay Abdallah de *Fas-Ydid*, se distingue por su sobriedad y por la ausencia de decoración, a diferencia de la *medersa* Cherratin, edificada por el sultán alauí Mulay Rachid (1076/1666-1082/1672).

RECORRIDO II   *Un día en la vida de un taleb en Fez*
Fez

Medersa al-Guissa, patio, Fez.   *Funduq Saga, galerías superiores, Fez.*

La *medersa* y la mezquita Bab al-Guissa tienen la misma longitud, aunque la *medersa* es dos veces más estrecha. Su planta es análoga a la de las residencias andalusíes de Granada y Córdoba. Tiene un patio de 22 x 4,80 m, y en el centro una pila de mármol; el patio está solado con *zelish,* en composiciones armoniosas y equilibradas. Al igual que en todas las *medersa*s, una galería da acceso a las celdas de los estudiantes.

A comienzos del siglo XX habitaban en la *medersa* unos 40 a 60 estudiantes, o *tolba,* en su mayoría procedentes de la región de Ybala. Además de las clases, recibían albergue y comida.

II.1.e **Funduq Saga**

Descender por la calle Brad Ayin, enfrente de la puerta principal de la mezquita al-Guissa, en dirección a la plaza al-Achabin. Al llegar allí, coger la primera a la derecha y luego la primera a la izquierda para desembocar en la plaza Saga, donde está el funduq.

Construido en 1122/1711, durante el reinado del sultán Mulay Ismail, el *funduq* Saga es contemporáneo del Neyyarin. El gran portal es el elemento más original del edificio, a pesar de que por su tamaño y composición decorativa recuerda al *funduq* Neyyarin.

En el arco de medio punto de la entrada —las esquinas están embellecidas con piezas de mosaico superpuestas— se puede leer la inscripción siguiente: "Alabanza al Dios único. Que Dios bendiga a aquel tras el cual no habrá más profetas. Esta puerta bendita se construyó en el año 1122".

97

RECORRIDO II   *Un día en la vida de un taleb en Fez*

Fez

Medersa Attarin, entrada y pila central del patio, Fez.

Medersa Attarin, sala de oración, lámpara de bronce, Fez.

La parte superior del portal cuenta con una serie de arcadas ciegas en madera tallada, rematadas por un pequeño saledizo de tejas esmaltadas.

Ya en el interior del edificio, enfrente de la puerta principal hay un nicho monumental decorado con motivos en estuco y mosaico, que recuerda a las fuentes murales. Alrededor del patio se alzan dos plantas en perfecta simetría. La parte superior de los pilares empotrados, los arcos y las cornisas está revestida de motivos ornamentales en estuco.

Enfrente del portal de entrada al funduq, *unas escaleras conducen a un café moro tradicional donde es posible tomar un vaso de té a la menta.*

II.1.f **Medersa Attarin**

Seguir a la izquierda por la calle que bordea el funduq. *En la primera intersección, torcer a la izquierda, después volver inmediatamente a la derecha. Subir esta calle estrecha que desemboca en la calle Attarin: al final de la misma se encuentra la* medersa.
Pagar entrada. Abierto todos los días. Horario: de 9 a 12 y de 14:30 a 18.

Situada al noroeste de la mezquita Qarawiyin, en la calle de la que toma su nombre, la *medersa* Attarin, fundada en 709/1310-731/1331, es uno de los monumentos meriníes más hermosos. A pesar de la estrechez del solar, que obligó a los arquitectos a introducir en el plano clásico de las *medersa*s una variante en cuanto a la posición del oratorio, el monumento presenta la arquitectura clásica de estos edificios.
Una entrada acodada se abre al vestíbulo, que conduce a una escalera que da acceso a 30 pequeñas habitaciones para los estudiantes situadas en el primer piso, y a un patio rodeado de galerías que conducen a la sala de oración. Un vano en madera torneada, celosía, abre al patio que contiene una pila de mármol de contornos recortados. Las dos galerías de 5 vanos presentan una disposición original: las arcadas de madera se apoyan en gruesos pilares revestidos de azulejos y yeso cincelado, y las arcadas laterales reposan sobre delicadas columnas de mármol, coronadas por capiteles del siglo VIII/XIV.
La sala de oración —cuya entrada está bordeada de paneles de *zelish*, con las enjutas decoradas con motivos florales raramente utilizados en la época— se distingue por la decoración mural. El hueco del *mihrab*, excavado en el muro, está rodeado de un panel de yeso cincelado, coronado por seis pequeñas aberturas, de las que cuatro están guarnecidas de verdaderos vitrales sin plomo, técnica muy poco extendida en el Marruecos de la época.
En medio de la sala, bajo una cúpula de madera, hay una lámpara de bronce contemporánea de la *medersa*, con una inscripción en loor del fundador del establecimiento.
El trabajo del yeso y los azulejos, que resulta especialmente impresionante por la finura de ejecución y la riqueza ornamental, hace de este pequeño edificio una obra maestra del arte meriní.

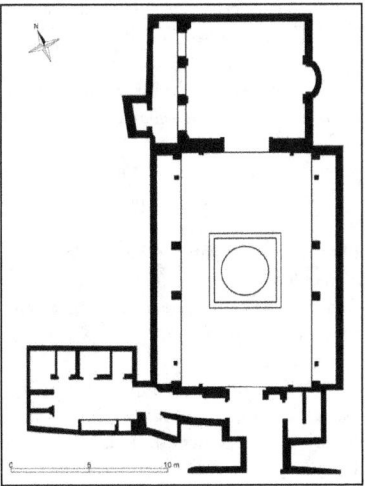

Plano de la medersa Attarin, Fez.

RECORRIDO II   Un día en la vida de un taleb en Fez
Fez

Mausoleo de Mulay Idris, tumba del santo y nicho del mihrab, Fez.

II.1.g Mausoleo de Mulay Idris

Descender por la calle Attarin, que está enfrente de la puerta principal de la medersa. A la izquierda, una puerta de zelish da a la calle de los Joyeros, a la cual se abre una de las puertas del mausoleo. Acceso reservado a los musulmanes. Es posible, sin embargo, ver la totalidad del monumento a través de sus cuatro puertas; rodearlo por la derecha hasta llegar a la cuarta puerta, que es la principal.

El mausoleo del patrono de la villa de Fez, Mulay Idris o Idris II (también, Idris al-Azhar), forma parte de un conjunto urbano denominado *horm,* "prohibido", que comprende:
1. La Casa de la Tienda de Campaña, *Dar al-Kaitun,* residencia de Mulay Idris durante la construcción de la villa, en el 192/808.
2. La mezquita *al-Achraf,* o Mezquita de los Nobles, donde oraba el fundador de la ciudad.
3. Una fuente y un edificio reservado a las abluciones, *Dar al-Wudu'.*

Al principio, el mausoleo era una mezquita grande y hermosa —la mezquita al-Achraf— construida durante la fundación de la ciudad y que perdería parte de su prestigio en el siglo IV/X con la construcción de la Qarawiyin, a donde se trasladó la plegaria del viernes. El edificio conservó su planta original hasta 707/1308, fecha en la que fue reconstruido por los *chorfa* idrisíes, descendientes de Idris II. Un siglo después se deteriora en parte; uno de sus muros se vino abajo.

En el siglo IX/XV se propagó por Marruecos un movimiento místico que proclamaba el renacimiento de las prácticas religiosas sufíes. Numerosos santos recorrían el país. Los más célebres fueron enterrados en mausoleos, en medio de ceremoniales religiosos muy importantes. En la misma época, la autoridad política meriní indagaba el paradero de la sepultura de Idris II, que los textos antiguos situaban en la mezquita al-Achraf. Durante los trabajos de restauración de la misma realizados en 840/1437, bajo la dinastía meriní, se descubrió el sarcófago de Idris II, que se creía enterrado en Volubilis. En el lugar donde se encontró se erigió una construcción convexa, a fin de distinguirlo de las tumbas de los demás santos.

Desde entonces se instauró en el mausoleo de Mulay Idris un auténtico culto. La veneración a este personaje se debe a dos razones: sus orígenes, puesto que era el sexto descendiente del Profeta, y su papel político como hijo del fundador de la dinastía idrisí en Marruecos, y fundador él mismo de la ciudad de Fez.

Tras los meriníes, todas las dinastías se dedicaron a embellecer el santuario. Se distinguió el sultán Mulay Ismail (1082/1672-1139/1727), quien hizo construir una cúpula piramidal verde, *qubba,* dominando el edificio. Recubierta de un baldaquino de madera tallada con incrustaciones de cobre y oro, la tumba está rodeada de numerosas columnas de mármol blanco y negro. También hizo construir en el patio una magnífica fuente y un alminar policromado, el más alto de toda la *medina*. Todos estos trabajos los llevaron a cabo voluntarios, y los materiales fueron suministrados gratuitamente por las autoridades.

Por su parte, en 1239/1824 el sultán Mulay Abderrahman hizo construir junto a la cúpula la nueva mezquita, y la casa de al-Kaitun, antigua residencia de Mulay Idris, fue objeto de una restauración que permitió descubrir una pequeña cámara ciega y una piedra de ablución. La decoración ha sido restaurada en su mayor parte por el rey Mohamed V, después de 1956.

El vestíbulo, ricamente decorado aunque algo recargado, está cerrado por una especie de enorme biombo de madera roja, de un color extraordinario, con sus lámparas y arañas. El suelo, embaldosado con *zelish* policromados, contribuye, junto con las arañas y los techos cincelados de vivos colores, a crear un ambiente de misterio, especialmente por la tarde, cuando las lamparillas que cuelgan de la cúpula forman guirnaldas de luces doradas.

Un mocárabe de cedro delimita este conjunto sagrado o *horm,* en cuyo centro, perforado, está el tronco de las ofrendas. Delicados mosaicos revisten el zócalo, donde hay una fuente protegida por una pequeña cancela de hierro forjado. Por encima, el muro está adornado con yesería cincelada, realzada con colores y dorados, de una finura notable. Las lacerías y rosetones, trabajados como encaje, superan en perfección a los más bellos ornamentos de este género que encontramos en las *medersa*s. El conjunto, rematado por el artesonado, tiene un tejadillo de cedro cubierto de tejas vidriadas.

II.1.h Medersa Cherratin

Desde el mausoleo, dirigirse a la calle Chemaïne, nombre derivado de las velas que se venden en ella en puestos. Allí se encuentra la medersa Charratin.
Pagar entrada. Horario: de 9 a 12 y de 14 a 17.

Esta *medersa,* construida en el siglo XI/XVII por el sultán Mulay Rachid,

Medersa Cherratin, batientes en cobre de la puerta de entrada, Fez.

RECORRIDO II   *Un día en la vida de un taleb en Fez*
Fez

Mezquita Qarawiyin, vista aérea del patio, Fez.

bajo la dinastía alauí, según los cronistas debía reemplazar a otra más antigua, la *medersa* al-Ebridin, que albergaba a estudiantes poco escrupulosos con la religión.

Comparada con las *medersa*s meriníes del siglo VIII/XIV, la Cherratin no tiene una decoración muy rica. No obstante, se distingue por sus dimensiones y por las grandes hojas de cobre de la puerta de entrada, que se abre a un gran patio cuadrado solado con *zelish* y con una pila en el centro. Como la Buinaniya, tiene una planta muy simple: una sala de oración y las habitaciones de los *tolba*, o estudiantes, que dan a tres grandes galerías que bordean el patio. En el flanco izquierdo (hacia el oeste), una entrada independiente da acceso a la sala de abluciones, en el exterior de la cual —en la calle Cherratin— hay una pequeña fuente.

La *medersa* Cherratin no es una "*medersa*-museo", pero debe considerarse como una transición entre las maravillas artísticas de la época meriní y los edificios estrictamente utilitarios que se construyeron en los siglos XIX y XX.

RECORRIDO II   *Un día en la vida de un taleb en Fez*
Fez

Mezquita Qarawiyin, nave del mihrab, Fez.

II.1.i Mezquita Qarawiyin

Calle Butuil. Volver hacia la medersa *Attarin y rodearla por la izquierda para llegar a la calle Butuil, donde está la mezquita. Acceso reservado a los musulmanes, pero se puede ver en su totalidad a través de las diferentes puertas.*

La Qarawiyin, una de las mezquitas más antiguas y prestigiosas de Marruecos y del Occidente musulmán, es también la primera universidad del país y una de las más antiguas del mundo. Desde el siglo III/IX ha sido frecuentada por extranjeros célebres como Gerbert d'Aurillac, que fue elegido Papa a fines del siglo IX, adoptando el nombre de Silvestre II.

Situada en pleno corazón de la *medina* de Fez, en el antiguo barrio de los kairuaníes —de quienes tomó el nombre—, fue fundada en el año 242/857 por una dama noble, Fatima al-Fihri. Al principio era solo un pequeño oratorio de 100 m², con una sala de oración de cuatro naves paralelas al muro de la *qibla,* conforme a la planta medinesa; pero no tardó en desarrollarse, ganando en proporción y prestigio, para convertirse a partir del siglo VIII/XIV en una gran "mezquita-catedral" capaz de acoger a más de 20.000 fieles en la oración del viernes.

Este famoso santuario ha sido objeto de atención y cuidados por parte de todos los soberanos de las distintas dinastías de Marruecos. En el año 344/956, el gobernador zenata, con el apoyo financiero del emir de Córdoba, levantó un alminar de una altura igual al cuádruple del lado de la base, todavía visible en la actualidad bajo su aspecto original; este modelo se convertirá en referencia obligada para construcciones posteriores.

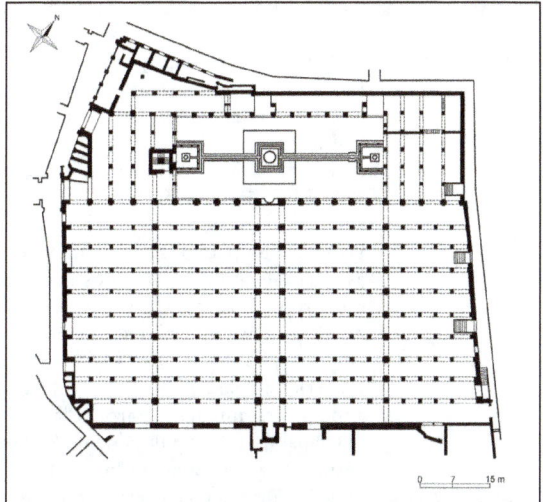

Su estilo arquitectónico y decorativo atestigua la doble influencia artística presente en el Marruecos de la época: andalusí en cuanto al tratamiento de la cubierta y

Mezquita Qarawiyin, plano de la mezquita actual, Fez.

103

Mezquita Qarawiyin, mihrab, Fez.

la abertura de los vanos; e ifriquí de Kairuán en la cúpula que corona la techumbre, y que reemplaza al linternón tradicional.

Los almorávides amplían en el siglo VI/XII la sala de oración por el lado este, añadiendo dos naves laterales. Habilitan un patio o *sahn*, confiriendo así a la mezquita la talla y estructura que presenta en nuestros días. Alí Ibn Yusef, príncipe almorávide, la embellece entre el 528/1134 y el 534/1140, recurriendo para ello a dos arquitectos andalusíes, quienes dotaron a la nave principal de seis cúpulas de mocárabes (estalactitas) con nervaduras. En el enlucido de estuco cincelado y pintado con el que están recubiertas se utilizan como motivos decorativos tallos y hojas (ataurique) junto con palmas simples o dobles, lisas o nervadas, así como palmetas y hojas de acanto, a lo que hay que añadir las inscripciones de tipo cúfico o en cursiva andalusí. Es la primera vez que se utilizan en Marruecos estos ornamentos, adoptados en la mayor parte del rico repertorio floral de inspiración andalusí, y se convertirán en motivos clásicos del arte decorativo marroquí.

A fines del siglo VI/XII, los almohades dotan al patio de una pila de mármol e instalan una lámpara de bronce, que aún sigue iluminando la cúpula nervada de la nave principal. Esta lámpara, considerada como uno de los modelos más lujosos en su género, es un ejemplo de la destreza de los cinceladores y grabadores en cobre de la época, como puede comprobarse contemplando el revestimiento de bronce de las puertas principales de la mezquita.

Por su parte, en el siglo VIII/XIV los meriníes añaden una pequeña cámara en el alminar para guardar los instrumentos astronómicos de medida: astrolabios, relojes y una clepsidra para calcular las horas de las oraciones.

En el siglo X/XVI, los saadíes hicieron construir en el patio dos pabellones simétricos para albergar las pilas para las abluciones, que, por su arquitectura y decoración, recuerdan a los pabellones del Patio de los Leones de la Alhambra de Granada.

Finalmente, los alauíes han realizado numerosas renovaciones, entre las que cabe destacar la célebre biblioteca contigua a la mezquita.

II.1.j **Medersa Mesbahiya**

Situada en la calle Butuil, donde también se encuentra la Qarawiyin. Su puerta principal está justo enfrente de la puerta Bab al-Jassa de dicha mezquita.

Construida por el sultán meriní Abu al-Hassan en 746/1346, lleva el nombre de Mesbah, un jurisconsulto que fue el primer profesor encargado de impartir enseñanzas en la misma tras su inauguración en 749/1349. Conocida también como *medersa al-Jassa,* "la *medersa* de la elite", o *medersa al-Rjam,* "la *medersa* de mármol" (en virtud del lugar preponderante que ocupaba este material en su decoración), se diferencia del resto por el magnífico estanque de mármol traído de al-Andalus, como narra el historiador al-Nasiri: "En resumen, uno encuentra en Fez, Mequinez y en todo el Magreb construcciones del sultán meriní Abu al-Hassan (731/1331-751/1351). Entre los vestigios de Fez, hay un bloque de mármol blanco traído desde Murcia que pesa 143 quintales. Fue desembarcado en el puerto de Larache y después transportado por el río Ksar Ktama (actual Alcazarquivir). Más tarde continuó viaje en un carro de madera que arrastraron las gentes de las tribus y sus jefes hasta el pueblo de los Ulad Mokharreba, en las orillas del Sebu, continuando el transporte por este río hasta su confluencia con el *wad* Fas. Desde allí llegó a la *medersa* Sahrish, en el *adwat* al-Andalus, en carros tirados por hombres. Tras muchos años, el bloque fue transportado desde esta *medersa* hasta la de al-Rjam, que el sultán Abu al-Hassan había hecho construir al sur de la mezquita Qarawiyin".

La *medersa* Mesbahiya, una de las más grandes de Fez, tiene planta baja y tres pisos, aunque el tercero está destruido. La originalidad del edifico reside en el vano que domina la fachada norte del patio. Composición única en la arquitectura religiosa meriní, consta de dos arcos geminados que apoyan en columnas de mármol. Los arcos están enmarcados por un alfiz con una inscripción en cursiva, coronada por tres arcadas caladas, adornadas en otro tiempo con un ataurique de yeso de motivos florales. Este vano está flanqueado por pequeñas arcadas ciegas, coronadas por una lacería geométrica en yeso (retícula romboidal) muy apreciada por los artistas meriníes.

A principios de siglo, esta *medersa,* junto con la Cherratin, acogía a un gran número de *tolba* procedentes principalmente de Marrakech y de la región de los dukkala. Sus habitaciones, repartidas por todas las plantas del edificio, tenían capacidad para 140 estudiantes. Se la puede considerar como un anejo de la Qarawiyin y, por tanto, no cuenta ni con *mihrab* ni con sala de oración.

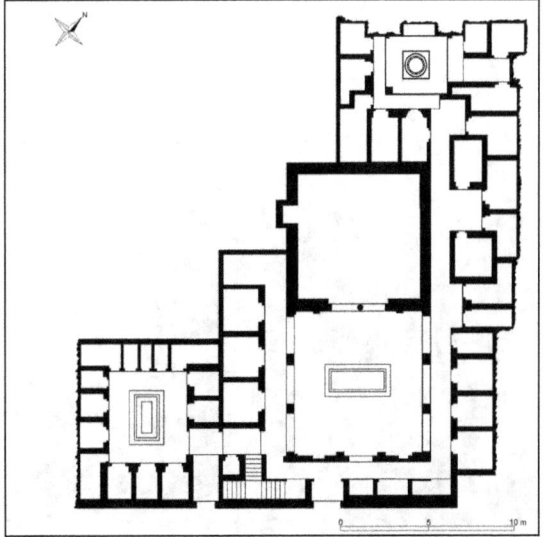

Medersa Mesbahiya, plano de la planta baja, Fez.

RECORRIDO II *Un día en la vida de un taleb en Fez*
Fez

El paso del tiempo no ha perdonado a la *medersa*, a pesar de que aún conserva buena parte de la decoración original meriní: motivos epigráficos, florales y geométricos. A principios de los años 90, se llevaron a cabo trabajos de restauración financiados por el soberano marroquí Hassan II.

II.1.k Biblioteca Qarawiyin

Está situada en el ángulo sudeste de la mezquita Qarawiyin, en la plaza Seffarin (plaza de los Latoneros). Posibilidad de visitar la sala de lectura.

Biblioteca Qarawiyin, portal de la entrada, Fez.

El edificio es reciente —su construcción data del siglo XX— pero los fondos bibliotecarios se remontan a la época meriní (siglo VIII/XIV). El sultán Abu Inan (751/1351-759/1358), hombre de ciencia y de gran cultura, dio orden de fundar una biblioteca científica para completar el complejo cultural de la Qarawiyin. Construida en 750/1350, como lo indica una larga inscripción cursiva que todavía figura a la entrada, ocupaba la parte nordeste de la mezquita y fue dotada de un fondo documental importante. Las obras procedían del Magreb, del Machrek y de al-Andalus. El sultán meriní Abu Yusef Ya'qub recuperó de su enemigo, el rey español Sancho, 13 cargas de manuscritos árabes de las bibliotecas de Sevilla, Granada, Córdoba, Málaga y Almería, que remitió en un primer momento a la biblioteca de la *medersa* Seffarin, construida hacia 668/1270, y que más tarde trasladaría a la de la mezquita Qarawiyin.

Frecuentada esencialmente por los estudiantes venidos de todo el Magreb, la biblioteca estaba dirigida por un responsable o *quayim,* que se ocupaba también de la conservación de las obras, las cuales, por medidas de seguridad, solo podían ser consultadas en las propias salas del centro. Gracias a este reglamento tan estricto, la biblioteca ha podido conservar su fondo documental, al menos del siglo VIII/XIV.

El sultán saadí Ahmed al-Mansur hizo construir un nuevo edificio destinado a albergar la biblioteca, al sudeste de la mezquita. Comunicaba con ella por una puerta situada en el muro de la *qibla* e iba a llevar el nombre de su fundador: al-Ahmadiya. Además de las obras de la antigua biblioteca meriní, tenía otros muchos fondos; de modo

Biblioteca Qarawiyin, sala de lectura, Fez.

que en 1021/1613, según uno de los conservadores de la época, contaba con más 32.000 volúmenes. Más tarde, el sultán alauí Mulay Ismail (1082/1672-1139/ 1727) cambió cautivos cristianos por obras árabes originales que hasta ese momento formaban parte del fondo de las bibliotecas de las ciudades andalusíes.

Pero desde el siglo XIX sus fondos comienzan a disminuir y una sola sala será suficiente para contener todas las obras. En 1940, el edificio sufrió profundas modificaciones; se construyó en los terrenos vecinos una gran sala de lectura de 23 m de longitud. El interés de la misma reside en su techo, dotado de una magnífica cúpula en madera tallada y pintada. La decoración ofrece composiciones geométricas variadas, con rellenos florales. Estos motivos, tanto los realizados con *zelish* como los grabados en yeso, son un testimonio vivo que confirma la continuidad y supervivencia del arte magrebí-andalusí en Fez. Por otra parte, la biblioteca sigue custodiando hoy obras andalusíes, algunas de ellas muy raras o únicas en el mundo.

Para salir de la medina hay muchas posibilidades: la más rápida es descender por la calle de los Latoneros en dirección a la puerta Bab Rcif, desde donde es posible coger un taxi. Los andarines pueden llegar al Museo Batha en 30 minutos. Para ello, volver hacia la medersa Attarin; desde allí, descender por la calle del mismo nombre y subir por la calle Tal'a Lekbira —su prolongación— para salir por Bab Bushlud, en las proximidades del Museo Batha.

LA CALIGRAFÍA

Manuscrito del sultán Mohamed Ibn Abdallah, finales del siglo XII/XVIII, Biblioteca Real de Rabat.

La caligrafía es una de las manifestaciones artísticas más importantes del mundo islámico. A diferencia de los artistas cristianos, que podían recurrir a lo figurativo para expresar su devoción, los artistas arábigo-musulmanes utilizaban la caligrafía, símbolo del Islam, para ornamentar los edificios religiosos.

Desde los primeros siglos del Islam, el empleo de la escritura árabe en los edificios religiosos se convirtió en una norma. La ciudad de Fez, fundada por los *chorfa* idrisíes procedentes del Machrek, nos ofrece un amplio repertorio de inscripciones ricas y diversificadas. En sus monumentos predominan dos tipos de escritura: la cúfica, cuyas letras están grabadas sobre un fondo decorado con arabescos y rematadas, por regla general, con motivos florales; y la cursiva, en la que los caracteres, ágiles y esbeltos, se reparten de forma equilibrada. Ambos tipos de escritura ocupaban un lugar privilegiado en los edificios históricos, aunque la cursiva, que difiere según el lugar al que está destinada y el tipo de material utilizado, predomina sobe todo en los manuscritos.

La inscripción más antigua data de la época idrisí (siglo III/IX) y fue descubierta en la mezquita Qarawiyin. Se trata de una inscripción con caracteres cúficos angulares, desprovista de adornos, tallada sobre un panel de madera de cedro que puede admirarse hoy en el Museo Batha de Fez.

El número de inscripciones se multiplicaría con el paso del tiempo; las de los almorávides han llegado hasta nosotros en buen estado de conservación. Conviene recordar que los calígrafos de Fez, de origen arábigo-morisco, se beneficiaron del desarrollo de la industria del papel habido bajo la dinastía almohade. Los copistas, verdaderos artistas calígrafos que trabajaban por página o por jornada, utilizaban ya en el siglo V/XI papel fabricado en Marruecos; por aquel entonces, Fez contaba con 104 fábricas. Este número aumentará con el tiempo, elevándose a 400 a mediados del siglo VII/XIII. Solamente en el siglo IX/XV, debido a los problemas por los que atravesaba Marruecos en general, y Fez en particular, hubo que importar papel de Venecia.

Con los meriníes, la caligrafía iba a desarrollar todo su prestigio: por una parte, debido a la multiplicación de los edificios religiosos, como las siete *medersa*s de Fez; por otra, con la llegada masiva de andalusíes, a los que la administración meriní abrió sus puertas. Además, los sultanes meriníes practicaban personalmente este arte. Abu al-Hassan y su hijo Abu Inan, excelentes calígrafos, escribieron ejemplares del Corán en favor de las grandes mezquitas del Islam.

Los calígrafos meriníes utilizaron a menudo cinco tipos de escritura en función de la naturaleza de la inscripción:

— *mujawhar:* el más empleado, fundamentalmente en las cancillerías,

— *mabsut:* reservado a la escritura del Corán,

— *musnad* o *zimami:* reservado a las actas de los "notarios", a los *aduls* y a la correspondencia privada y, finalmente,

— cúfico: utilizado sobre todo en los edificios religiosos.

La caligrafía iba a tener un desarrollo distinto con los saadíes (958/1578-1011/1603), que la introdujeron como asignatura en la mezquita al-Mawassin de Marrakech. Los calígrafos saadíes se distinguían por la ornamentación de sus manuscritos. Utilizaron motivos vegetales y geométricos asociados a los caracteres para trazar cuadros armoniosos, fundamentalmente en las páginas de guarda. La tinta, a base de ámbar, agua de azahar y rosas, se preparaba de forma minuciosa.

La reproducción de los manuscritos iba a adquirir mucha importancia con los alauíes. A título de ejemplo, el sultán Mohamed Ibn Abdallah (1170/1757-1204/1790) hizo enviar 57 cargas de camellos de obras originales que debían ser reescritas en Fez, sede por excelencia de la caligrafía. Los calígrafos alauíes dieron una gran importancia a la encuadernación

Manuscrito del sultán Mohamed Ibn Abdallah, finales del siglo XII/XVIII, Biblioteca Real de Rabat.

y decoración de los manuscritos. Diversificaron sus útiles de trabajo: diferentes tipos de plumas (en oro), y de tinteros (en cristal).

La escritura cúfica se fue abandonando cada vez más, ya que se consideraba demasiado ilegible por la riqueza de su ornamentación; tendía a confundirse con los motivos vegetales.

Hoy día, la caligrafía es un arte costoso que solo las ricas instituciones pueden permitirse financiar, lo que entraña la disminución del número de calígrafos profesionales.

RECORRIDO III

Un día en la vida de un artesano en Fez

Mohamed Mezzine, Naïma El-Khatib Boujibar

III.1 FEZ

   III.1.a Museo Batha
   III.1.b Bab Ftuh
   III.1.c Mezquita de los Andalusíes
   III.1.d Medersa Sahrish
   III.1.e Tenerías Chauara
   III.1.f Funduq Stauniyin
   III.1.g Suq Attarin
   III.1.h Maristan Sidi Fresh
   III.1.i Plaza Neyyarin: funduq, fuente y suq
   III.1.j Medersa Buinaniya
   III.1.k Borsh Norte, Museo de las Armas (opción)

   La cerámica

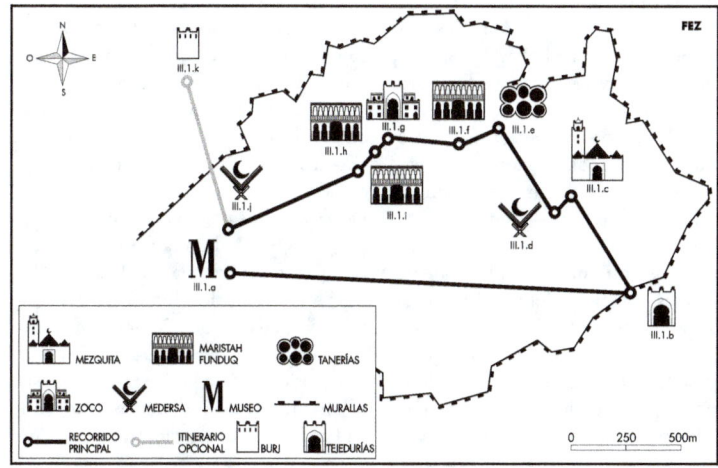

Tenerías Chavara, fosas y edificios anexos, Fez.

Funduq Stauniyin, galerías, Fez.

Fez —la ciudad de las mil y una tiendas, de los innumerables *suqs*, donde los productos locales se codeaban con los venidos de Oriente y Occidente— se convirtió, ya en el siglo VI/XII con los almohades, en una villa "industriosa". Según los cronistas de la época, las dos riberas del *wad* estaban llenas de establecimientos industriales y artesanales; pero en el siglo VIII/XIV, al convertirse en capital política con los meriníes, asumió el título de metrópoli económica. Situada en pleno centro de las rutas comerciales de caravanas, Fez —que según Ibn al-Jatib, "propiciaba la fortuna"— concentraba las actividades comerciales y artesanales más florecientes. En época de los soberanos Abu Inan y Abu al-Hassan se enumeraban unos 150 oficios reagrupados en gremios, o *hanta*, administrados por un *muhatsib*. Además, desde la época mriní la topografía económica influye directamente en el diseño de la estructura urbanística de la ciudad: en la orilla derecha, la de los andalusíes, estaba la industria; y en la izquierda, la de la mezquita Qarawiyin, la zona comercial.

Equipada muy pronto con canalizaciones de agua, la orilla derecha acogió, pues, a las principales industrias de la época: fábricas de tejidos, de ladrillos, serrerías, alfarerías, tintorerías y curtidurías. En la orilla izquierda, una verdadera ciudad comercial, la *qaysariyya*, agrupaba mercados de barrio, como el *suq* Attarin, y mercados especializados, organizados por los principales gremios. En definitiva, ambas orillas se complementaban: la orilla de al-Andalus se reservaba las actividades de producción, mientras que la de la Qarawiyin se encargaba de la comercialización en toda la ciudad y fuera de ella.

Fez era primordial para el comercio de productos manufacturados, pero había comercios de todo tipo; de ahí los *funduq*s, donde se instalaban los comerciantes judíos y cristianos. Estos establecimientos, a semejanza de los *caravansarays* de África o de los *jans* de Oriente, estaban destinados a albergar a camelleros y muleros, así como a viajeros con cabalgadura o a pie. Los animales se quedaban en el patio, mientras que los hombres encontraban alojamiento en las habitaciones.

La *qaysariyya*, situada cerca de la mezquita Qarawiyin y del mausoleo de Mulay Ismail, fue comparada por León el Africano a una ciudadela fortificada. Rodeada de murallas y con 12 puertas cruzadas por cadenas de hierro para que los caballos y las bestias no pudieran entrar, estaba dividida en 15 distritos, cada uno dedicado a un comercio diferente. Pero

Fez reservaba un lugar especial a la marroquinería: desde la Edad Media, su cuero, el marroquí, rivalizó con el de Córdoba (cordobán) y el *bojari* argelino. La artesanía del cuero agrupaba a muchos gremios: los talabarteros o *serray*, los fabricantes de babuchas o *jarraz*, los marroquineros o *chkayri*, los encuadernadores de libros o *seffar;* pero el de los curtidores se consideraba como uno de los más nobles.

El artesano cuya jornada nos proponemos seguir pertenece a una vieja familia de curtidores llegada a Fez en el siglo VI/XII, procedente de al-Andalus. Continuando con el oficio de sus antepasados, reparte su día entre la mezquita, el taller y el *funduq*. Vestido con una chilaba y un *selham* blancos y tocado con un turbante, se levanta al alba y, como es habitual, una vez por semana monta en su mulo para dirigirse a la puerta Bab Ftuh donde, no lejos de la mezquita de los Andalusíes, los tratantes de pieles iban a vender sus productos pregonándolos. En estos mercados llenos de color se encuentra con los campesinos de lugares vecinos, como los del Sais con sus frutas y legumbres; con los mineros o sus intermediarios procedentes de Day, que ofrecen su cobre; y con los vendedores de pieles. Las pieles de cordero y cabra eran las más buscadas y las más caras; las gruesas pieles de buey, vaca y camello, mucho más baratas, se vendían tras su curtido a los guarnicioneros y zapateros.

Al otro lado del *wad*, a la vera de la Qarawiyin y no lejos de la *qaysariyya*, se encontraban las cuatro curtidurías de la villa. En ellas, docenas de curtidores ennoblecían en condiciones difíciles las diferentes pieles. Se podía seguir por el olor —capaz, según se decía, de curar el asma y la ansie- dad— el itinerario de la mercancía: desde las tinajas de lavado y tintado, pasando por los colores amarillos y rojos, hasta las elegantes tiendas de babuchas y calzado en general.

Dejando a sus operarios enfrascados en la tarea en el Dar Dbagh Chauara, la curtiduría más importante de la villa, nuestro *m'allem* se dirige hacia el *funduq* Stauniyin; ya que, además de una curtiduría, posee un taller dedicado exclusivamente a la confección de babuchas. A diferencia de los *funduqs* situados en los barrios de la periferia, cerca de las grandes puertas de la villa, los que estaban en el corazón de la *qaysariyya*, como el Neyyarin y el Stauniyin, servían a la vez de almacén y lugar de reunión donde se codeaban zapateros o tejedores. Como narra el historiador Henri Gaillard, "los negociantes alquilan en sus *funduqs* una o más piezas que utilizan como almacén

Suq Attarin, calle Attarin, tiendas, Fez.

RECORRIDO III *Un día en la vida de un artesano en Fez*
Fez

Panel de azulejos con decoración de entrelazo, Museo Batha (C5), Fez.

y van allí unas horas al día para hacer sus cuentas y conversar entre ellos".

III.1 FEZ

III.1.a Museo Batha

Seguir la señalización Sindicato de Iniciativa. *Una vez en la plaza de la Resistencia, coger la avenida del Batha. La entrada principal del museo se encuentra en la calle Zerktuni, a la izquierda.*
Pagar entrada. Cerrado los martes. Horario: de 8:30 a 12 y de 14:30 a 18.

El Museo Batha, dedicado a las artes populares, alberga una excelente colección de objetos tradicionales, procedentes en su mayor parte de Fez. Las diferentes colecciones, distribuidas en las salas de la galería oeste, están dedicadas a mostrar la variada y rica artesanía marroquí.
La sección de artes islámicas contiene elementos arquitectónicos tales como unos rarísimos paneles de cerámica que se remontan al siglo VIII/XIV. La cerámica de uso cotidiano ocupa una de las salas principales. Grandes platos de cuscús, platos de bordes rectos o curvos, jarras para el agua o el aceite; objetos todos con nombres y funciones bien definidas, utilizados por una generación tras otra en su vida cotidiana, dan buena muestra del gusto refinado de la antigua burguesía marroquí. El trabajo de la madera, antigua tradición marroquí, ocupa un lugar destacado en las colecciones del museo. La viga de cedro procedente de la mezquita Qarawiyin (clasificada con el número 149) data del año 263/877; con su inscripción dedicatoria finamente cincelada, testimonia la existencia en esa fecha de un taller de talla y pintura en madera. Las sucesivas dinastías perpetuaron esta tradición, pero los meriníes la enriquecieron e introdujeron la madera de cedro. Se recurrirá a este material para rematar los patios de los edificios civiles y religiosos, como puede comprobarse por las cornisas, los canecillos y soleras, o los frisos expuestos. Se puede admirar todo el talento de los artesanos a través de la rica colección de puertas decoradas de antiguas mansiones burguesas, en madera ensamblada y tallada.

III.1.b Bab Ftuh

Puerta este de la medina. Seguir la señalización Luz y Sonido. *Aparcamiento vigilado. El recorrido se hace a pie. Es preferible volver al coche en taxi, pues se atraviesa la medina de este a oeste, y se vuelve a salir de la medina a pocos metros del Museo Batha.*

Bab Ftuh —literalmente "la puerta de la apertura", e históricamente de "la victoria"—, situada al sudeste de la *medina*,

conecta Fez con las regiones del Este: a saber, los campos y villas del oriente (Taza, Ujda) y nordeste de África (Tlemcen, Túnez, Trípoli, El Cairo).
Bab Ftuh fue construida en el siglo IV/X sobre el emplazamiento de una antigua puerta denominada Bab al-Qibla, levantada a su vez por el fundador de la ciudad, Mulay Idris, y destruida unos años más tarde.
Cuando en el siglo IV/X los hermanos Guissa y Ftuh se repartieron la villa de Fez, se enzarzaron en una guerra que duró muchos años y de la que el príncipe Ftuh salió victorioso; asentado en la orilla de los andalusíes, hizo construir una puerta, que llevaría su nombre, y una alcazaba en las proximidades, donde residiría con su corte y su ejército. Su hermano, que se quedó con la orilla de la Qarawiyin, hizo lo mismo: construyó otra puerta, Bab al-Guissa, al nordeste de la población.
Bab Ftuh es una puerta inmensa y compleja, de unos 15 m de altura, con su fachada exterior constituida por un arco central flanqueado por otros dos laterales. A diferencia de otras posteriores (Bab Mahruk, Bab Bushlud), no es acodada y, a pesar de haber pasado por numerosas restauraciones, mantiene todavía su planta original. Los materiales de construcción utilizados son locales; los ladrillos y el mortero se fabricaban en el barrio de los alfareros o en los talleres de al-Washriyyin.
Testigo de la historia, esta puerta ha visto desfilar las tropas del sultán meriní Inan cuando partió a la conquista de Ifriqiya, esperando que su ejército saliera tan victorioso como el nombre de la puerta prometía.

Bab Ftuh, vista general, Fez.

RECORRIDO III *Un día en la vida de un artesano en Fez*
Fez

Si utilizamos la puerta Bab Ftuh para ir hacia la mezquita de los Andalusíes nos encontraremos con la zawiya (mausoleo) de Sidi Alí Bugaleb, con sus blancos muros encalados y su cubierta de tejas verdes. Allí se honra la memoria de Sidi Alí Bugaleb, originario de al-Andalus, que estudió y murió en Fez en el 574/1124, después de haber dedicado su vida a comentar los textos sagrados con gran sabiduría. Se le recuerda también por haber sido un gran amigo de los gatos.

III.1.c Mezquita de los Andalusíes

Las dos calles que salen de la puerta Bab Ftuh conducen a la mezquita de los Andalusíes, pero la que está a la derecha es más directa. La puerta principal de la mezquita se encuentra en una pequeña plaza escalonada. Acceso reservado a los musulmanes, pero se puede apreciar el interior desde las diferentes puertas.

Cuando el soberano Idris II fundó la ciudad de Fez en el año 192/808, convocó a una importante comunidad musulmana andalusí, que respondió a su llamada y acudió a instalarse allí. Eso dio lugar a la construcción, en la orilla derecha del río, de un barrio que llevaba su nombre —el barrio de los Andalusíes— y de una mezquita que celebraba su presencia y equilibraba la situación frente a la de los kairuaníes, la Qarawiyin, levantada en la orilla izquierda.

Mezquita de los Andalusíes, fuente de la fachada norte, Fez.

Contemporánea de esta última, la mezquita de los Andalusíes fue fundada por una mujer piadosa llamada Meryem, hermana de Fatima al-Fihri, a su vez fundadora de la mezquita Qarawiyin y cuyo padre, originario de la villa de Kairuán pero instalado en Fez, legó a sus dos hijas una gran fortuna.

Edificio modesto en sus orígenes, "estaba compuesto —según el geógrafo del siglo IV/X al-Bakri— de siete naves y un pequeño patio que recibía agua abundante de un canal denominado *wad* Masmuda y en el que había nogales y otros árboles". En el siglo IV/X los omeyas de Córdoba la ampliaron, añadiendo un alminar idéntico al de la Qarawiyin.

La monumental puerta norte —que, según G. Marçais, es una de las obras más impresionantes del arte magrebí— fue construida entre los años 599/1203-603/1207 por el califa almohade Mohamed al-Nasir, quien estaba muy interesado por la *medina* de Fez. Precedida por una escalinata de 14 peldaños, fue embellecida con dos cúpulas, una de estuco y la otra de madera de cedro, a la que se fijó un talismán destinado a impedir la entrada de pájaros. Esta puerta presenta armoniosas composiciones decorativas en azulejería y madera.

El califa almohade hizo instalar un estanque, una fuente y un pabellón similar al de la Qarawiyin. Los meriníes, a su vez, emprendieron trabajos de restauración de algunos techos y pilares, y construyeron una fuente en la fachada norte del edificio. Durante el reinado de Abu Inan se comienza a atar una bandera blanca en lo alto del alminar a la hora de los rezos del día, y un fanal encendido a la hora de los nocturnos.

Estas mejoras hicieron de la mezquita de los Andalusíes el segundo edificio religio-

Mezquita de los Andalusíes, portal norte, alfiz del arco de la entrada en estuco esculpido y tejadillo de madera de cedro, Fez.

so de la ciudad: podía acoger hasta 4.200 fieles. Se reservó una habitación en lo alto del alminar para los 20 almuecines que aseguraban que noche y día se realizaran las debidas llamadas a la oración. Este monumento, segundo centro cultural de la villa, está rodeado de dos *medersa*s y contaba con siete cátedras de enseñanza y dos bibliotecas.

La mezquita de los Andalusíes es, junto con la Qarawiyin, uno de los monumentos de Fez que conservan todavía la impronta de las diferentes dinastías marroquíes.

III.1.d **Medersa Sahrish**

Calle Yasmina. Coger la calle Yama' al-Andalus, que bordea la mezquita por la derecha; después, subir las escaleras que están a la izquierda y que conducen a la cuarta puerta

RECORRIDO III *Un día en la vida de un artesano en Fez*
Fez

Medersa Sahrish, patio con vista sobre el acceso a la sala de oración y el estanque, Fez.

de la mezquita. La medersa *se encuentra en la calle Yasmina.*
Horario: de 9 a 12 y de 14 a 18. Abierto todos los días. Edificio utilizado por los estudiantes.

Esta *medersa*, situada en el barrio al-Andalus, fue erigida en el año 721/1321 por el príncipe Abu al-Hassan, que invirtió en las obras sumas considerables, por encima de los 10.000 dinares. Designó a un *fqih* y varios sabios para la enseñanza, e hizo crear alojamiento para los *tolba* de ciencias religiosas y los lectores del Corán, a los que concedió becas, salarios y ropas.

El plano de la *medersa* es sencillo. Se compone de un estanque o *sahrish,* del que toma su nombre, y de un patio rodeado de galerías en los lados este y oeste que conducen a las habitaciones de los estudiantes.
Un gran vano da acceso a la sala de oración, donde se encuentra el *mihrab,* en medio del muro de la *qibla* y en el eje de la puerta principal. La fecha de fundación está grabada en una placa de mármol encastrada en el muro este de la sala.
Las fachadas interiores del patio conservan todavía gran parte de su ornamentación; se pueden admirar las composiciones geo-

RECORRIDO III *Un día en la vida de un artesano en Fez*
Fez

métricas en mosaico que revisten tanto el suelo como la parte inferior de muros y pilares. Las tallas en yeso y madera son perfectas. Restaurada en muchas ocasiones, fundamentalmente durante la época saadí, la *medersa* se ha beneficiado de los trabajos de rehabilitación del Servicio de Bellas Artes existente en la época del Protectorado, entre 1917 y 1924.

Por sus técnicas de construcción y sus elementos decorativos, esta *medersa* es un excelente testimonio de la habilidad de artesanos y m'allems.

III.1.e Tenerías Chauara

Retroceder hasta la mezquita de los Andalusíes. Descender por la calle situada enfrente de la puerta principal; pasada la fuente Lemti, tomar la calle del mismo nombre, que está a la izquierda. Bajar por ella en dirección a la puerta Rcif. Una vez allí, coger a la derecha la calle Khrchfiyin (enfrente de la puerta que da a la plaza Rcif). Pasado el puente, subir por la calle Seffarin, que lleva a la plaza del mismo nombre, donde se encuentra la biblioteca de la Qarawiyin. Después coger a la derecha la calle Mechatin, llamada así por los peines que se fabrican en ella. Al final, doblar a la izquierda; luego torcer de nuevo a la izquierda por la calle donde se encuentra el mausoleo del santo Mulay Ahmed Scalli. Pasada una fuente que queda a la izquierda, coger la calle de la derecha, que desciende hacia las tenerías. Desde el bazar se puede gozar de una buena vista del conjunto por una pequeña propina.

Dar Dbagh Chauara, literalmente "la casa del curtido", es la más imponente de las

Tenerías Chauara, vista general, Fez.

RECORRIDO III *Un día en la vida de un artesano en Fez*
Fez

cuatro curtidurías o tenerías que se encuentran hoy en Fez. León el Africano se refirió a ellas sin citar su nombre, pero Mármol de Carvajal, en el siglo XVI, menciona en concreto las de Chauara.

El suministro de agua procede, en parte, de una fuente situada en las proximidades del *wad* Fas. Las tenerías ocupan un vasto espacio; se componen de numerosas fosas de ladrillo donde se tratan las pieles de cordero, buey y cabra. Están rodeadas de edificios en los que se encuentran los talleres donde se procesan las pieles. Los curtidores, unos 400, se meten en las fosas de diversos colores para remojar, lavar y frotar las pieles.

Los métodos de trabajo proceden de una tradición secular descrita como sigue por Maurice de Périgny en 1916:

"Se ponen las pieles a remojar en agua durante algún tiempo para poder arrancar el pelo, después se las sumerge en fosas llenas de cal y se las deja allí durante veinte días. Luego se las pasa a otras fosas especiales con paredes de ladrillo y de 1,25 m de profundidad, menos anchas en el fondo que en la boca, donde se mezclan con excremento de paloma que los obreros amasan con sus pies. Se dejan allí dos o tres días, y después se lavan y escurren para quitarles la cal de la que están impregnadas. Al cabo de tres o cuatro días, se las pisa en un lecho de agua y se las mete en una pasta líquida de higos secos a fin de darles suavidad y lustre. Se dejan así durante veinte días, pero al séptimo se comienza la salazón, que debe hacer que adquieran firmeza sin quitarles suavidad. Es una operación muy delicada de la que se encarga el propio maestro curtidor: consiste en echar sal gruesa en pequeñas cantidades, aumentando la dosis progresivamente, sobre las pieles extendidas verticalmente delante de él. A continuación, se procede al curtido propiamente dicho en artesas especiales que contienen simientes procedentes de Tafilalet denominadas *takaut*, trituradas y mezcladas con un poco de aceite. Las pieles se remueven constantemente durante dos o tres días, y después se las pone a secar. Se las extiende sobre piedras planas y se las golpea con objeto de flexibilizarlas, luego se las lava de nuevo y se las raspa por la cara interna con una porcelana".

Estas fosas son uno de los paisajes más pintorescos de la *medina* de Fez. Los edificios y las fosas son hábices (bienes inalienables), propiedad de la Qarawiyin, cuyo usufructo es adquirido por los curtidores: a cada uno se le adjudica uno o más talleres con un número determinado de fosas.

Consideradas como fuente de riqueza, las tenerías o *Dar Dbagh* también eran

Funduq Stauniyin, tenderetes y galerías, Fez.

conocidas como *Dar Dhab*, "la casa del oro". Los curtidores estaban agrupados en gremios administrados por un *amin*, a ejemplo de otros oficios. Dar Dbagh Chauara sigue siendo hoy día un elemento vivo en la artesanía del cuero de Fez.

III.1.f **Funduq Stauniyin**

Situado en la calle Butuil, enfrente de la mezquita Qarawiyin. Retroceder, subiendo hacia la calle donde se encuentra el mausoleo de Mulay Ahmed Scalli. Allí, junto a la fuente, coger la calle escalonada Derb Tuil ("la calle larga»); alternando pasajes cubiertos y descubiertos se llega hasta la calle Ab Khaiss, muy comercial, especializada en la venta de tejidos. Va a dar a la medersa Attarin, que se rodea por la izquierda, con lo que se llega a la mezquita Qarawiyin. El funduq, donde están establecidos diversos artesanos, se encuentra enfrente de una de las puertas de la mezquita. Abierto todos los días. Horario: de 9 a 13 y de 15:30 a 19.

El *funduq* Stauniyin, destinado a albergar animales y mercancías, y frecuentado sobre todo por los comerciantes procedentes de Tetuán que le dieron su nombre, es uno de los centros comerciales más antiguos de Fez. Situado al este de la mezquita Qarawiyin, es contemporáneo de la *medersa* meriní Attarin (siglo VIII/XIV).

Su planta, análoga a la de los *funduqs* nazaríes de Granada, ocupa un espacio rectangular sobre el que se alzan dos pisos. En la planta baja, alrededor de un patio, se alinean tiendas y almacenes. En los pisos, dotados de una galería cerrada por paneles con celosías de madera torneada, se reparten pequeñas habitaciones iluminadas por tragaluces. En el conjunto destaca el vestíbulo, notable por su decoración. El *funduq* Stauniyin está techado en madera tallada con motivos geométricos y florales; lleva una inscripción grabada en caracteres cúficos realzados también con motivos florales. La riqueza de este techo permitió clasificar el *funduq* como monumento histórico en noviembre de 1925.

Suq Attarin, tienda, Fez.

RECORRIDO III · *Un día en la vida de un artesano en Fez*
Fez

Maristan Sidi Fresh, interior, Fez.

III.1.g Suq Attarin

Calle Attarin. Retroceder lo andado hasta la medersa Attarin. Coger la calle del mismo nombre, muy comercial, que está frente a la puerta principal de la medersa.

Aparte de los *funduqs*, Fez tenía numerosos mercados o *suqs*, muy conocidos extramuros. La *qaysariyya* —término que designa un barrio comercial—, situada en pleno corazón del barrio de la Qarawiyin, con sus numerosos comercios, es uno de los núcleos comerciales más antiguos: desde la Edad Media se venden allí productos traídos de Europa y Oriente. Destruida por un gran incendio en 724/1324, y después por las inundaciones de 725/1325, fue reconstruida junto con un millar de casas de la vecindad.

El *suq* al-Attarin, uno de los más reputados de la *qaysariyya*, ocupa una gran calle vecina a la *medersa* meriní del mismo nombre, junto a la puerta Bab al-Faraj. Rodeado de comercios en las calles y plazas adyacentes, este mercado, que se extiende más de 600 m, tenía una gran puerta en cada extremo en la que, según León el Africano, "los guardas, pagados por los propios comerciantes, circulaban durante la noche con perros, armas y faroles".

El *suq* comprendía 150 tiendas, según León el Africano, y 170 unos años más tarde, según el historiador portugués Mármol de Carvajal (siglo XVI). Especializadas en principio en la venta de medicinas y especias, las tiendas de los médicos se codeaban con las de los drogueros, que se distinguían por la riqueza de su ornamentación. Los médicos preparaban ellos mismos sus recetas magistrales y las enviaban de inmediato al *suq*, donde se vendían bajo prescripción facultativa.

En el siglo X/XVI, este *suq* no tenía parangón en el mundo entero debido a su extensión, el número de tiendas, y la abundancia y especificidad de los productos que allí se encontraban. A pesar de que hoy día ha perdido en parte su identidad por la multiplicación de artículos a la venta, todavía se pueden encontrar algunos drogueros tradicionales, testimonio vivo de este mercado típico.

III.1.h Maristan Sidi Fresh

Calle Attarin. A unos 100 m de la medersa Attarin, a la izquierda, se encuentra este antiguo hospital, que da a la plaza Sidi Fresh y en el que actualmente hay instalados puestos de venta de diversos artículos.

La construcción de *maristan*es en la ciudad de Fez se remonta al sultán meriní Abu Yusef Ya'qub, a fines del siglo VII/XIII. Estas instituciones, destinadas a cuidar de los enfermos mentales, eran numerosas; pero el Sidi Fresh —literalmente, "el señor que asiste"— era el más célebre.

Frecuentado por importantes médicos andalusíes, como el malagueño Abu Bakr al-Korachi, y dirigido por personajes como León el Africano (siglo X/XVI), estuvo en funcionamiento hasta el siglo XX, momento en que fue destruido por un incendio y reemplazado por un *funduq* dedicado especialmente a la venta de productos cosméticos y farmacéuticos tradicionales.

Plaza Neyyarin, portal de acceso del funduq y fuente, Fez.

III.1.i Plaza Neyyarin: funduq, fuente y suq

Al salir de la plaza Sidi Fresh, coger a la izquierda una calle estrecha muy comercial. Siempre por la derecha se llega a la plaza Neyyarin. El suq *está cerrado los viernes por la tarde; en él se encuentra el Museo de la Madera.*

La estratégica plaza de los Carpinteros —que toma el nombre del zoco colindante, el *suq* Neyyarin—, en pleno corazón de la *medina*, comunica Bab Bushlud con el nudo comercial y cultural de la *medina* (Mulay Idris, Qarawiyin). En torno a la plaza se encuentran el *funduq*, el *suq* y la fuente, conjunto arquitectónico y urbano que lleva el nombre de "Complejo Neyyarin".

El *funduq*, construido a comienzos del siglo XII/XVIII, estaba destinado a almacenar las mercancías preciosas de los hombres del Majzen y de ricos comerciantes.

Al parecer, desempeñó ese papel hasta la implantación del Protectorado francés, momento en el que cambia de función y se convierte en comisariado encargado de la vigilancia y represión de los nacionalistas.

El edificio se distingue por su portal de composición armoniosa: un arco de herradura que apoya en dos pilares de ladrillos, doblado por otro arco polilobulado en yeso cincelado; por debajo discurren fajas que portan una inscripción, es decir, una sucesión de arcadas en yeso cincelado o madera. El conjunto está coronado por ménsulas que sostienen un tejadillo en madera tallada. El interior, análogo al de todos los *funduq*s, fue restaurado en 1998 y convertido en Museo de la Madera.

La fuente adyacente al *funduq* es uno de los elementos principales de este conjunto arquitectónico. Es posterior en un siglo al *funduq,* a cuyo portal recuerda

RECORRIDO III   *Un día en la vida de un artesano en Fez*
Fez

Plaza Neyyarin, funduq, galerías, Fez.

ocupa un espacio rectangular atravesado por un pasadizo al que se abren las tiendas y talleres, sobriamente construidos con ladrillo y cerrados por puertas de madera de cedro. El trabajo de la madera, material muy apreciado en Marruecos, deriva de una tradición muy antigua, como lo atestigua la silla de rezos de la mezquita de los Andalusíes expuesta en el Museo Batha, que data del siglo III/IX. Los frisos, canecillos esculpidos y pórticos con dinteles de cedro sobre soleras, con técnicas de ensamblaje por caja y espiga, atestiguan el alto nivel alcanzado en la época meriní por lo que se refiere al trabajo de la madera.

III.1.j Medersa Buinaniya

En la calle Tal'a Lakbira, a 15 minutos de la plaza Neyyarin. Coger el pasaje cubierto a la derecha de la fuente. Tras las escaleras, subir a la derecha unos 700 m por la calle el-Hashel, y después por la Tal'a Sghira ("pequeña cuesta"). En lo alto de la calle, tomar el pasaje cubierto de la derecha (Derb Tariana), que bordea la medersa.
Pagar entrada. Horario: de 9 a 12:30 y de 14:30 a 18. Viernes, de 9 a 11:30.

por su estructura y decoración. El estanque, de sección rectangular, está recubierto de *zelish* que forma dibujos geométricos. Su parte mediana está dominada por un arco ciego, de herradura, decorado con rosetones de mosaico. Este vano está subrayado por un arco decorado con lambrequines, circunscrito en un rectángulo (arrabá) decorado con paneles de yeso. Los pilares laterales, recubiertos de *zelish* y yeso cincelado, sostienen un dintel de madera en el que hay una inscripción con caracteres cursivos. El dintel está coronado por ménsulas de madera que soportan un tejadillo de poco vuelo, tallado y pintado, recubierto de tejas verdes vidriadas.
Por lo que se refiere al *suq*, data de la época meriní. Centro de producción de artículos y objetos de madera, desde carpintería hasta objetos mobiliarios,

La *medersa* Buinaniya (llamada así por su fundador, Abu Inan), comenzada a construir en 751/1351 y finalizada en 757/1356, es en realidad un conjunto arquitectónico que comprende: una mezquita, cuyo *mimbar* está hoy expuesto en el Museo Batha; dos salas de clase, dispuestas una frente a otra; una gran sala de abluciones, o *dar al-wudu*, y un edificio anejo, conocido como la Casa de los Relojes, situado frente a la puerta principal. Al igual que otros monumentos religiosos de Fez, la *medersa* Buinaniya fue dotada con un número importante de hábices por los que percibía unos ingresos que se destinaban a pagar a los profesores y empleados de la administración, a satisfacer las necesidades alimenticias de los *tolba*, y a mantener y conservar el edificio.

Esta *medersa*, la más grande de las construidas por los meriníes, es considerada por Ibn Battuta —que la llama *medersa al-Kebira,* es decir, la Gran Medersa— como la más bella realización del sultán Abu Inan: "Entre las más hermosas realizaciones de nuestro señor Abu Inan, al que Dios asista, citaremos las siguientes: la construcción del gran colegio en las cercanías conocido como el castillo, muy cerca de la ciudadela de Fez, que no tiene parangón en todo el mundo habitado, por su grandeza, belleza y esplendor".

Aunque todo el mundo está de acuerdo en reconocer que la Buinaniya es una de las más bellas realizaciones de la dinastía meriní, circulan sin embargo numerosas leyendas acerca de las razones de su fundación. Alfred Bel nos

Medersa Buinaniya, fachada noroeste, Fez.

RECORRIDO III *Un día en la vida de un artesano en Fez*
Fez

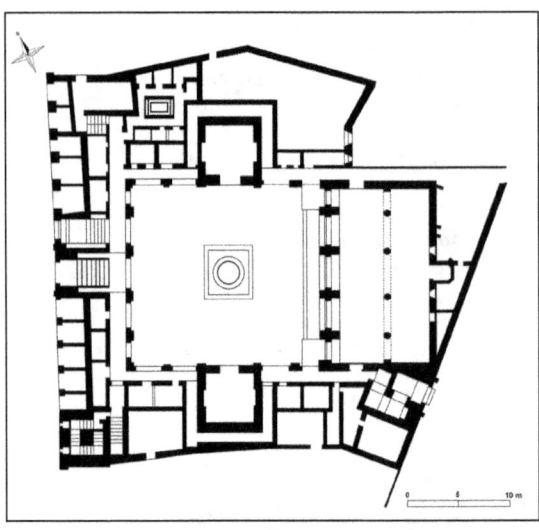

Medersa Buinaniya, plano de la planta baja, Fez.

cuenta que "Abu Inan, habiendo pecado mucho en su conducta para con su padre, tenía también mucho de que hacerse perdonar. Reunió a los sabios de su época y les preguntó qué podía hacer para lavar sus faltas y alcanzar el perdón de Alá. Le aconsejaron que eligiera un emplazamiento situado en la ciudad alta, que se dedicaba a depósito de basuras, para construir una casa consagrada a la oración y a la ciencia religiosa. Así lo hizo y su conciencia fue purificada, como lo fue también por la fundación de este establecimiento el lugar elegido".

La Buinaniya debía eclipsar a todas las demás *medersa*s por su espectacularidad arquitectónica; esto fue lo que le hizo decir al sultán, cuando le presentaron el registro de las considerables sumas invertidas: "Lo bello no es caro, por elevada que sea la suma".

La *medersa* ha experimentado numerosas restauraciones: en concreto, en el siglo XI/XVII, tras el terremoto que asoló la ciudad; bajo el reinado del sultán alauí Mulay Sliman (1206/1792-1237/1822) se rehicieron lienzos enteros; y, ya en el siglo XX, las restauraciones afectaron esencialmente a la ornamentación en estuco, madera y *zelish*.

En su lado norte se abren dos puertas contiguas a la calle Tal'a Lakbira; en el lado sur hay una tercera, que da a la calle Tal'a Sghira. Todas dan acceso a un vestíbulo por el que se entra al patio —pavimentado de mármol y con una pila en el centro, de la que solo quedan vestigios—, que a su vez da a una sala de estudios.

El *wad* Lamtiyyin, un ramal del *wad* Fez, atraviesa el lado sur del patio y lo separa de la mezquita; dos pequeños puentes que lo cruzan permiten entrar en ella. De planta rectangular, su lado norte se abre al patio por cinco grandes vanos; está dividida en dos naves paralelas al muro sur. La arcada que las separa está formada por cinco arcos que se apoyan en seis columnas de mármol blanco amarillento. El *mihrab,* excavado en mitad del muro sur, está ricamente decorado. El alminar, de forma cuadrada, se alza en el ángulo noroeste.

Salir de la medina *por Bab Bushlud.*

III.1.k **Borsh Norte, Museo de las Armas** (opción)

Situado en el exterior de la Medina. Abierto todos los días, excepto los martes. Horario: de 9 a 12 y de 15 a 18.

El Borsh Norte o Bastión Norte, situado enfrente de su homólogo el Borsh Sur, se alza en la cumbre de una de las colinas situadas al norte de la *medina,* en las proximidades del cementerio donde se encuentran las tumbas de numerosos sultanes meriníes.

Construido en la época del sultán saadí Ahmed al-Mansur (985/1578-1011/1603), según narran los cronistas de la ciudad, en el emplazamiento de un antiguo *borsh,* este edificio militar estaba destinado a proteger la ciudad de los ataques exteriores, así como a controlar y vigilar la población fasí, que a menudo se revelaba contra los príncipes saadíes. El torreón ha sufrido importantes modificaciones en el curso de los últimos siglos, pero, debido a la ausencia de documentación, es muy difícil poderlas datar. Es una vasta construcción de adobe, de planta cuadrada, que alberga actualmente el Museo de las Armas. En su rica colección se encuentran cañones de la época saadí, pero lo más interesante del museo son las espadas de distintas épocas y orígenes. La colección muestra la evolución de la fabricación de armas en Marruecos: desde las tradicionales ligeras (espadas, lanzas, etc.) a las relativamente pesadas (cañones).

LA CERÁMICA

Plato grande con decoración polícroma "espiga", Museo Batha (Núm. Inv. 45 775), Fez.

El arte de la cerámica, que forma parte de lo que se ha convenido en llamar "artes del fuego" y tiene por objeto la fabricación de loza, azulejos, porcelana, etc., es una antigua y respetada tradición marroquí que ha hecho del ceramista un verdadero artista.

A través de los siglos han coexistido dos grandes géneros de cerámica: una alfarería rural, pintada con colorantes vegetales, y una cerámica esmaltada tradicional, con formas y decoraciones específicas, que difieren de las fabricadas en otros países islámicos.

La alfarería rural, muy extendida sobre todo en las montañas del Rif, es sencilla y dedicada esencialmente a la fabricación de utensilios de uso cotidiano. Sus orígenes se remontan a fenicios y romanos, y se la conoce vulgarmente como cerámica beréber.

La cerámica esmaltada, importada de España y del Machrek, en cambio, es mucho más fina y de uso predominantemente urbano. Se fabricaba en los alfares de los alrededores de Fez, Mequinez, Salé y Safí. Pero es en Fez —ciudad artística por excelencia— donde la industria era más floreciente: de ella proceden los alfareros instalados en Mequinez (hacia el siglo XII/XVIII) y más tarde en Safí. Los artesanos trabajaban bajo la autoridad de un *m'allem* en el seno de un gremio, y las piezas no están ni firmadas ni datadas. Desde útiles de cocina hasta botellas de perfume, estos objetos, caracterizados por su elegancia de formas, la delicadeza de su decoración y la armonía cromática, dan fe de la gran maestría de todos los hombres que trabajaban en la cadena de producción. En primer lugar, la arcilla, material de base, atravesaba diferentes operaciones de trituración, amasado y fermentación, antes de ser dividida en pellas moldeables y entregada a la acción del torno. Una vez torneada, se procedía al secado de la pieza al aire libre y luego a una primera cocción en el horno. Antes de decorarla y ya cocida, se sumergía en un baño de esmalte blanco obtenido por una mezcla de óxido de estaño, plomo y arena de sílice. Sobre este barniz secado al sol, con un pincel

Sopera con decoración de entrelazo, Museo Batha (Núm. Inv. 45 954), Fez.

fabricado con crines de mulo, el alfarero trazaba estilizados motivos decorativos tomados del repertorio clásico de la arquitectura y el mobiliario marroquí-andalusí: ornamentación de tipo floral esquematizada, como palmas y palmetas; o de tipo geométrico, en forma de "retícula romboidal", de arabescos o de polígonos estrellados. A semejanza de otras artes tradicionales, el decorador evitaba toda figuración natural, a excepción del motivo del barco con velas desplegadas, que retoma una imagen que decora los platos turcos de Iznik del siglo XI/XVII, y de raras representaciones *naïves* de pájaros.

Después de haber esbozado en el plato o jarro el contorno de los motivos en azul, si se trataba de piezas en azul monocromo, o en marrón si eran policromadas, el artesano aplicaba los colores preparados con una mezcla de agua, mineral en polvo y arena blanca de sílice.

Cuatro colores componían la paleta tradicional del ceramista marroquí: marrón, verde, amarillo y azul. El marrón se obtenía de óxidos de hierro y manganeso, el verde del óxido de cobre, y el amarillo de la limonita. En cuanto al azul, que ocupaba un lugar preferente en la cerámica de Fez, se obtenía a partir del óxido de cobalto, mineral importado que no se encuentra puro en estado natural. Los matices del color dependían, tras la cocción, de la pureza del tinte, lo que explica las diferencias en los tonos de azul. Esto permite datar de manera aproximada los platos: el azul grisáceo pálido, ligeramente lavado, sería anterior a la mitad del siglo XIII/XIX, mientras que el azul fuerte violáceo, obtenido por procedimientos de purificación industrial, es más reciente.

Pequeño plato con decoración polícroma "ciempiés", Museo Batha.

Fragmento de revestimiento mural en taracea de azulejos con decoración geométrica, Museo Batha (Núm. Inv. C1)

RECORRIDO IV

Un día en la vida de un judío de Fez

Mohamed Mezzine

IV.1 FEZ
    IV.1.a   Cementerio y museo de la Sinagoga
    IV.1.b   Mellah
    IV.1.c   Casa de Maimónides
    IV.1.d   Derb Lihudi

IV.2 SEFRÚ (opción)

Maimónides

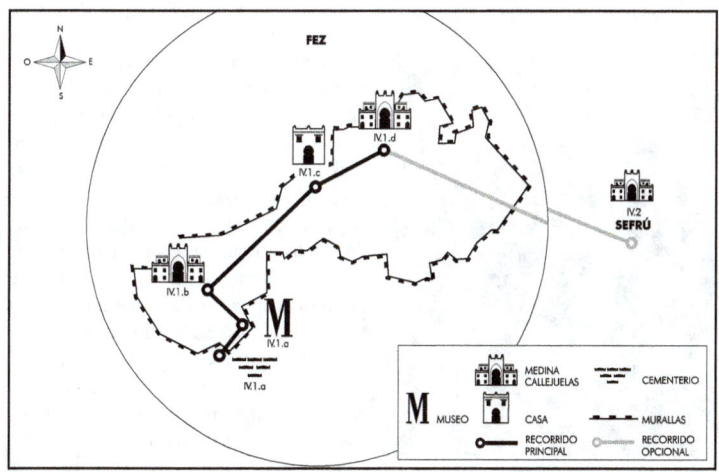

Cementerio judío, tumbas recubiertas de cal, Fez.

En el siglo V/XI, el historiador al-Bakri se refirió a la ciudad de Fez, que acogió a la comunidad judía más antigua e importante de Marruecos, como "el centro de la actividad comercial de los judíos, desde donde realizan viajes a todas las regiones". En efecto, desde su origen, la capital idrisí contó con una activa minoría hebrea atraída por la libertad de culto existente y por la seguridad que se disfrutaba allí, tanto en lo personal como en lo referente a los bienes. Esta comunidad, compuesta por descendientes de los *tochabim* (judíos autóctonos que vivían en Marruecos antes de la islamización del país) y de emigrantes de Córdoba y Kairuán, cobró una importancia cada vez mayor con las sucesivas oleadas de refugiados procedentes de la Península Ibérica. Una aportación decisiva fue la de los judíos llegados en 794/1391-1392 huyendo de la sangrienta represión desencadenada contra ellos en Castilla y Aragón. Un siglo más tarde, el edicto de expulsión promulgado por los Reyes Católicos tras la toma de Granada en 897/1492 hizo que afluyeran a Fez millares de hebreos y musulmanes andalusíes. En 854/1451 se estimaba que, junto a 50.000 musulmanes, habitaban en la ciudad más de 4.000 judíos; mientras que en 1545, según el viajero Mármol de Carvajal, su número era de cerca de 10.000.

Desde la fundación de Fez, la comunidad judía se estableció "en un barrio tan grande que se extendía desde Aghlen hasta Hins-sadun", denominado Derb Lihudi y situado en pleno corazón de la *medina*. Pero como contrapartida a la protección del sultán tenía que observar ciertas obligaciones, tales como el pago a las arcas del Estado de un canon o impuesto anual, la *yiziya,* que ya en tiempos de los idrisíes ascendía a 30.000 dinares de oro. El gran desarrollo cultural experimentado por la comunidad desde la Edad Media se debió, en parte, a la prosperidad adquirida gracias a su dinamismo en los campos del artesanado y el comercio a larga distancia.

Hacia mediados del siglo IX/XV, los meriníes instalaron a los judíos en *Fas-Ydid,* cerca de su palacio. Este traslado desde el antiguo barrio, situado junto a la mezquita de Qarawiyin, no se hizo sin desgarro, a pesar de que el nuevo emplazamiento junto a la sede del Gobierno ofreciese mayores garantías de seguridad. Merece la pena destacar que el poder demostrado por los sultanes meriníes para asentarse en Fez, haciendo de ella su capital, les granjeó el apoyo de la comunidad. Dada la pujanza de sus actividades artesanales, comerciales y financieras, los judíos de la ciudad mantenían estrechos lazos con sus correligionarios europeos; unos contactos muy útiles para toda suerte de com-

Museo de la Sinagoga, Sala de exposición, Fez.

binaciones diplomáticas, que utilizaron los meriníes para asegurar el sostén de la comunidad. Desde entonces su suerte quedaría estrechamente ligada a la de la dinastía, y "algunos de ellos conocieron el fascinante itinerario de los judíos de la corte de ascensión fulgurante".

El nuevo barrio llevaba el nombre de Mellah por el suelo salino sobre el que se asentaba (*al-Mallah*, en árabe), término que se convertirá en genérico para designar el barrio judío de cualquier ciudad marroquí. El Mellah prosperó rápidamente. Con sus sinagogas, su cementerio, sus comercios y talleres, ofrecía a la comunidad hebrea la posibilidad de gozar de una gran cohesión.

La vida económica se centraba en el artesanado y el comercio y, en gran medida, dependía de los intercambios con la *medina*, con la que de ningún modo se habían roto los lazos: numerosos habitantes del Mellah mantenían allí almacenes y acudían a ella para atender sus negocios. Los artesanos judíos —agrupados en gremios a semejanza de sus homólogos musulmanes— ejercían su actividad en todos los sectores de producción, pero además tenían el monopolio del trabajo del oro. "La mayor parte de los orfebres son judíos que realizan sus trabajos en *Fas-Ydid* y los llevan a la ciudad vieja para venderlos", afirma León el Africano. "Allí les han asignado un mercado, cerca de los drogueros. A decir verdad, no se pueden trabajar ni el oro ni la plata en la ciudad vieja (…), pues se dice que vender objetos de oro o plata por un precio superior al que pesan es usura. Pero los soberanos permiten que los judíos lo hagan".

Lo que atestigua León el Africano en el siglo X/XVI muy bien podría aplicarse al IX/XV. Aparte de la orfebrería, la acuñación de moneda y la artesanía en general,

Mellah, Bab Mellah, Fez.

los judíos intervenían en la agricultura y desempeñaban un papel importante en el comercio de cereales entre Marruecos y Europa.

En líneas generales, la comunidad judía de Fez disfrutó de una gran tranquilidad, coincidiendo su apogeo con la llegada de los meriníes. Así pues, en tiempos de calma política, la vida en el seno del Mellah transcurría entre el cumplimiento de los rezos cotidianos en una de sus numerosas sinagogas y la actividad económica, marcada por las idas y venidas entre el Mellah y la antigua *medina*.

IV.I FEZ

IV.1.a Cementerio y museo de la Sinagoga

Seguir la señalización del Palacio Real. Aparcar el coche en la plaza del palacio.

RECORRIDO IV   *Un día en la vida de un judío de Fez*
Fez

Cementerio judío, tumbas recubiertas de cal y vista sobre las casas del Mellah, Fez.

Entrar en el barrio del Mellah por la puerta Bab al-Mellah. Antes de llegar a la calle principal, torcer a la derecha por la que desciende al cementerio. El museo está situado en el recinto del propio cementerio.
Cerrado los sábados. Horario: de 8:30 a 12 y de 14:30 a 18.

El cementerio judío de Fez era una de las instituciones más importantes de la comunidad y estaba administrado por la *Hebra qadicha,* congregación encargada de enterrar a los muertos así como de la lucha contra los incendios.
De hecho, según rezan los antiguos textos, la comunidad judía de Fez tuvo tres cementerios. El primero, del que no queda ningún vestigio, estaba en el exterior de la puerta al-Guissa y fue abandonado en el siglo VII/XIII cuando los meriníes iniciaron la construcción de *Fas-Ydid.* El segundo, al oeste del Mellah, está situado en un terreno donado en 869/1645 por una princesa meriní. El tercero, todavía en funcionamiento, constituye la prolongación del anterior al sur del Mellah. En él están enterradas numerosas personalidades que han desempeñado un papel relevante en la ciudad de Fez.
Este cementerio se distingue por sus tumbas de techos abovedados recubiertas de cal. En el extremo del mismo se alza una antigua sinagoga, hoy convertida en museo. Las paredes de la sala de rezos están decoradas con mosaicos y yeso cincelado en la más pura tradición andalusí.

Es preferible hacer el recorrido a pie (unas dos horas) para poder tener una visión de conjunto de la medina de Fez, compuesta por dos partes bien diferenciadas: Fas-Ydid *y* Fas al-Bali. *Para ello, conviene ir directamente en taxi al cementerio.*

IV.1.b **Mellah**

Se puede pasear tranquilamente por el Mellah sin temor a perderse. La calle principal se extiende a lo largo del Palacio Real.

La fecha en la que la comunidad judía se instaló en *Fas-Ydid,* el barrio cercano al Palacio Real, es muy discutida; pero los límites del Mellah propiamente dicho no se definieron hasta el siglo IX/XV. Los actuales se remontan a la época del sultán alauí Mulay Lyazid. Esta constricción espacial obligó a sus habitantes, cada vez más numerosos, a edificar en altura —por lo general dos plantas— y a estrechar las calles.

Actualmente el Mellah está delimitado al norte y noroeste por la muralla del Palacio Real, al sur por el cementerio judío, al este por los barrios comerciales y de viviendas, y al oeste por el viejo cementerio judío; pero en los siglos

Mellah, casas de la calle principal, Fez.

RECORRIDO IV   *Un día en la vida de un judío de Fez*
Fez

IX/XV y X/XVI era bastante más extenso y se dividía en dos grandes zonas. En la primera, la septentrional, bordeada por los vergeles de Bulajsisat, residían los mercaderes más ricos, en su mayoría expulsados de España. Apegados al refinamiento que habían disfrutado en la Península Ibérica, estos hombres se transmitirán de generación en generación el legado andalusí. Buena prueba de ello son sus residencias: lujosas, decoradas con *zelish*, como las más opulentas de la *medina*. En la segunda y más angosta, situada al sureste de la Calle Mayor, vivían los *tochabim*, los judíos autóctonos. Allí se concentraban los talleres, los pequeños comercios y las viviendas de los más pobres.

El ámbito religioso del Mellah lo constituía una docena de sinagogas. La más grande estaba ubicada en la zona norte —la única con agua potable desde el siglo IX/XV—, y el resto disperso por las callejuelas del barrio.

En el Mellah, la comunidad judía no solo tenía el monopolio de los oficios relacionados con el oro y los productos preciosos, sino que también desarrollaba otras actividades, como por ejemplo la textil. Ya desde la Edad Media existía en Fez una arraigada tradición local en el trabajo de la seda, pero la llegada de los sefardíes de al-Andalus le dio un impulso definitivo. Había dos tipos de talleres: los encargados de su producción y los que se ocupaban de la confección de tejidos para las ceremonias religiosas, tanto judías como musulmanas, e incluso de los trajes de gala del Palacio Real. Otro gremio importante en el Mellah era el de los zapateros, quienes solían comprar las materias primas en la *medina*, aunque algunos artesanos preparaban por sí mismos las pieles que utilizaban o que exportaban a otros lugares.

En el Mellah actual se sigue desarrollando buena parte de estas actividades artesanales y comerciales. No solo hay comercios en la Calle Mayor, trazada tras el gran incendio que devastó el barrio en 1912, sino también en las callejuelas que la rodean. Permanece también el centro de producción y venta de objetos de oro.

IV.1.c Casa de Maimónides

Dirigirse desde el Mellah hacia la alcazaba de las flores, o bien a la antigua alcazaba almorávide. Desde allí, bordear los jardines del Palacio en dirección a la puerta Bab Bushlud hasta llegar a la calle Tal'a Lekbira. La casa de Maimónides se encuentra allí, cerca de la medersa Buinaniya. La puerta de acceso

Mellah, casas de la calle principal, Fez.

RECORRIDO IV   *Un día en la vida de un judío de Fez*
Fez

queda frente a la medersa. *Es un domicilio privado, pero es posible visitarlo.*

Situada según la tradición oral en la Tal'a Lekbira, frente a la puerta principal de la *medersa* Buinaniya, la casa donde vivió el filósofo y médico Moshe Ibn Maimun —conocido como Maimónides— ocupaba el lugar donde hoy se alza el caserón que contiene el famoso reloj hidráulico de la *medersa*, construido en 758/1357. El edificio vecino, reformado en su interior y decorado, se convirtió en un anejo de la *medersa*.

Moshe Ibn Maimun, emigrante de al-Andalus, se instaló a mediados del siglo VI/XII en Fez, donde residió dos años y seis meses en compañía de su familia. Aquí fue también donde redactó hacia el 560/1165 su célebre *Epístola de la persecución (Iggered Hachemad)*. Evocando su emigración desde Córdoba, recomienda a los judíos perseguidos por la Inquisición en España "abandonar estos lugares para dirigirse allí donde se pueda practicar (...) la Torah sin coacciones ni temor", o, a falta de algo mejor, optar por una suerte de "marranismo, una cierta tolerancia, a la espera de días mejores".

La casa fue un centro de peregrinaje para los judíos de Fez desde la época de los meriníes. Durante mucho tiempo, las mujeres hebreas deseosas de ser madres acudían a ella para visitar a los manes de Maimónides. Hoy sigue siendo un lugar sagrado entre la comunidad judía y son muchos los que, cuando vienen a Fez, efectúan esta peregrinación.

IV.1.d Derb Lihudi

Hay muchas formas de llegar a Derb Lihudi. Desde la casa de Maimónides (45 minutos):

Casa de Maimónides, Fez.

descender por la calle Tal'a Lekbira en dirección a la medersa *Attarin. Desde allí, dirigirse hacia el* funduq *Saga (doblar a la izquierda por la calle Ab Khiss, y después, sucesivamente, por la primera a la izquierda y la primera a la derecha). Una vez en Saga, ir hacia al-Achabin para coger allí la calle principal. A 200 m, a la izquierda, una placa anuncia que nos encontramos en el* funduq *Lihudi. Más abajo, a la derecha, hay otro antiguo* funduq. *También es posible utilizar el coche. En este caso, dirigirse a Bab al-Guissa y dejarlo en el aparcamiento. Desde allí, descender a pie por la calle Brad Ayin hasta al-Achabin para entrar en Derb Lihudi.*

El Derb Lihudi, a la vera de la Qarawiyin, es un conjunto formado por tres calles con comercios y viviendas. Situado entre el *suq* Saga y los otros barrios comerciales, fue el barrio judío de Fez desde la

RECORRIDO IV *Un día en la vida de un judío de Fez*
Sefrú

Derb Lihudi, antiguo funduq, Fez.

fundación de la ciudad hasta el siglo IX/XV.

El nombre *funduq* deriva de que el lugar fue, en su día, centro de una importante ruta de caravanas. El barrio era frecuentado por orfebres, plateros y por todos los judíos que tenían allí un taller o una tienda.

Cerca de Bab al-Guissa, no lejos de la *qaysariyya*, hay un mercado muy frecuentado incluso tras su abandono por la comunidad hebrea hacia 840/1437, cuando se construyó el mausoleo de Mulay Idris y se delimitó el *horm*, espacio sagrado que lo rodea.

Los comerciantes y artesanos judíos siguieron viniendo aquí hasta principios de siglo. Los lazos entre este barrio y el Mellah nunca se han roto, salvo en períodos difíciles.

La organización del barrio y la arquitectura de sus edificios reproducen el modelo de los palacios y residencias musulmanas.

Salir de la medina por la puerta Bab al-Guissa.

IV.2 **SEFRÚ** (opción)

A 28 km de Fez, en la ruta tradicional de los dátiles. Salir de Fez por la carretera de Immouzer. Una vez en Sefrú, dejar el coche en el aparcamiento situado en el exterior de las murallas de la medina.

La ciudad de Sefrú fue fundada en el siglo I/VII, bastante antes que Fez, en las proximidades del yacimiento prehistórico de Bhalil (en las primeras estribaciones del Atlas Medio). Se extiende a lo largo de ambas orillas del *wad* Aggai y está rodeada de jardines y huertos, que han hecho de ella un lugar de veraneo muy apreciado, a semejanza de las cercanas villas de Ifrane o Immuzer.

En sus orígenes, antes de la llegada de los conquistadores musulmanes, había tres grupos de burgos o *qsur* repartidos a lo largo del río: el *qsur al-Foqaniyyin*, "burgo alto", el *qsur al-Wastaniyyin*, "burgo medio", y el *qsur al-Tahtaniyyin*, "burgo bajo". Estas tres entidades acabarían agrupándose para defenderse mejor de los ataques de las tribus vecinas.

Desde la fundación de la ciudad, la comunidad judía ha ocupado un lugar específico en el burgo central. Esta posición geográfica iba a ejercer un doble impacto bien diferenciado. Por una parte, los habitantes de Sefrú, atacados constantemente por los de las cercanas montañas, estaban bien protegidos y mejor guardados por los barrios musulmanes que rodeaban el

Mellah; por el contrario, y debido a su posición en pleno corazón de la *medina*, faltaba espacio para ampliar las viviendas, que tenían que crecer en altura. La comunidad, pues, fue víctima de su propia protección.

La altura de estas casas, mucho mayor que en otros barrios de la ciudad, llamó la atención del sultán alauí Mulay Hassan (1873-1894) cuando estuvo en Sefrú. Esto le hizo concebir la idea de levantar un nuevo Mellah que albergara al número cada vez mayor de judíos, pero el proyecto no vio jamás la luz a causa de la muerte del Sultán.

Los edificios estaban construidos, como en el resto de la ciudad, de ladrillos o de piedra. Las azoteas estaban construidas con vigas de cedro recubiertas con planchas de la misma madera, que traían de los cercanos bosques del Atlas.

Todos los viajeros cristianos y musulmanes que visitaron la ciudad coincidieron en describirla como un lugar sosegado y pacífico, alejado de las grandes batallas que se libraban en la vecina ciudad de Fez. Charles de Foucauld aseguraba que "Damnat y Sefrú son los dos lugares de Marruecos donde los judíos son más dichosos".

Los judíos de Sefrú, que jugaron un papel fundamental en el desarrollo económico de la villa, gozaban de autonomía administrativa y gestionaban sus propios negocios, aun cuando dependieran del caíd en lo referente a las cuestiones políticas y criminales, y del *mohtassib* en las artesanales y comerciales. Tres instituciones israelitas se ocupaban de los asuntos cotidianos de los habitantes del Mellah.

La comunidad judía de Sefrú no cesó de aumentar desde la fundación de la ciudad. En 1880, su número ascendía a 1.000, y en vísperas del Protectorado superaba los 3.000, lo que representaba más de un tercio de la población total de la villa. Esto la convirtió en la concentración judía más importante de todo Marruecos. En 1951 —fecha en la que una gran parte de la comunidad emigra masivamente hacia Palestina, Europa occidental y América del Norte— esta cifra se elevaría a más de 4.000. En 1960 se estimaba en 3.138 personas, pero en 1971 quedaban solamente 222. Hoy, solo las mujeres hebreas casadas con musulmanes o los peregrinos que acuden regularmente a Sefrú dan testimonio de este pasado comunitario.

MAIMÓNIDES

Rabbenu Moshe Ibn Maimun, conocido como Abu Imran al-Fasi, o también como Maimónides —nombre que adoptó durante su estancia en Fez—, nació en Córdoba hacia el año 529/1135. Según la tradición, su linaje se remonta a la casa real de David.

El historiador del judaísmo marroquí Haim Zafrani lo describe como "el peregrino del mundo intelectual judeo-musulmán", en una época en la que la civilización del Occidente musulmán llevó a cabo una simbiosis cultural entre las etnias y religiones de la cuenca del Mediterráneo occidental.

Maimónides, hijo de un rabino, frecuenta en Córdoba —entonces centro cultural en el que residían numerosos eruditos del islam y del judaísmo— escuelas y universidades. Aprende árabe y hebreo, lo que le permite estudiar a la vez el pensamiento judío y el arábigo-musulmán.

Cuando la ciudad cae ante los ejércitos de la Reconquista y surge la Inquisición, numerosos intelectuales judíos y musulmanes se ven obligados a abandonarla. Maimónides llega así a la costa magrebí y, de incógnito, se instala en Fez durante más de dos años.

Bajo el nombre de Abu Imran al-Fasi, frecuenta la Qarawiyin donde, según la tradición histórica, impartió enseñanzas. Sus investigaciones se dirigirán a las dos caras del monoteísmo triunfante: el judaísmo y el islam. Estudia el tratado del gran teólogo al-Ghazali, y los escritos de su contemporáneo, el filósofo Averroes. En la ciudad de Fez, hacia el año 560/1165, escribirá su famosa *Epístola de la persecución,* dotando así al judaísmo de una teología y de un código moral y de derecho a la altura de las obras de al-Ghazali y de Averroes.

Cuando abandona la ciudad en tiempos de la dinastía almohade se dirige a Egipto, donde ejerce la medicina, concretamente en El Cairo, al lado del gran Saladino (Salah-Eddin al-Ayyubi), héroe del Islam en la época de las Cruzadas.

Maimónides ha dejado como legado una obra colosal en filosofía, medicina y derecho. En ella está omnipresente la relación entre lo hebreo y lo árabe, entre la filosofía musulmana y la judía. Esta relación es el perfecto paralelo de la formidable trayectoria de esta figura del judaísmo. La leyenda recoge su vida, bien para embellecerla, bien para reducirla, provocando numerosas controversias en relación con el alcance y la profundidad de su obra; pero Maimónides sigue siendo hoy uno de los símbolos por excelencia de la cultura hebraica.

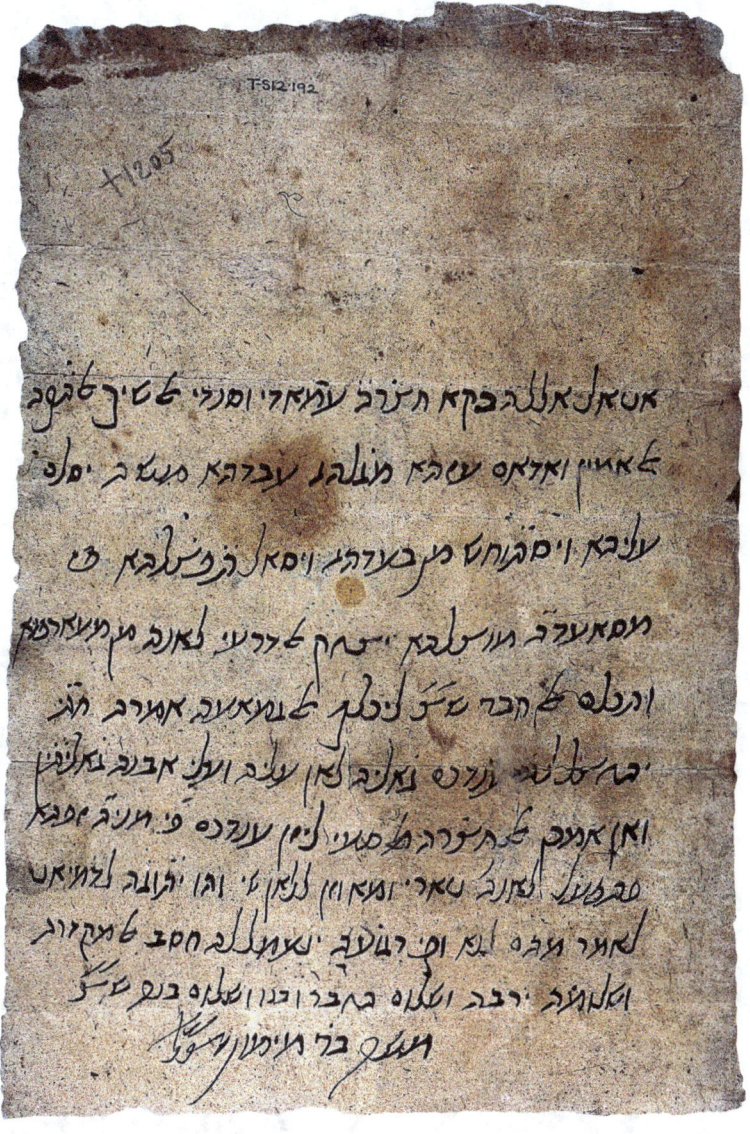

Carta autógrafa de Maimónides, escrita poco después de su llegada a Egipto en 566/1171, Universidad de Cambridge.

RECORRIDO V

Xauen, la ciudad santa de las montañas del Rif

Naïma El-Khatib Boujibar

V.I XAUEN
    V.1.a Alcazaba
    V.1.b Plaza Uta Hammam: fuente
    V.1.c Mezquita Mayor
    V.1.d Zawiya Raysuniya
    V.1.e Barrio Suiqa: calles y casas
    V.1.f Tejeduría
    V.1.g Fuente Ayn Suiqa
    V.1.h Funduq
    V.1.i Barrio al-Andalus
    V.1.j Bab al-Ansar: muralla y torre
    V.1.k Manantial Ras al-Ma'
    V.1.l Barrio Esabanin: molino, puente, horno

Saida El-Horra, princesa de Xauen

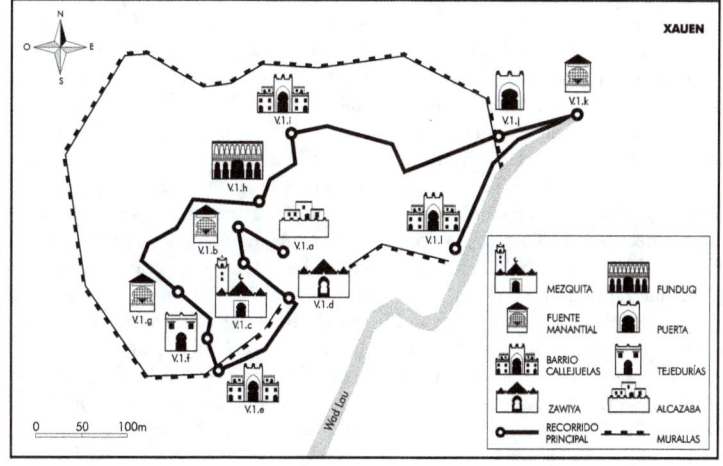

Vista de la medina desde la alcazaba, Xauen.

Alcazaba, muralla, camino de ronda, Xauen.

La ubicación de la pequeña ciudad de Xauen —joya del norte— está muy bien escogida, tanto desde el punto de vista estratégico como paisajístico. Adosada a una dorsal de la cadena montañosa del Rif, en un valle que la protege, se encuentra encajada entre dos cumbres cubiertas de un denso bosque de pinos y alcornoques. Las aguas abundantes de un manantial puro y límpido, Ras al-Ma', brotan de la vertiente de la montaña y corren dulcemente por las onduladas laderas, transformando el valle circundante en una multitud de jardines y huertas lujuriantes. Xauen, bendecida por Dios, que la dotó de una naturaleza tan espléndida, fue fundada por una familia de *chorfa* idrisíes, descendientes del profeta Mahoma, y era considerada por las poblaciones de alrededor como una ciudad santa, la segunda en importancia tras la ciudad de Mulay Idris Zerhun.

El respeto que le profesaban las tribus norteñas era tan grande, que las tropas del héroe del Rif, Mohamed Ibn Abdelkrim al-Jattabi, se descalzaron antes de entrar en ella. De hecho, son escasísimos los extranjeros no musulmanes que fueron admitidos en su seno, antes de 1925. Charles de Foucauld, que tuvo el privilegio de visitar Xauen en 1882, escribía: "Esta ciudad, encajada en un repliegue de la montaña, no se descubre hasta el último momento... Se llega a la muralla rocosa que la corona, se bordea con extrema dificultad su base, en medio de un dédalo de enormes bloques de granito que se hunden formando profundas cavernas. De repente, se acaba el laberinto, la roca hace un ángulo: a 100 m de allí, adosada a las montañas cortadas a pico, por una parte, y orlada de jardines siempre verdes por la otra, apareció ante nosotros... El aspecto era mágico, con su viejo torreón feudal, sus casas cubiertas de tejas, sus arroyos que serpentean por todas partes; parece que uno está más bien frente a uno de los apacibles burgos de las riberas del Rin que ante una de las ciudades más fanáticas del Rif.

Xauen, entre cuya población hay un gran número de *chorfa*, es, en efecto, bien conocida por su intolerancia... Es una ciudad abierta. Tras ella, se levanta a pico la alta muralla rocosa que corona el *yebel* Mezedyel; delante, se divisan los magníficos jardines que, extendiéndose por el flanco de la montaña, cubren un espacio inmenso".

Xauen debe esta sacralización a la proximidad de la tumba del gran santo Mulay Abdessalam Ibn Mchich, situada a unos 50 km al noroeste; calificado como "polo místico de Occidente", su mausoleo en Yebel Alem es un lugar de peregrinación muy frecuentado por los marroquíes y, hasta los primeros decenios de este siglo, todo peregrino debía pasar por Xauen. Este jerife idrisí, proveniente de la tribu de los Beni Arus, fue un sabio eminente de finales del siglo VI/XII. Considerado como el introductor en Marruecos de la doctrina sufí, transmitió sus enseñanzas a su alumno, el gran místico Echadili, venerado en Túnez y Egipto, y que era también un jerife idrisí de la tribu de los ajmes, vecina de Xauen.

Tal es la atmósfera de religiosidad que se respira en esta región, islamizada desde la llegada de los árabes, que ha dado a Marruecos numerosos y eminentes sabios en las ciencias religiosas. Estos *ulema*, que se instalaron en la ciudad desde su fundación, han hecho de Xauen un centro de irradiación cultural y religiosa que ha arrastrado hacia ella estudiantes, hombres piadosos y sabios de la región y de otras zonas. Así, pues, no resulta extraño enumerar en esta ciudad, en un espacio tan pequeño, un número importante de lugares de culto y oración: ocho mezquitas, una o dos en cada barrio, nueve *zawiya*s, que representan las principales cofradías del país, y algunos morabitos, como el del fundador de la ciudad, Mulay Alí Ibn Rachid, especialmente venerado por las poblaciones vecinas.

Sin embargo, la piedad no ha impedido a los habitantes de esta ciudad gozar de su encanto y belleza; belleza que se debe al buen partido que supieron sacar sus constructores de la morfología del terreno en pendiente. La villa se inscribe en la línea del urbanismo tradicional de las *medina*s marroquíes, pero tiene, sin lugar a dudas, un estilo propio, inspirado en la arquitectura andalusí.

En efecto, alrededor de un núcleo inicial, la alcazaba, situada en una explanada, aparecen de forma radial, de sur a norte, los diferentes conjuntos de edificios que se escalonan en gradas a lo largo de callejuelas empedradas, tortuosas y estrechas. Una serie de pasajes cubiertos, o *sabats*, proporcionan sombra a las callejuelas salpicadas de plazas y glorietas, engalanadas con artísticas fuentes esculpidas o árboles verdeantes.

Los austeros muros de las casas y de los edificios religiosos, encalados y pintados de azul añil en la parte baja, como se hacía en al-Andalus, están rematados por tejados en pendiente cubiertos de tejas rojas. Las entradas de los edificios y monumentos culturales, precedidas por un pórtico, están decoradas con esmero.

La distribución de las casas presenta también unas peculiaridades que la hacen diferente a la de las viviendas tradicionales de las otras *medina*s de Marruecos. En efecto, al patio se añade un espacio abierto,

Mezquita Mayor, vista general, Xauen.

la *qa'da,* provisto a veces de un banco de mampostería. En lugar de las terrazas planas de otras ciudades marroquíes, las techumbres originales son a dos aguas, cubiertas de tejas rojas, y bajo los tejados se disponen los desvanes, o *berchla,* antaño utilizados para secar determinados frutos. Unas ventanitas enrejadas, que rompen con sus sobradillos la monotonía de la resplandeciente blancura de las paredes, permiten que entren el aire y la luz en las habitaciones interiores. Se añade a esto que en esta pequeña *medina,* que mantiene en muchos aspectos su fisonomía medieval, aún existen algunos centros de producción artesanal, como los molinos de agua y los talleres de tejedores, que no se encuentran ya en la actualidad más que en ciertas regiones rurales. Todos estos elementos, tanto arquitectónicos como decorativos, confieren a la *medina* de Xauen un sello especial y un encanto inigualable que impresionan a todo el que la visita.

Aproximación histórica

Xauen (o Chefchauen), palabra beréber que significa "los dos cuernos", por las dos crestas montañosas que la dominan, fue fundada en el siglo IX/XV por el monje guerrero Mulay Alí Ibn Rachid, originario de la tribu de los ajmes (región de Xauen), como base defensiva para detener las agresiones exteriores. Frente a un poder central débil, incapaz de contrarrestar la ocupación portuguesa de las plazas costeras del norte, este descendiente de los idrisíes, que había dado pruebas de sus aptitudes militares en Granada, volvió a su país para tomar las armas y defender su tierra natal de las amenazas expansionistas extranjeras. A partir de la toma de Tánger y Asilah en 875/1471, hizo construir una base militar, la alcazaba, que será el núcleo de la *medina* actual, e hizo venir a soldados de su región y a otros combatientes por la fe, los *mudyahidines,* con sus familias. Este primer embrión urbano no tardó en agrandarse, transformándose en una pequeña ciudad de 4 ha de superficie, y rodearse de murallas, provistas de torres y puertas, de las que aún quedan algunos tramos. Mulay Alí Ibn Rachid la dotó de una mezquita, la actual Yama' al-Kebir, y de unos baños que dieron su nombre a la plaza Uta Hammam. La ciudadela, bien protegida y rodeada de tierra fértil y rica en manantiales, muy pronto atrajo no solo a la gente de la región sino también a refugiados andalusíes, que poblaron el primer barrio, denominado *Suiqa*. Algunos años más tarde, después de la reconquista de Granada en 897/

Barrio Suiqa, entrada en codo de una casa, Xauen.

1492, serán reforzados por un nuevo contingente andalusí que se instala al este de la ciudad, fuera del primer recinto, para formar otro barrio que llevará el nombre de Rif al-Andalus.

Desde 875/1471 a 967/1560 Xauen llegó a ser capital de un principado independiente, fuerte tanto militar como políticamente, y con el que el poder central tenía que transigir. Extendió su influencia política y cultural no solo a la región montañosa próxima y las ciudades vecinas (Tetuán y Targa), sino también hasta la costa norte del Atlántico.

Si bien el continuo acoso militar contra Tánger y Asilah comandado por el hijo de Mulay Alí, el príncipe Mulay Brahim, no consiguió liberar las ciudades ocupadas, alcanzó a detener la penetración portuguesa en el interior y cubrió de gloria a la familia Ibn Rachid. Estas operaciones militares le dieron a Mulay Brahim —del que las crónicas portuguesas, aunque enemigas, se hacían lenguas— un gran renombre como guerrero valeroso y fino estratega. También le granjearon la estima del sultán wattasí Mulay Ahmed quien, además de hacerlo su cuñado, le confió la dirección de expediciones militares y de misiones diplomáticas muy delicadas, y lo nombró gobernador de ciudades como Mequinez o Salé, así como de la provincia de Tadla. Su hermana, Saida El-Horra, desempeñó también un puesto de relevancia en la región, ya que gobernó durante varios años la ciudad de Tetuán.

Durante este periodo de independencia que duró 89 años, la ciudad se amplió desde el punto de vista urbanístico, se organizó políticamente y se desarrolló económica y culturalmente. Numerosos sabios frecuentaron sus mezquitas, para dar allí cursos y discutir con sus colegas de Xauen sobre alguna cuestión teológica que preocupara a los *ulema* de la época. La ciudad también se benefició de los conocimientos técnicos y artísticos de los andalusíes, que trajeron consigo sus modos de vida, sus habilidades artesanales y su refinada cultura. De este modo, se construyeron edificios públicos y privados siguiendo el modelo andalusí, se instalaron redes hidráulicas y se abrieron talleres para tejer la seda y el lino, así como de carpintería, que dan todavía fama a la ciudad. Con la llegada del sultán saadí Mulay Abdallah al-Ghalib Billah, que reforzó el poder central y luchó contra las veleidades independentistas de ciudades y regiones, el último príncipe de los Rachid, Mulay Ahmed, fue destituido y Xauen perdió su autonomía política. Pero no por ello dejó de ejercer su influencia religiosa y cultural en la región.

Barrio Esabanin, edificio que alberga el horno, Xauen.

RECORRIDO V   *Xauen, la ciudad santa de las montañas del Rif*

Xauen

Alcazaba, undécima torre, vista interior, Xauen.

Al principio del siglo actual, la ciudad se convirtió de nuevo, con la guerra del Rif, en un lugar de resistencia frente a todas las penetraciones extranjeras. Ocupada por los españoles en 1926, continuó así hasta 1956, año de la independencia del reino de Marruecos. En la actualidad, si bien se ha desarrollado extramuros, ha sabido preservar su *medina* y conservar su herencia arquitectónica, musical y artesana, lo que le proporciona una dulzura y calidad de vida muy apreciables.

V.I XAUEN

V.1.a Alcazaba

El recorrido se hace a pie. Una vez en Xauen, tomar la dirección Antigua Medina *o seguir la señalización que indica* Crédito Agrícola. *Dejar el coche en la plaza al-Majzen, en lo alto del bulevar Hassan II. Aparcamiento mitad público y mitad privado, perteneciente al hotel Parador. Alcazaba y museo, que constituyen el mismo complejo arquitectónico, se encuentran en la plaza principal Uta Hammam.*
Abierto todos los días. Horario: de 9 a 13 y de 15 a 18:30; viernes: de 9 a 12 y de 15 a 18.

A comienzos del siglo XI/XVII, la ciudad acogió la última oleada de refugiados andalusíes, los moriscos, musulmanes y judíos que poblaron el tercer barrio llamado Suiqa. A partir de ese momento, la *medina* de Xauen continuó su vida, más discreta, en el interior de sus murallas. Cuando llegaron nuevos emigrantes procedentes del Rif, los ybalas, ocuparon los barrios Esabanin y Anzar, en los que construyeron mezquitas y *zawiyas*.

La alcazaba, embrión de la *medina*, está situada en su ángulo oeste. Fue la primera edificación construida por el fundador de la ciudad, Mulay Alí Ibn Rachid, en 875/1471-876/1472, para utilizarla como campamento militar, residencia fortificada y puesto de mando. Su planta es un rectángulo, más o menos regular, de 7 m de largo de este a oeste y 5 m de ancho de norte a sur.

Recinto amurallado

La alcazaba esta rodeada de una gruesa muralla construida en adobe, coronada de almenas y recorrida en su cara interior por un camino de ronda. Diez torreones, de los que tres están muy modificados, flanquean la muralla a distancias variables entre sí. Tanto las torres como el propio recinto se inscriben, por su trazado y su modo de construcción, en la más pura tradición de la arquitectura andalusí.

El acceso a la alcazaba se hacía a través de dos puertas situadas en el flanco este, el que da al *suq*, y en el flanco oeste, mirando hacia la mezquita; ambas están cerradas en la actualidad. La que da al *suq* es baja y estrecha, con planta acodada. Unas pilastras macizas de ladrillo, adosadas a la fachada exterior, pueden ser los restos de un puente levadizo instalado más tarde. La puerta que da a la mezquita Yama' al-Kebir, utilizada actualmente como sala de exposiciones temporales, está situada, curiosamente, en una torre de esquina. Actualmente se accede a la alcazaba por un vano abierto, hacia 1930, en la torre central del flanco noroeste.

Torre

Una torre, la undécima, que se alza en el flanco oeste de la cortina, destaca entre todo el conjunto. Erigida seguramente en la época de Mulay Mohamed, a comienzos del siglo X/XVI, corta una parte de la muralla, en la que se integra. De base cuadrada, se diferencia de las demás torres por los materiales de construcción empleados, la estructura y la función. Los muros están construidos con morrillo, y reforzados en las esquinas con sillares. Tiene tres niveles de altura. En el del suelo, un pilar central de planta octogonal divide la pieza en cuatro espacios cubiertos con cuatro cúpulas de ladrillo. En la planta principal, un pequeño pilar sostiene una viga vista de madera, dispuesta longitudinalmente, que divide la sala en dos partes rectangulares. El tercer nivel es un mirador desde donde se domina toda la *medina*. Un parapeto almenado, con un ligero vuelo y alero de ladrillo, protege esta última terraza. Los muros están perforados a la altura de las plantas por una serie de ventanas de ladrillo. Estos vanos, con arcos de medio punto peraltados, que animan la fachada de la torre, junto con las proporciones de esta, su estructura y método constructivo, nos llevan a comparar el edificio con las "torres-residencia" de Granada.

Museo de la Alcazaba

El antiguo espacio de la alcazaba está ocupado actualmente por un jardín con estanque y pozo, y, en el rincón nordeste,

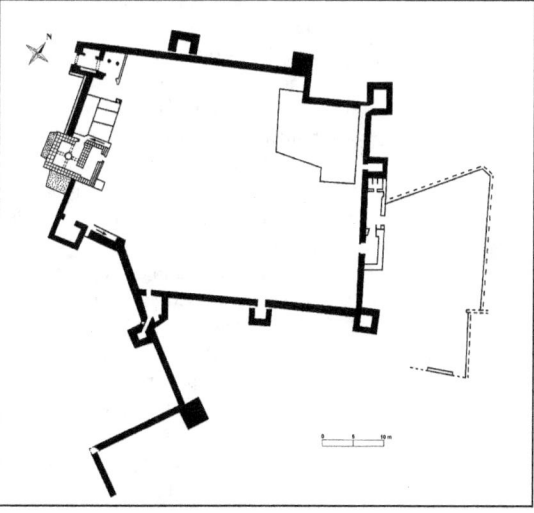

Alcazaba, plano del conjunto, Xauen.

Xauen

Plaza Uta Hammam, fuente, vista general, Xauen.

tada; tejidos *futa* de colores rojo y blanco; bordados decorados con flores estilizadas, inscritas en hexágonos, y unos rombos que pueden compararse a los bordados andalusíes de Granada y a los tapices mudéjares de los siglos IX/XV y X/XVI.

V.1.b Plaza Uta Hammam: fuente

La plaza Uta Hammam, con sus 3.000 m^2 de superficie, es la mayor de las plazas de la *medina*, de la que es el corazón; de ella parten, y en ella convergen, todas las arterias principales. Parece que fue Mulay Mohamed, último hijo de Mulay Alí Ibn Rachid, quien ordenó la construcción de la plaza en el siglo X/XVI, al mismo tiempo que los baños, *hammam*s, que se encuentran en el noroeste y le dan nombre.

En un principio fue una plaza comercial y de negocios en la que se instalaba, dos veces a la semana, un mercado al que acudían los habitantes de la ciudad y los campesinos de la región, comprando unos los productos agrícolas y los otros los productos elaborados en la villa.

Todos los elementos clave de la ciudad se encontraban a su alrededor: desde la Mezquita Mayor a la alcazaba, sede de las autoridades, pasando por las tiendas y el *funduq*. Su estructura actual es un arreglo moderno: el suelo de mosaico de piedras y guijarros, los frondosos árboles y los cafés.

La fuente estaba instalada en el centro de la plaza, para que se aprovisionasen de agua los visitantes y los vecinos del lugar. Con cuatro caras ornadas de arquerías simples, la cubría una sencilla cúpula; todo ello enjalbegado con cal. Durante su

por una residencia transformada en museo y en centro de estudios andalusíes.

Al este, entre la residencia y la muralla, se han descubierto unos aljibes que podrían estar relacionados con las primeras construcciones residenciales de la alcazaba. La actual residencia data de fines del siglo XI/XVII, época de Mulay Ismail, y seguramente fue construida por el gobernador Alí Errifi. Presenta la forma clásica de las casas tradicionales marroquíes, con una planta baja con patio y un piso superior con galería.

El museo está instalado en la planta baja. Reúne objetos arqueológicos y etnográficos relacionados con la ciudad de Xauen y su región: entre otros, una hoja de puerta en madera policromada, decorada con lacería poligonal, procedente de la antigua casa del gobernador; instrumentos de música andalusí (un rabel y un laúd); palanquines y arcas de madera pin-

última modificación, la estructura original se recubrió con un marco en forma de cubo, más voluminoso, con dos de sus caras decoradas con conchas y coronado por un pabellón con tejas verdes, rematado por una barra de hierro forjado que lleva una media luna.

V.1.c Mezquita Mayor

Plaza Uta Hammam. Acceso reservado a los musulmanes.

En la plaza Uta Hammam, al oeste de la alcazaba, se eleva la Mezquita Mayor, *Yama' al-Kebir,* fundada, posiblemente, por Mulay Mohamed en el siglo X/XVI. El conjunto, de forma trapezoidal, ocupa una superficie de alrededor de 130 m^2 y cuenta con todos los anejos que acompañan a una institución religiosa de esta importancia: un alminar, una fuente, una sala de abluciones, un patio y una *medersa*. La sala de oración, que ocupa el cuerpo central del conjunto, está formada por ocho naves paralelas al muro de la *qibla*, cortadas por seis naves transversales. La arquería de las naves y los tramos, compuesta de arcos de herradura apuntados que se apoyan en pilares, carece de ornamentación, y los techos están pintados de un color uniforme. La sobriedad de esta sala es una de las características de los oratorios de Xauen. Las únicas partes decoradas del conjunto son los elementos exteriores, los portales de entrada y el alminar; este no guarda simetría con la fachada del edificio y sobrepasa dos veces y media la altura de la techumbre de teja roja de la sala de oración. Su forma octogonal lo emparienta con los alminares de las mezquitas fundadas por el gobernador de Mulay Ismail, Alí Errifi, en Tetuán y Tánger, y podría fecharse su construcción a finales del siglo XI/XVII. Las caras, divididas en tres registros, llevan una ornamentación de arquerías esculpidas, simples o polilobuladas, enriquecidas en la parte superior con entrepaños cuadrados de azulejo. Las esquinas, de ladrillo macizo, destacan mediante una pintura de color ocre que

Mezquita Mayor, puerta de acceso y alminar, Xauen.

Xauen

contrasta con el blanco del encalado que cubre la parte alta del alminar y su linterna, así como los muros de la mezquita.

La falta de homogeneidad que se observa en la arquitectura de este monumento pone de manifiesto las diferentes transformaciones que ha sufrido a lo largo de sus 400 años de existencia. Fundado en el siglo X/XVI, se amplió por primera vez en el XI/XVII, fecha en la que se añadió el alminar. Restaurado en el siglo XIX, ha recibido nuevos añadidos en el XX; entre otros, el pórtico de la entrada principal.

V.1.d Zawiya Raysuniya

Tomando la calle que separa la alcazaba de la mezquita se llega a una pequeña plaza a la que da la zawiya.

Zawiya Raysuniya, puerta de acceso, Xauen.

La *zawiya* Raysuniya se encuentra al sur de la alcazaba y da a la plaza Belhacen. Según los cronistas locales, sería la primera que se edificó en la *medina* de Xauen. Según la tradición oral, fue fundada por la famosa princesa Saida El-Horra, que está allí inhumada. La construcción ocupaba, originariamente, una superficie de alrededor de 130 m². Recientemente se le ha añadido una planta que, por desgracia, ha reemplazado a la techumbre tradicional de tejas rojas. La planta baja comprende una sala de oración con un *mihrab,* una habitación, un espacio para el arreglo y una sala de abluciones o *meda.*

La entrada se realiza a través de un pasaje acodado. El único elemento con ornamentación es el portal; el vano de la puerta, un arco de herradura apuntado, está coronado por una media concha y protegido por un tejadillo esculpido recubierto de tejas verdes. El tejadillo está sostenido por una serie de modillones recortados en mocárabes (estalactitas) y flanqueado por sendas pilastras que ascienden desde la base, también decoradas con pequeñas lucernas ciegas.

V.1.e Barrio Suiqa: calles y casas

El barrio Suiqa comienza enfrente de la puerta de la zawiya. Las escaleras de la izquierda desembocan en la avenida Hassan II, que lleva al aparcamiento. Las calles sin salida pueden reconocerse por los arriates encalados.

El barrio Suiqa es uno de los primeros de la ciudad; data de finales del siglo IX/XV. Antaño estaba cercado por un muro de adobe, del que quedan algunos tramos en Derb Essur, al que se accedía a través de varias puertas situadas al norte, oeste y sur. Dos de ellas, Bab al-Harmun, al sur, y Bab al-Hammar, al sudeste, aún se conservan en buen estado.

El nombre del barrio, que literalmente significa "pequeño mercado", se debe al espacio comercial todavía existente, la *qaysariyya*, construida también a finales del siglo IX/XV. Era un espacio cerrado al que se accedía a través de varias puertas, pero todo lo que queda es un arco con festones esculpidos de una de ellas. Hoy día, la *qaysariyya* está compuesta por una serie de tenderetes arracimados que flanquean las estrechas callejuelas. Las tiendas, que tienen una puerta de doble hoja de madera como única abertura, antiguamente estaban especializadas en la venta de tejidos locales de lana y lino.

En este dédalo de calles se encuentran las casas más antiguas de la *medina*, y también las más hermosas. Algunas de las mansiones de familias importantes se agrupan en *derb*s o callejones sin salida. Las entradas de los *derb*s están, a veces, cubiertas de *sabat*s para agrandar la superficie de los pisos. Las puertas que los cierran tienen mucho interés, ya que eran objeto de especial cuidado: su altura y la variedad de su ornamentación eran el sello distintivo de la familia. Las puertas de las casas burguesas recuerdan, por su tamaño y decoración, a las de los edificios religiosos, mezquitas y *zawiya*s, en tanto que las correspondientes a las casas de las familias modestas son más pequeñas y presentan una ornamentación menos rica. Pero todas las fachadas y las paredes de las casas, ricas o pobres, están encaladas, una de las características de la *medina* de Xauen.

V.1.f Tejeduría

Al final de la calle Ben Dibane (muy comercial; sale de la calle principal del barrio Suiqa).

La ciudad de Xauen es famosa por sus tejidos de lana —con los que los rifeños confeccionan sus chilabas— y por sus telas de lino y algodón a rayas rojas y blancas, que las mujeres ybala se colocan

Barrio Suiqa, casa, puerta de acceso, Xauen.

RECORRIDO V   *Xauen, la ciudad santa de las montañas del Rif*

Xauen

Tejeduría, vista exterior del monumento, Xauen.

Fuente Ayn Suiqa, vista general, Xauen.

damente un centenar, situados fundamentalmente entre los barrios Suiqa y al-Andalus. Casi todos adoptan el mismo modelo arquitectónico típico: ocupan una superficie rectangular de unos 8 m de largo por 2,50 m de ancho, cubierta por un tejado a dos aguas de tejas rojas, y el edificio está ligeramente retranqueado respecto a los colindantes. Un suelo de madera los divide en dos piezas superpuestas, con puertas independientes que se abren a la misma fachada: el acceso a la sala superior se realiza por una escalera adosada a la pared exterior. Cada una cuenta con dos telares de bajo lizo, a cargo de sendos artesanos. La luz entra por la puerta, y se ventilan gracias a unas pequeñas lucernas abiertas en los muros.

Los muros están construidos con morrillo aglutinado con mortero de cal, en tanto que se utiliza ladrillo macizo para consolidar las esquinas y los pies derechos de las puertas y las pequeñas lucernas.

V.1.g Fuente Ayn Suiqa

Desde el barrio Suiqa, seguir a lo largo de la calle principal, que se distingue por la presencia de numerosos bazares. La fuente se encuentra a la izquierda, en un entrante.

Esta fuente, todavía en servicio, está protegida por un porche y seguramente es una de las primeras que se hicieron en el barrio. Arquitectónicamente, es del mismo estilo que otras fuentes murales: el pilón es de forma circular y el muro está decorado con arquerías concéntricas, polilobuladas y festoneadas. Sin embargo, hay algunos detalles que la diferencian del resto: las pequeñas lucernas ciegas situadas

sobre los hombros y ciñendo los riñones. Hay numerosos talleres dedicados a la fabricación de estos tejidos, aproxima-

por encima del alfiz de la arquería —cuyo interior está pintado de azul para dar la sensación de vacío— y el mosaico de azulejo. Este revestimiento polícromo, que contrasta con la sobriedad habitual de las fuentes locales, parece deberse a una reforma reciente y a una desafortunada imitación de los bellos mosaicos de *zelish*.

V.1.h Funduq

En la confluencia de la plaza Uta Hammam y la calle al-Andalus.

Situado en el ángulo noroeste de la plaza Uta Hammam, es el más grande de los cuatro *funduq*s que tenía la ciudad de Xauen. Está bien conservado y es el único que continúa cumpliendo las funciones a las que se dedicó desde su origen: hospedaje para forasteros que van de paso, con sus monturas y mercancías. Con una superficie aproximada de 596 m^2, tiene unas cincuenta habitaciones, repartidas entre la planta baja y la principal, con trasteros, almacenes y letrinas.

A las pequeñas habitaciones de la planta baja se accede por un pórtico que da a un gran patio, pavimentado con cantos rodados; las de la planta principal dan a una galería. Unos arcos de medio punto que se apoyan en columnas sostienen galerías cubiertas. Se pueden observar algunos arreglos y restauraciones en la columnata del pórtico inferior y en las galerías superiores: las columnas que había en el ala derecha han sido sustituidas por pilastras, y se han tapiado unos huecos de la galería superior izquierda para agrandar las habitaciones. Las pilas-

tras de la galería superior parece que están, también, rehechas.

Este conjunto, que destaca por su estilo sobrio y su simplicidad, recuerda en ciertos aspectos al estilo mudéjar introducido por los andalusíes. El único elemento decorado es la fachada exterior de la entrada. Tratada con esmero, igual que todas las de los edificios públicos de Xauen, tiene un tejadillo sostenido a ambos lados por columnas adosadas, y en el centro por multitud de pequeños modillones. El vano de entrada adopta la forma de arco de herradura apuntado, coronado por una arquería festoneada.

Funduq, portal exterior, Xauen.

RECORRIDO V   *Xauen, la ciudad santa de las montañas del Rif*

Xauen

Barrio al-Andalus, calle al-Andalus, Xauen.

V.1.i Barrio al-Andalus

Subir por la calle de la derecha que llega hasta la plaza Uta Hammam. La calle al-Andalus sale de esta plaza.

El barrio Rif al-Andalus se creó para recibir la segunda oleada de andalusíes que vinieron después de 897/1492. Se construyó fuera del primer recinto. La organización de los espacios, aunque semejante a la del barrio Suiqa en lo que concierne a las grandes líneas y a la concepción estética, presenta algunas diferencias, obligadas por la fuerte pendiente del terreno. El interior de las casas ha sido realizado, en la mayoría de los casos, en dos o tres niveles, de manera que puede haber dos entradas opuestas y el acceso puede efectuarse por la primera o la segunda planta. Las calles, en las que sobresalen los muros de contención, están salpicadas de tramos de escaleras y de rocas utilizadas como contrafuertes. El aspecto de las puertas de las casas está muy cuidado, al igual que el tratamiento de las hojas de madera y el estuco de los portales.

V.1.j Bab al-Ansar: muralla y torre

Todas las calles que suben van a parar al extremo norte del barrio al-Andalus, donde se encuentra la puerta al-Ansar.

La puerta al-Ansar, que sirve de entrada al barrio de su mismo nombre, señala el límite noroeste del recinto fortificado de la ciudad. Esta muralla, que no es muy homogénea en su recorrido, muestra las diferentes etapas de la historia de la ciudad. En efecto, los barrios que se edificaron a medida que iban llegando los emigrantes y las poblaciones de los alrededores agrandaron el recinto, como respuesta a sus necesidades de seguridad, pero sin tener en cuenta el método constructivo de los tramos de muralla ya levantados y con los que ahora se enlazaba. Tanto es así que este tramo, que se unía al sur de la puerta Lamkadem, no se parece en nada a la muralla del barrio Suiqa, ni desde el punto de vista de los materiales ni en el espesor. Hay que añadir que su restauración ha sido todo un cambio. La torre de guardia adosada a la muralla, que da a un pasadizo acodado, se ha rehecho también recientemente. Erigida en el mismo emplazamiento de una antigua torre, fue reconstruida tomando como modelo otra con las mismas funciones, la Bab Ayn, que recuerda a las torres cubiertas de Granada.

Bab al-Ansar, torre de la muralla y puerta, Xauen.

RECORRIDO V   *Xauen, la ciudad santa de las montañas del Rif*
Xauen

Manantial Ras al-Ma', cercado de mampostería, Xauen.

V.1.k Manantial Ras al-Ma'

Pasar la puerta al-Ansar; continuar a lo largo de la calle que conduce al manantial.

El manantial Ras al-Ma' está situado más arriba de la *medina*, fuera de las murallas, y se accede a él por la puerta al-Ansar. Es un manantial de tipo vauclusiano que brota de la montaña; está en el origen de la fundación de la *medina* de Xauen, a la que surte de agua, alimentando sus fuentes, además de permitir el funcionamiento de los molinos y el riego de los huertos y jardines que todavía existen. El lugar por donde mana, que todavía se podía ver hace algunos años, está cubierto actualmente por una construcción de mampostería.

V.1.l Barrio Esabanin: molino, puente, horno

Después de la fuente, tomar las escaleras que conducen a la carretera asfaltada; unos 500 m más abajo, las escaleras que quedan a la derecha llevan al barrio Esabanin. El puente queda más abajo, a la izquierda, cerca del caserón donde está el horno. Hay varios molinos a lo largo del río. El de nuestro recorrido se puede visitar cualquier día de la semana; no hay horario.

El molino

Está situado en la orilla izquierda del barrio y unido a la otra orilla por el puente. Su arquitectura es muy simple; consiste en una habitación rectangular, dividida en dos niveles: una planta baja, donde se encuentra la muela, y un sótano que contiene la maquinaria y cuyos dos muros laterales están perforados por vanos para permitir el paso del agua. La muela se mueve por medio de un eje con hélices, que gira impulsado por la fuerza motriz del agua.

Es difícil dar la fecha exacta de la edificación de este caserón, como tampoco la de los otros tres molinos, todavía activos, que fueron construidos aguas arriba del manantial Ras al-Ma'. Sea como fuere, lo cierto es que, desde la fundación de la ciudad, los andalusíes organizaron un ingenioso sistema hidráulico para dotar a las fuentes y molinos de una red de distribución de agua cuidadosamente estudiada. La leyenda atribuye a un tal Sidi Bubker al-Hadad, ingeniero especialista, el origen de estas redes.

El puente

Este encantador puente, pequeño y cubierto de verdor, es el único existente en Xauen. Está situado a la salida de la puerta de Lamkadem y une la orilla izquierda del barrio Esabanin con la orilla derecha, facilitando el acceso a los molinos. Unos sólidos e imponentes muros sirven de apoyo a un arco de medio punto que salva el río. Están reforzados en su base por contrafuertes achaflanados para contrarrestar los efectos de la erosión, siguiendo la técnica constructiva de los puentes de la época andalusí.

Se ignora la fecha de construcción, pero, a juzgar por la cronología del urbanismo de la *medina* y por la forma del propio puente, se considera que puede ser de comienzos del siglo XIII/XIX, momento de máxima extensión de la *medina*.

Barrio Esabanin, molino tradicional, muela, Xauen.

RECORRIDO V Xauen, la ciudad santa de las montañas del Rif

Xauen

Barrio Esabanin, puente, Xauen.

El horno

Situado en la plaza del barrio Esabanin, es uno de los 15 hornos todavía activos en Xauen. Como los demás, se encuentra en una encrucijada para servir mejor a las familias que continúan amasando el pan en sus casas, y que necesitan el horno para cocerlo.
Es de concepción sencilla: se trata de una sala rectangular de pequeñas dimensiones y no muy alta, cubierta por un tejado a dos aguas de tejas rojas del que emerge una chimenea, como es habitual en esta ciudad. En la sala está el hogar, situado en un rincón; una plataforma, sobre la que se colocan las planchas con el pan de los clientes, y un espacio para almacenar la leña.
Las paredes son de adobe, con el enrasado de ladrillo, material que se utiliza también en los pies derechos de la puerta. Las paredes tienen tragaluces para la ventilación, y hay una puerta para el acceso y la iluminación.

Excursiones por la montaña
Las montañas del Rif que bordean la costa mediterránea, aunque son las más elevadas del norte del país, raramente sobrepasan los 1.800 m. También son las más húmedas y el paisaje es magnífico. Las colinas que rodean Xauen ofrecen así una buena ocasión par explorar la región. Existe la posibilidad de realizar varias excursiones, pero todas exigen la presencia de un guía. La asociación Culture et Randonnée *(Cultura y Excursión) propone diversos itinerarios de uno a cuatro días de duración, con la posibilidad de dormir en casas particulares y alquilar mulas. Las más impresionantes son las de dos o tres días que conducen, respectivamente, al lago de Ackchuch y al parque nacional de Talasmetane, bosque de abetos único en Marruecos, así como al* Puente de Dios, *un hito geológico local, tallado en la roca por la naturaleza. Más ambiciosa es una excursión de cuatro días que lleva al viajero hasta el mar, después de haber alcanzado la cima del yebel* Tazut. *Para más información, contactar con la asociación* Culture et Randonnée *en la pensión Casa Hassan. Teléfono: 09 98 61 53; fax: 09 98 81 96.*

SAIDA EL-HORRA, PRINCESA DE XAUEN

Citada muchas veces en los relatos de los cronistas portugueses y españoles, bajo el nombre de "Noble Dama" o "Dama Pura", Saida El-Horra, princesa de Xauen, es indiscutiblemente una de las figuras más destacadas de finales del siglo IX/XV y la primera mitad del X/XVI.

Nació en 900/1495, hija de Mulay Alí Ibn Rachid —el fundador de Xauen— y de una morisca originaria de Vejer de la Frontera. Hablaba a la perfección el árabe y el castellano, y estaba dotada de una inteligencia excepcional y un temperamento autoritario, lo que la preparaba especialmente bien para desempeñar el papel político de excepción que le había reservado el destino: gobernar sola, durante 17 años, una ciudad y su región. Casada joven con el gobernador de Tetuán, al-Mandri II (sobrino de al-Mandri I, constructor de la ciudad), tuvo muchas oportunidades para sustituir en el puesto a su esposo ausente. En todas esas ocasiones dio muestras de un gran talento para el mando, lo que le permitió, a pesar de ser una mujer en un país musulmán, suceder a su esposo, muerto en 924/1518.

Nombrada en primer lugar prefecto de la ciudad por su hermano (el gobernador de la región), y más tarde gobernadora de Tetuán, cuando aquél obtuvo el cargo de gran visir del sultán wattasí en Fez, Saida acabó por reinar con total independencia de 934/1528 a 945/1539, fecha de la muerte de su hermano.

Durante su mandato, fortificó la ciudad y trabajó en pro de su desarrollo económico, construyendo unos astilleros navales en la desembocadura del río Martín. Valiéndose de su flota, tuvo la audacia de iniciarse en el corso, asociándose con el famoso pirata berberisco Jayreddine, alias Barbarroja. Las operaciones de hostigamiento que llevó a cabo contra las costas españolas y portuguesas le permitieron proteger su territorio y aumentar sus fuentes de ingresos, al exigir cantidades muy elevadas por el rescate de los cautivos cristianos.

Gracias a su prestigio y fuerza se hizo temer y respetar por el poder central de Fez, que intentaba, no sin esfuerzo, mantener su autoridad en todo el territorio marroquí. Así, para conseguir que le apoyase en su lucha contra las fuerzas ascendentes de los saadíes y mantenerse en el poder, el rey wattasí Mulay Ahmed la pidió en matrimonio en 947/1541. Pero, para celebrar la boda, Saida El-Horra exigió que el soberano se desplazara en persona a Tetuán, en contra de la tradición que determinaba que era la novia la que debía trasladarse al domicilio del esposo. Pero, además, no resignándose al mero papel de compañera, siguió administrando —si bien ahora en nombre del rey— la ciudad de Tetuán.

Al avivarse la codicia de su joven hermanastro, decidió volver a tomar Tetuán, y fue vencida en 948/1542 por el ejército que aquél consiguió sublevar aliándose con los saadíes, enemigos del sultán wattasí. Expulsada de la ciudad y confiscados todos sus bienes, desaparece de la historia, sin que ninguna fuente escrita digna de crédito nos informe sobre los últimos días de su vida. Solamente algunas tradiciones orales presumen que se habría refugiado en Xauen, su ciudad natal, donde habría fundado una *zawiya*, la Raysuniya, en la que sería inhumada; según otras tradiciones Saida habría huido a Alcazarquivir, en donde habría muerto.

Cualquiera que fuera el fin de esta mujer excepcional, calificada por unos como inteligente pero belicosa y, por otros, como una verdadera santa, Saida es una figura legendaria que alimenta el imaginario colectivo de los habitantes de Xauen.

RECORRIDO VI

Tetuán, patio de una civilización

Mhammad Benaboud

VI.1 TETUÁN
    VI.1.a Escuela de Artes y Oficios Tradicionales
    VI.1.b Bab Okla
    VI.1.c Palacio Lebbadi
    VI.1.d Mezquita Mayor
    VI.1.e Silo Mtamar
    VI.1.f Tenerías
    VI.1.g Zawiya Sidi Alí Baraka
    VI.1.h Calle al-Mokadem
    VI.1.i Medersa Lukach
    VI.1.j Alcazaba Sidi al-Mandri
    VI.1.k Mezquita Erzini
    VI.1.l Museo Etnográfico

La música andalusí

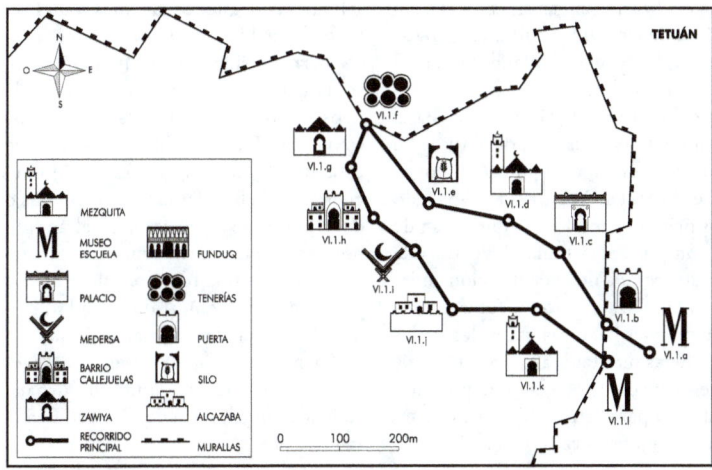

Tetuán, medina, callejuela cubierta.

Tetuán, patio de una civilización

Palacio Lebbadi, galerías, Tetuán.

A Tetuán, la paloma blanca de los poetas árabes, se la llamó también "la hija de Granada". A la vez encerrada en sí misma y abierta al exterior, es el patio andaluz de Marruecos que ha sabido mantener viva la civilización andalusí, conservando multitud de elementos culturales, transformándolos y desarrollándolos en el curso de los siglos.

La caída del reino de Granada señala el renacimiento de la ciudad de Tetuán. Su reconstrucción en el siglo IX/XV por el granadino Sidi al-Mandri, acompañado de los primeros mudéjares que huían de la reconquista cristiana, hizo de ella lugar de acogida de la civilización andalusí. El emplazamiento de Tetuán, protegido por las barreras naturales de las dos cadenas montañosas y abierto hacia el Mediterráneo, ofrecía una posición estratégica para estos exiliados, que no repararon en esfuerzos para alejarse de la amenaza cristiana. Ellos fueron los que la recrearon, la desarrollaron y también se encargaron de su administración, beneficiándose de la carencia de un poder político central y creando una ciudad a imagen y semejanza de la que acababan de abandonar.

Levantada en medio de un clima belicoso, Tetuán se distingue por su arquitectura militar, en la que las características andalusíes resultan evidentes. El mejor ejemplo es la muralla del recinto de la ciudad —diseñada por Sidi al-Mandri—, con su gran altura, su espesor y la regularidad de sus torres. De la ciudad "mandarita" de los siglos IX/XV y X/XVI todavía quedan algunos restos: los muros exteriores y tres torres de la alcazaba de Sidi al-Mandri, comparables a las fortalezas de estilo mudéjar; la mezquita Erzini, cuyo sello distintivo es la simplicidad y la pequeñez de su alminar, construido en una época en la que las casas vecinas apenas lo sobrepasaban. Pero si los restos de la arquitectura de esa época son escasos, el trazado urbano actual —con sus callejones sin salida, sus pequeños jardines e incluso las calles cubiertas, o *sabat*s, del entonces barrio residencial al-Mtamar, donde se construyeron los silos subterráneos— evoca, sin duda, la villa morisca que fue Tetuán en el siglo X/XVI. De esta época data también el trabajo del cuero que la hizo famosa; sus tenerías o curtidurías se agruparon en el ángulo noroeste de la ciudad primitiva. Siendo en su origen una fortaleza destinada a proteger a los emigrantes andalusíes que la fundaron, Tetuán refleja, sin embargo, la voluntad de sus constructores de desarrollar una vida urbana refinada que aliase la comodidad con la seguridad.

Con la nueva llegada masiva de refugiados, debido al decreto de expulsión de 1017/1609 dictado por Felipe III, Tetuán aumentó y adquirió más importancia. Alrededor de 10.000 moriscos se instalaron en ese momento en la ciudad que, a mediados del siglo XI/XVII, contaba con una población de entre 22.000 y 26.000 habitantes. Su superficie se cuadruplicó hasta alcanzar el tamaño de la actual ciudadela. En el siglo XII/XVIII, como se desbordó ampliamente el recinto fortificado de la época de al-Mandri, se construyó uno nuevo.

A lo largo de los siglos XI/XVII y XII/XVIII, los monumentos cobraron la impronta morisca: sobriedad y ausencia de superficies decoradas, como puede verse en las casas y mezquitas. Estas últimas, reconocibles por sus alminares —cuya sencilla decoración consiste en unas fajas de ladrillos y algunos arcos ciegos—, presentan frecuentemente en su interior arcadas semicirculares y no arcos de herradura, como sucede en la arquitectura tradicional del norte de África desde la época almorávide. En lo relativo a la arquitectura religiosa, la *medersa* Lukach, construida en el XII/XVIII, es la única aún visible.

Durante el siglo XIX la ciudad continuó expandiéndose y se levantaron numerosos palacios, como el de Dar Lebbadi. Si bien el estilo es andalusí, las técnicas constructivas se inspiraron en las importadas de Europa, más modernas. Los pilares de hierro substituyeron a los de madera, característicos de las casas del XII/XVIII.

Más que la arquitectura, es el arte de vivir tetuaní el que está marcado por el legado de al-Andalus. La cocina, la música, incluso las joyas y los bordados, muestran todos su ascendencia andalusí. Los diseños nazaríes y mudéjares han perdurado en los bordados de Tetuán, que hoy podemos admirar en el Museo Etnográfico de Bab Okla.

Las tenerías, fosas y muralla, Tetuán.

La conservación del arte tradicional tetuaní debe mucho a Mariano Bertuchi, pintor excepcional y gran administrador del arte marroquí, que fundó el Museo Etnográfico y la Escuela de Artes y Oficios Tradicionales, verdadera joya destinada a la conservación del arte andalusí en Tetuán.

Aproximación histórica

Aun manteniendo sus lazos históricos con otras regiones de Marruecos, Tetuán siguió un camino específico y autónomo durante los siglos XI/XVII y XII/XVIII; solo a partir del siglo XIX su historia se funde con la de Marruecos.

RECORRIDO VI *Tetuán, patio de una civilización*

La historia de Tetuán, mezcla de esplendor y decadencia, arranca en el periodo romano con la fundación de una ciudad, Tamuda, a 2 km de la actual, sobre el río Martil. El emplazamiento de Tetuán ya lo menciona en el siglo V/XI el geógrafo andalusí Abu Ubayd al-Bakri. Las fuentes europeas lo citan como el primer puerto marroquí que mantuvo relaciones comerciales con los mercaderes catalanes, que habían extendido su influencia por el Mediterráneo gracias a la conquista de Almería. Pero será preciso esperar hasta la época almohade, en el siglo VI/XII, para verla figurar en las fuentes marroquíes. Destruida a lo largo del siglo IX/XV por los portugueses, que a la sazón ocupaban la mayoría de los puertos de Marruecos, Tetuán desaparece en ese momento de la historia.

A fines del siglo IX/XV, Sidi al-Mandri (muerto en 916/1511) la hizo renacer de sus cenizas. A la cabeza de un puñado de exiliados, granadinos como él, este jefe militar no paró hasta conjurar la amenaza militar ibérica; amenaza tanto más fuerte cuanto que las plazas costeras, cuyas actividades comerciales estaban vinculadas principalmente al tráfico de esclavos, estaban ocupadas por los españoles y portugueses.

Si el nombre de Sidi al-Mandri ha llegado a convertirse en el símbolo de la ciudad, sus descendientes siguieron desempeñando un papel fundamental en esta parte del país. En efecto, en el siglo X/XVI, Tetuán y Xauen fueron gobernadas por Saida El-Horra, esposa del nieto de Alí al-Mandri e hija del señor de Xauen, Mulay Alí Ibn Rachid. El reinado de esta mujer libre (943/1537-948/1542) señala una etapa única en la historia de las dos ciudades.

Pero no solo ellos tuvieron un papel destacado en la defensa de la ciudad contra el invasor hispánico. Entre los siglos IX/XV y XII/XVIII, los corsarios de Tetuán contribuyeron a alejar la amenaza militar: sus embarcaciones, gracias a sus reducidas dimensiones, podían refugiarse en el puerto de la ciudad, situado en la desembocadura del estuario del río Martil; cosa que no podían hacer los grandes navíos de guerra.

Otro nombre sucede al de al-Mandri: los Naqsis. Esta familia de origen andalusí, que reinó durante cerca de un siglo en la ciudad de Tetuán (1005/1597-1082/1672), impulsó un verdadero desarrollo económico. Debido a la ocupación ibérica de los puertos, el gran comercio europeo con Marruecos en los siglos XI/XVII y XII/XVIII tenía su entrada principal en Tetuán. La comunidad judía tetuaní desempeñó un papel primordial gracias a su sólida red de corresponsales en las riberas del Mediterráneo (parientes, aliados,

Zawiya Sidi Alí Baraka, vista general, Tetuán.

asociados), que permitió llevar a cabo intercambios comerciales con España, Italia e Inglaterra. En consecuencia, muchos barcos navegaban entre Tetuán, Gibraltar, Marsella, Argel, etc. El profesor Jean-Louis Miège describió así el esplendor de Tetuán: "Parecía en cierto modo una ciudad-estado que, siempre dentro de su medida y especificidad marroquí, podía recordar en determinados aspectos a Florencia en la época de su apogeo o a la Venecia de los dogos".

El incremento de los intercambios comerciales y de los intereses comunes impuso el establecimiento de relaciones institucionales. En 1038/1629, Francia abre un consulado en Tetuán y otros países la imitan, con lo que la villa se transformó en la capital diplomática del Marruecos del siglo XII/XVIII.

A partir de Mulay Ismail, los sultanes alauitas intervienen en la vida política tetuaní nombrando a los gobernadores de la ciudad. Si en términos generales los Errifi, gobernadores de Tetuán, mantenían buenas relaciones con el poder central, su tendencia regionalista se fue manifestando progresivamente y desembocó en una confrontación con dicho poder central en el siglo XII/XVIII. Esa tradición autonómica y regionalista se mantuvo con el nombramiento de gobernadores poderosos, como Alí y su hijo Ahmed Errifi, Omar Lukach o Abdelkader Achache.

El siglo XIX, siglo de decadencia general en Marruecos a causa de la penetración económica europea, es un periodo especialmente oscuro en la historia de Tetuán. La peste (1214/1800 y 1233/1818), el hambre (1240/1825) y la guerra hispano-marroquí (1859-1862), que llevó a la ocupación de la ciudad por los españoles durante dos años, la debilitaron considerablemente. Los españoles exigieron una

Museo Etnográfico, jardines andalusíes, Tetuán.

Tetuán, plano de la ciudad, extensión de las murallas en los siglos XI/XVII y XII/XVIII.

RECORRIDO VI   *Tetuán, patio de una civilización*
Tetuán

Escuela de Artes y Oficios Tradicionales, sala de exposición, Tetuán.

fuerte indemnización como contrapartida por irse, dejando así tras ellos una economía ruinosa.

En el siglo XX, Tetuán, capital del Protectorado español del Norte de Marruecos, ha experimentado un nuevo desarrollo político, económico y artístico. La ciudad moderna, construida al lado de la antigua *medina*, es la expresión misma del estilo arquitectónico colonial, con sus calles y edificios, sus plazas y sus mercados.

VI.1 TETUÁN

VI.1.a Escuela de Artes y Oficios Tradicionales

A la entrada de la ciudad, seguir la señalización Antigua Medina. *Tomar la avenida Hassan II; luego, bordear las murallas de la antigua* medina. *Aparcar el coche y seguir el recorrido a pie. Aparcamiento vigilado.*

Pagar entrada. Horario: de 8:30 a 12 y de 14:30 a 17:30. Cerrado sábados y domingos.

La Escuela de Artes y Oficios Tradicionales, fundada en 1916, constituye un establecimiento único en su género en el mundo árabe. Destinada a conservar y transmitir la herencia patrimonial arábigo-andalusí, hoy día es la mejor garantía de conservación de unas habilidades importadas por los moriscos, con ocasión de su éxodo, desde principios del siglo XI/XVII. Las obras de los artesanos miembros de la escuela son la mejor prueba de ello; por esta razón aparecen expuestas en su interior, así como en numerosos museos españoles. Hay que destacar que la escuela ha participado en numerosos proyectos de ornamentación y decoración, como el pabellón marroquí de la Exposición Iberoamericana de 1928-1929 celebrada en Sevilla, el Palacio Califal o la sede de determinados centros administrativos de Tetuán.

Situado en Bab Okla, el edificio que alberga la Escuela es en sí mismo un buen ejemplo de la arquitectura arábigo-andalusí; constituye un precioso patrimonio arquitectónico, tanto por sus elementos constructivos y ornamentales como por la majestuosa cúpula de la sala de exposiciones. Los tres cuerpos principales, rodeados de jardines, albergan la sala de exposiciones y 14 talleres donde numerosos alumnos aprenden hoy el saber secular en forma de las principales técnicas artesanales: pintura decorativa sobre madera, modelado, escultura e incrustación en madera, cerámica y *zelish*, escultura en yeso, grabado en cobre, lámparas tradicionales, forja artística, dorado del cuero, orfebrería, tapicería, bordados.

VI.1.b Bab Okla

Enfrente de la Escuela de Artes y Oficios.

Bab Okla, una de las siete puertas de la *medina*, está situada al este del recinto. Habilitada hacia la mitad del siglo X/XVI, probablemente se restauró a mediados del XII/XVIII con ocasión de la última reconstrucción de las murallas de la *medina*. Durante mucho tiempo se conoció con el nombre de Puerta del Mar, ya que antaño

Bab Okla, vista general, Tetuán.

RECORRIDO VI *Tetuán, patio de una civilización*

Tetuán

Palacio Lebbadi, patio, Tetuán.

se accedía por ella al camino que lleva al pueblo de Martil, a orillas del Mediterráneo.

La puerta daba acceso a una de las calles más comerciales de la *medina* y permitía entrar en la ciudad a los campesinos que venían a vender sus productos con sus mulos, que bebían en la fuente contigua sin perturbar la intimidad de los ciudadanos. Esta puerta de forma prismática tiene el paso de entrada directo, no en codo, como era tradicional en las puertas medievales. Sus proporciones son gigantescas: 3 m de ancho, 4 m de alto y 2,50 m de profundidad.

En el hueco de la puerta había un banco donde se instalaba el centinela, cubierto por una bóveda de arista. Encima de la abertura de la puerta había una pieza acondicionada, o *mesriya*, donde se alojaba un guardián cuyas principales funciones eran almacenar la pólvora utilizada para los cañones instalados en una fortín anejo, y abrir y cerrar la puerta, respectivamente, a la salida y a la puesta del sol.

VI.1.c Palacio Lebbadi

Subir por la calle principal, llamada al-Genui (enfrente de la puerta al-Okla). El antiguo palacio, actualmente transformado en restaurante o, en determinadas ocasiones, en sala de fiestas, se encuentra en un entrante a la derecha.
Horario: de 9 a 16. Posibilidad de visitarlo sin consumición; cerrado cuando está alquilado por particulares.

RECORRIDO VI   *Tetuán, patio de una civilización*
Tetuán

Al subir por esta calle, observar que en algunas puertas hay diferentes símbolos en hierro forjado, que indican la procedencia geográfica de sus ocupantes: así, la granada recuerda su origen andalusí.

Esta construcción del siglo XIX, que pertenecía al pachá de la villa, es uno de los palacios más bellos de la época y, por añadidura, el mejor conservado. Construido sobre un terreno en pendiente, e inscrito en un cuadrado de 25 m de lado, presenta dos entradas: la principal, en codo, que da a una calle más baja; y la segunda, que se abre sobre un descansillo del hueco de la escalera y que da a una calle más elevada.

La planta baja se reservaba para las recepciones, la acogida de visitantes y las reuniones familiares. Desde el patio central, de 8 m de lado, rodeado de un pórtico de arcos apuntados o de medio punto, se tiene acceso a diversas habitaciones. En dos de los lados se encuentran las *maq'ads*, piezas abiertas, sin puerta; las otras habitaciones hacían de alcobas, en las que se habilitaba un espacio para colocar la cama, separado del resto de la estancia por un arco. Por último, en el tercer lado del patio se abre un espacio con una fuente que da a la cocina y a los sanitarios.

La decoración ornamental —azulejo en las columnas, lacería geométrica y ataurique floral en las arcadas, aplacado de madera pintada en los techos— se acentúa en las salas de la planta baja. Además, y de forma muy especial, está presente el agua: a la fuente principal, en el centro del patio, hay que añadir una segunda situada en una pieza contigua, en la que, además de los elementos decorativos citados, puede admirarse el arte de la caligrafía árabe.

En la cocina había un pequeño depósito para recoger las aguas pluviales, unido a la terraza mediante un sistema tradicional de conducciones de cerámica.

Las habitaciones del entresuelo servían fundamentalmente de almacén. Las del piso superior eran cerradas y ocupaban toda la extensión del edificio. Este espacio, al estar básicamente reservado a la noche, está muy poco decorado.

Mezquita Mayor, puerta de acceso al patio, Tetuán.

171

Tetuán

VI.1.d Mezquita Mayor

Seguir subiendo, y tomar en cada cruce siempre la callejuela de la izquierda; la mezquita está situada en el barrio de al-Balad, en la calle de la Mezquita Mayor. Acceso reservado a los musulmanes.

Fue construida por orden del sultán Mulay Sliman en 1222/1808, en las proximidades del Mellah al-Bali (el antiguo barrio judío), para lo que hubo que desalojar de allí a la comunidad judía, que marchó a instalarse en los antiguos jardines del palacio del sultán. Este monumento de culto era, por una parte, un lugar de oración y de predicación (los viernes) y, por otra, un centro de enseñanza teológica.

Esta mezquita, la más grande de la *medina* (35 m el lado este, 45 m el norte), está perfectamente integrada en el espacio circundante. En primer término hay una gran sala de oración, a la que sigue un gran patio que da al *mihrab* y permite el acceso a tres pasajes en forma de U. En el patio se abren dos puertas orientadas, respectivamente, al sur y al oeste; una tercera entrada más discreta, orientada al norte, desemboca en una calle más estrecha. La estructura de sustentación del edificio está compuesta por columnas, dispuestas cada 5 m, que soportan arcos apuntados sobre los que reposa el armazón de madera de la techumbre a dos aguas, cubierta con tejas rojas. El alminar exhibe en sus fachadas una decoración de ladrillo macizo con una lacería geométrica de argamasa en relieve; los huecos están forrados de azulejo.

Rodear la mezquita, y después subir por la calle Sloquia Si Saidi: en el segundo cruce hay dos posibilidades: a la derecha, Bab Sfli, todavía llamada Bab Gief, porque la comunidad judía sacaba a sus muertos por ella. A la derecha, Bab As Saida o Sidi Saidi, donde está enterrado el santo patrono de la ciudad de Tetuán.

VI.1.e Silo Mtamar

Descender por la calle que está enfrente de la puerta principal de la Mezquita Mayor; en el primer cruce, girar a la derecha para desembocar en la calle Mtamar. Los silos se encuentran bajo los pies. Hoy no quedan más que las puertas, a cada lado de la calle, señalando su entrada.

Una de las particularidades de Tetuán es el hecho de estar edificada sobre un suelo calcáreo surcado por una verdadera red de cavidades y galerías subterráneas, que

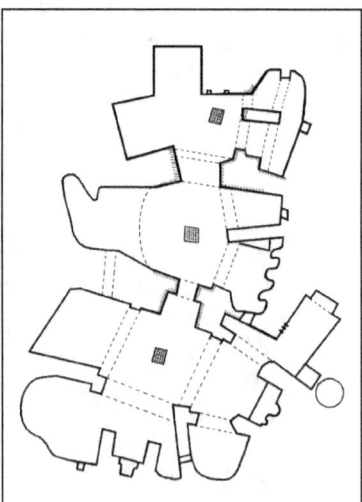

Silo Mtamar, plano original, Tetuán.

RECORRIDO VI   *Tetuán, patio de una civilización*
Tetuán

Tenerías, vista del conjunto, Tetuán.

atraviesan la ciudad de este a oeste. En estas cavidades se dispusieron los silos en el siglo X/XVI, época en la que se reconstruyó la *medina* de Tetuán. Estos silos se convirtieron luego en mazmorras, o matamoros, que se reservaron fundamentalmente a los casi 30.000 esclavos y cautivos cristianos que trabajaban en la construcción de la ciudad. Mantuvieron la misma función a lo largo de los siglos XI/XVII y XII/XVIII.

Esta prisión subterránea, situada en las proximidades de la alcazaba Sidi al-Mandri, se dividía en tres compartimentos principales en los que la luz se filtraba a través de unas trampillas cerradas con rejas de hierro. Los prisioneros se deslizaban hasta allí por medio de una soga, y a través de las trampillas podían ser vigilados por los guardianes.

Aparte de los tres compartimentos principales había otros más pequeños yuxtapuestos, de formas poligonales y sinuosas, separados entre sí por bóvedas y arcos de sostén. Se acondicionó allí una iglesia en la que los sacerdotes de la orden franciscana celebraban los servicios religiosos para los cautivos cristianos. A finales del

RECORRIDO VI Tetuán, patio de una civilización
Tetuán

Zawiya Sidi Alí Baraka, puerta de acceso, Tetuán.

siglo XII/XVIII, el sultán Mulay Sliman ordenó liberar a todos los prisioneros; los silos perdieron su función y desde entonces permanecen sin usar.

VI.1.f Tenerías

En la calle Mtamar, doblar a la derecha por la calle Marestan. Torcer por el segundo cruce a la derecha, y después a la izquierda para desembocar en la Siarrin, la calle de los joyeros. Siguiendo por esta calle se desemboca en la calle Jarrazin, en el barrio de los zapateros, donde se pueden ver numerosos tenderetes en los que los artesanos trabajan el cuero para hacer babuchas. Al salir del barrio, a la derecha, está el de las curtidurías, Dar Dbagh.
Abiertas todos los días. Horario: de 8 a 19.

Establecidas al norte de la *medina* desde el siglo X/XVI y adosadas a su recinto, las tenerías garantizan la perennidad de una tradición artesana inmutable. Este espacio a cielo abierto en forma de L tiene dos accesos: el primero, que da sobre el barrio artesano, facilita el reparto a los talleres contiguos; el segundo, que da a la puerta Bab al-Kebir, permite a los campesinos llevar directamente la materia prima a los curtidores. Las tenerías se componen de fosas circulares construidas en ladrillo visto, de fosas cuadradas y de estanques excavados en el mismo suelo calcáreo. El conjunto está unido mediante un sistema de canalización que permite recibir el agua procedente de una fuente natural. El cuero que se trabaja proviene fundamentalmente de la piel de cabra y, en muy escasa cantidad, de la piel de cordero. El proceso de tratamiento es el siguiente:

— la primera fase, que puede durar varios meses, consiste en el salado y almacenaje;
— la segunda consiste en el desalado y tratamiento con cal (en polvo) para decapar las pieles, lo que dura 15 días;
— la tercera es traspasarlas a cal viva para que se endurezcan (15 días);
— la cuarta consiste en eliminar la cal utilizando excremento de paloma durante 2 días y luego limpiar las pieles con harina;
— la quinta, en el curtido de las pieles en un líquido elaborado con polvo de cortezas (4 días);

— la sexta, en el secado, alisado y pulimentado de las pieles (4 días). Por regla general, los artesanos secan el cuero en el cementerio que está adosado al recinto de la muralla, fuera de la *medina*.

VI.1.g Zawiya Sidi Alí Baraka

A la salida del barrio de las Tenerías, coger la calle Suq al-Foqui, que desemboca en la plaza del mismo nombre, en la que se encuentra la zawiya Sidi Alí Baraka, en un entrante a la derecha. Acceso reservado a los musulmanes.

Esta *zawiya*, que data de principios del XII/XVIII, alberga el mausoleo del gran sabio y escritor Sidi Alí Baraka. El monumento se distingue por la ornamentación de la entrada principal, que algunos atribuyen a una influencia "metropolitana", probablemente originaria de la corte de Mequinez. Una serie de ornamentos concéntricos en forma de cúspide corona el arco de herradura apuntado de la puerta, que está flanqueada por columnas salomónicas; el dintel, macizo, también es de ladrillo.

VI.1.h Calle al-Mokadem

La calle al-Mokadem sale de la plaza Suq al-Foqui.

Nombrada en honor de un jefe militar tetuaní, al-Mokadem Abu al-Abbas Ahmed Ibn Aissa Naqsis, fue abierta en el siglo XI/XVII. Une la plaza Suq al-Foqui con la plaza Gharsa al-Kebira. Con sus 130 m de longitud, esta calle es la más comercial de la *medina* y está bordeada de construcciones de más de 10 m de altura. Sus juegos de volúmenes, sus contrastes de luces y sombras, la blancura de las paredes y el pavimentado del suelo, hacen de ella y de sus numerosas ramificaciones un conjunto que pone de manifiesto el carácter singular del urbanismo tetuaní.

Calle al-Mokadem, Tetuán.

Tetuán

VI.1.i Medersa Lukach

Descender por la calle al-Mokadem y coger a la izquierda la calle Gharsa al-Kebira, que conduce a la plaza Ghauaza (llamada así por un nogal que se ha convertido en su símbolo), en la que se encuentra la medersa Lukach. Monumento cerrado al público.

Destinada a albergar a los estudiantes llegados a Tetuán para seguir la enseñanza secundaria, esta *medersa* se construyó en 1171/1758 por orden del sultán Sidi Mohamed Ibn Abdallah y del caíd Omar Lukach. Se cuenta, sea historia o leyenda, que los estudiantes rehusaron instalarse en esta fundación de caridad porque no se les había demostrado que la familia Lukach hubiese amasado su fortuna honradamente.

Los estudiantes se alojaban en las plantas baja y primera, en 54 pequeñas habitaciones de 6 m² de superficie dispuestas alrededor de dos patios interiores. En la primera planta, unas crujías suspendidas sobre el patio central daban acceso a un segundo conjunto de habitaciones. En la terraza se había dispuesto una biblioteca reservada a los estudiantes.

La decoración ornamental es sobria: el suelo recubierto con un embaldosado de *mzehri*, las columnas con azulejos y, en el cuerpo de guardia, las crujías abiertas y unas pequeñas aberturas en forma de *mrachat*.

VI.1.j Alcazaba Sidi al-Mandri

Rodear la plaza Ghauza, siempre hacia la derecha; se desemboca en la calle Lussar, que lleva hasta un pasaje de la alcazaba. Todavía se puede contemplar una parte de la muralla. Tomar las escaleras de la derecha, que conducen al antiguo camino de guardia.

Este monumento de la época medieval fue reconstruido en el siglo IX/XV por el

Medersa Lukach, vista general del edificio, Tetuán.

granadino Sidi al-Mandri. Para ello, este guerrero, que se había distinguido en el ejército de Ibn al-Ahmar, empleó a los cristianos capturados en sus expediciones contra Ceuta (Sebta). La alcazaba, centro gubernamental y militar, está situada al sudoeste del primer recinto de la ciudad; de la fortaleza inicial no quedan más que los muros exteriores y los torreones.

La fachada sudoeste es la mejor conservada; presenta tres fuertes unidos entre sí por un camino de ronda. Excavados en el espesor de las puertas hay unos nichos para los centinelas. Las puertas, con bóvedas de ladrillo, son comparables a la de la alcazaba de Granada.

En el interior del edificio se alza una mezquita reconstruida en los siglos XI/XVII y XII/XVIII; no lejos de ella estaba la casa de Sidi al-Mandri. De esta modesta construcción de estilo tradicional solamente queda hoy el *hammam*, baño privado adosado al edificio, que comprende dos cúpulas que coronan bóvedas en abanico.

VI.1.k Mezquita Erzini

Una vez pasada la alcazaba, se desemboca en el suq *al-Hut; doblar a la izquierda, por la calle Kazdarin, y luego a la derecha por la calle Ahmed Torrès. Descender por la calle al-Barrid y, una vez en la puerta Saquia Fukia, tomar a la izquierda la calle Sebahi, luego la calle Sala y enseguida se ve, a la izquierda, un soportal, Derb Es-Safar; la mezquita Erzini se encuentra en la callejuela. Acceso reservado a los musulmanes.*

Situada en la zona más antigua de la ciudad, esta mezquita es el último testimonio de su época. Al parecer, fue construida en 999/1591 por una de las familias andalusíes instaladas en Tetuán a finales del siglo IX/XV. El alminar aparentemente conserva la decoración original. Solo hay en relieve un trazado geométrico en mortero de cal en el que están inscritos varios motivos en azulejo. El sello arquitectónico propio de esta época era, esencialmente, la simplicidad y pequeñez de los alminares

Alcazaba
Sidi al-Mandri, parte superior del edificio, Tetuán.

RECORRIDO VI Tetuán, patio de una civilización
Tetuán

de ladrillo. El interior de la mezquita no difiere de otros interiores tradicionales.

Si se sube la calle Ahmed Torrès en la dirección opuesta se llega a Bab Ruah; esta puerta une la antigua ciudad con la nueva. A la izquierda de Bab Ruah, una puerta más pequeña conduce al Mellah, el antiguo barrio judío de Tetuán.

Mezquita Erzini, alminar, Tetuán.

VI.1.1 Museo Etnográfico

Calle Squala. Tomar a la derecha la calle Sefar y descender hasta Bab Okla. Una vez en esta puerta, coger la calle Sqala: el museo está a la izquierda, a 20 m.
Horario: de 8:30 a 12 y de 14:30 a 18. Cerrado los domingos.

El museo, creado en 1928, se trasladó en 1948 a la fortaleza de Bab Okla. Esta fortaleza, construida hacia 1245/1830 por el sultán Mulay Abderrahman Ibn Hicham, aseguraba la defensa de la ciudad y, por su situación geográfica, permitía el control de la navegación en la desembocadura del río Martil. El edificio está dedicado actualmente a la conservación del patrimonio cultural tetuaní: en su interior se pueden contemplar vestidos, mobiliario y objetos de artesanía tradicional.

Construido sobre un terreno en pendiente, el museo tiene un jardín interior que sigue la tradición de los palacios andalusíes de la época; en el centro tiene un estanque y una fuente recubierta de azulejos, coronada por un tejadillo de madera cubierto de tejas rojas. Un camino de ronda domina el jardín, y unos cañones emplazados entre las almenas coronan la muralla.

Dentro del edificio principal, en primer término, hay una sala de exposiciones dedicada a la vida rural; en una sala contigua se ha reproducido una cocina tradicional.

En la planta principal, cuatro salas permiten al visitante penetrar en la intimidad de un hogar tetuaní: sala de recepción de una casa tradicional, sala de la dote de la casada, sala de los vestidos y sala de los instrumentos de música.

RECORRIDO VI   *Tetuán, patio de una civilización*
Tetuán

Museo Etnográfico, sala de exposición, salón tetuaní tradicional, Tetuán.

Martil y Cabo Negro
A 8 km al este de Tetuán, la pequeña ciudad de Martil, antiguamente puerto de Tetuán, era antaño una guarida de piratas. Convertida hoy en estación balnearia, dispone de una buena playa y numerosos cafés situados en el paseo marítimo. Más al norte, a lo largo de la costa, el Cabo Negro, estación balnearia muy chic que se divisa desde la playa de Martil, se adentra en el Mediterráneo.

LA MÚSICA ANDALUSÍ

Rebab, instrumento de música andalusí cuya parte superior está incrustada de motivos florales de marfil calado, Museo Etnográfico (268), Tetuán.

Con la llegada de los árabes a la Península Ibérica surge un foco cultural sin precedentes, que dejará su impronta tanto en la arquitectura como en la producción intelectual y artística. La introducción de la música árabe en al-Andalus por los primeros conquistadores dio lugar, desde la instauración del Estado omeya, a una actividad musical intensa, enriquecida por las diferentes corrientes artísticas de las distintas etnias presentes en al-Andalus. Alí Ibn Nafi, apodado Ziriab, el indiscutible virtuoso de la música árabe, fue uno de sus pilares en Oriente bajo el reinado del califa abbasí Harun al-Rachid (148/766-193/809). Poco después de llegar a al-Andalus, Ziriab fundó en Córdoba la primera escuela árabe para la enseñanza de la música y el canto, y aplicó un método original basado en el principio del aprendizaje progresivo, ligando estrechamente el texto poético a la estructura melódica. Desde entonces, otros virtuosos contribuyeron a crear una corriente musical que constituye hoy día uno de los aspectos más brillantes de la civilización llamada arábigo-andalusí.

La contribución de Marruecos al desarrollo de la música andalusí se intensificó desde la llegada masiva de los emigrados, después de la caída de las ciudades de al-Andalus. La simbiosis entre los diferentes tipos de géneros musicales y estos nuevos aportes dio lugar a un estilo de composición e interpretación muy peculiar, del que la música andalusí continúa estando fuertemente impregnada.

El patrimonio musical andalusí se integra en una obra conjunta que se agrupa en grandes composiciones llamadas *nuba*. Estas, a su vez, están compuestas por dos partes principales: los preludios y los *mizan* o medidas. Cada *mizan* agrupa un conjunto de piezas vocales llamadas *sana'a* que se dividen, a su vez, en tres grandes partes cuya diferencia esencial radica en su interpretación rítmica.

Los textos cantados proceden del rico repertorio de la poesía árabe. Es la sabia combinación de voces humanas e instrumentos, junto con cierto grado de improvisación, lo que confiere a esta música toda su originalidad. La orquesta tradicional andalusí, en la que el grupo de músicos y vocalistas se coloca en semicírculo, se compone de instrumentos de cuerda y de percusión. Los de cuerda son tres: el laúd, el instrumento más antiguo de la música árabe; el *rebab,* rabel, que se introdujo en al-Andalus con la llegada de los primeros conquistadores, verdadero precursor de la viola; y el violín, llevado a Marruecos por los últimos moriscos. Los otros tres instrumentos de percusión que completan la orquesta son el *tausid* de mano, el *tarr* y la *derbuka*.

La música andalusí constituye una herencia nacional y un patrimonio cultural que Tetuán y otras ciudades de Marruecos, como Xauen y Fez, han contribuido a conservar. Popular tanto entre los marroquíes musulmanes como entre ciertos grupos de la comunidad judía, continúa muy viva gracias a varios conjuntos urbanos, masculinos y femeninos. La música andalusí ocupa un lugar importante en la vida social y cultural tetuaní. Alegre y profana en las fiestas familiares, grave y llena de espiritualidad en las ceremonias religiosas, cambia de cometido y de dimensión según las circunstancias y las ocasiones, pero manteniendo siempre su unidad y autenticidad, con lo que forma parte integrante de la identidad cultural de Marruecos.

RECORRIDO VII

Los puertos del Estrecho

Naïma El-Khatib Boujibar

Primer día

VII.1 TETUÁN
   VII.1.a Museo Arqueológico

VII.2 BELYUNECH
   VII.2.a Torre y conjunto residencial

VII.3 KSAR ES-SEGHIR
   VII.3.a Puerta del Mar y Muralla

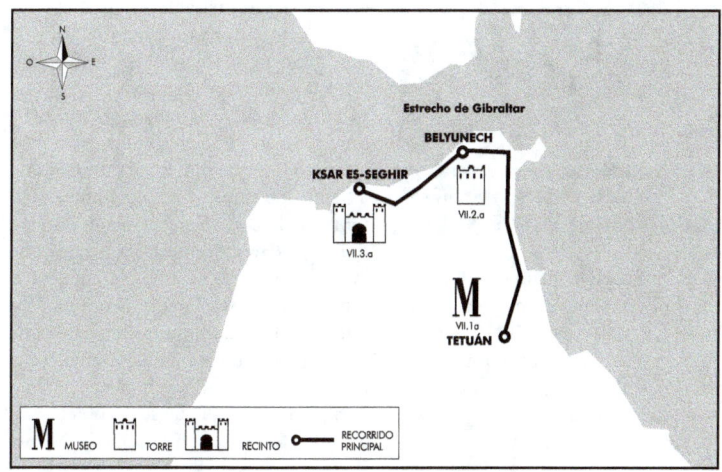

Belyunech, cadena montañosa del Hauz y vista sobre el Estrecho de Gibraltar.

RECORRIDO VII *Los puertos del Estrecho*

Murallas, vista general, Ksar Es-Seghir.

Alcazaba, murallas, Tánger.

Si hay un lugar privilegiado para las relaciones políticas y culturales entre Marruecos y la Península Ibérica, no es otro que la punta costera del norte de Marruecos, entre Tánger y Ceuta, que parece querer alcanzar a España. El brazo de mar del Estrecho, que se ha comparado con un río, en lugar de ser un obstáculo ha constituido desde tiempos inmemoriales un medio de comunicación entre Europa, Marruecos y los demás países del Mediterráneo. Por la zona costera del Estrecho penetraron, tanto en Marruecos como en España, las civilizaciones púnica, romana, bizantina y visigótica; y la Mauritania Tingitana, provincia romana cuya capital fue Tánger, fue agregada, al final del imperio romano, a la diócesis de España.

La conquista musulmana comenzó también por esta zona. Musa Ibn Nosayr se apoderó, en primer lugar, de Ceuta y Tánger; fue en esta franja del litoral septentrional donde estaba situado el reino del legendario conde Don Julián, que facilitó a Musa la información necesaria sobre Marruecos y España. Asimismo, fue entre la población ghomara y rifeña de esta región, que abrazó de inmediato el islam, donde el lugarteniente de Musa, Tarik Ibn Ziad (del que se deriva el nombre de Gibraltar, *Yebel Tarik:* Monte

Tarik), reclutó los contingentes que se lanzaron al asalto de la Península Ibérica. Los geógrafos árabes que describieron esta zona señalaron su riqueza en agua y tierras fértiles, así como la importancia de sus tres villas, Ceuta *(Sebta),* Ksar Es-Seghir y Tánger, que desarrollaron actividades marítimas y mantuvieron estrechas relaciones, tanto políticas como culturales, con al-Andalus. Por ello, en el apogeo de la civilización marroco-andalusí, y en particular en los siglos VII/XIII y VIII/XIV, gozaron de una prosperidad económica y un desarrollo cultural sin precedentes. Ceuta, que no conserva en su suelo vestigios materiales de este pasado glorioso, y a la que no se puede disociar de su ala occidental, Belyunech, desempeñó un papel preponderante en la región como activo foco cultural. Sabios eminentes cuya obra ha llegado hasta nuestros días —como el famoso Cadí Ayad y Abu al-Abbas al-Sabti, uno de los siete patronos de la ciudad de Marrakech— cultivaron las ciencias médicas, astronómicas y religiosas.

El esplendor cultural comenzó a declinar, por desgracia, en el momento en que los países ibéricos se lanzaron a la conquista del Estrecho, a comienzos del siglo IX/XV, para proteger sus rutas marítimas de la piratería. La toma de Ceuta por los portugueses en 817/1415 fue el golpe definitivo para la región. El Estrecho se convirtió en escenario de enfrentamientos armados que duraron más de un siglo. La zona se despobló y periclitó. Los puertos de Ksar Es-Seghir y Tánger cayeron algo más tarde bajo la dominación portuguesa, así como Asilah —situado en la parte norte del litoral atlántico—, vinculado histórica, económica y culturalmente a la zona del Estrecho.

Murallas y bastiones, muralla que rodea la medina, Asilah.

RECORRIDO VII *Los puertos del Estrecho*
Tetuán · Belyunech

La reconquista por parte de Marruecos en el siglo XI/XVII de las plazas ocupadas, a excepción de Ceuta, infundió a Tánger y Asilah nueva vida, aunque menos fastuosa que la que habían conocido en tiempos de los meriníes. Pero, a pesar de las vicisitudes y cambios que experimentaron durante casi dos siglos, ambas resurgieron como ciudades musulmanas, con un entramado urbanístico tradicional de calles y callejuelas, de edificios públicos y privados en la más pura tradición marroco-andalusí.

Situado cerca de la plaza al-Jala, el museo conserva distintos objetos procedentes del yacimiento arqueológico de Lixus, entre los que destacan unos mosaicos magníficos. La peculiaridad del museo radica en la colección de antiguas lápidas funerarias ibéricas y judías expuesta en el jardín, así como en unas antiguas estelas árabes del siglo X/XVI. Relacionadas también, por lo demás, con el arte renacentista y barroco español, las estelas funerarias procedentes del *yebel* Dersa.

Primer día

VII.1 TETUÁN

VII.1.a **Museo Arqueológico**

Calle Ben Hussein, 2. Horario: de lunes a jueves, de 8:30 a 12 y de 14:30 a 18; viernes: de 8:30 a 11:30 y de 13:30 a 18:30. Cerrado fines de semana.

VII.2 BELYUNECH

A unos 50 km de Tetuán. Hermosísima carretera que bordea el Mediterráneo y atraviesa la cadena montañosa del Hauz. Prever de 3 a 4 horas para este recorrido. Salir de Tetuán por la avenida de Martil, en dirección a

Museo Arqueológico, paseo principal del jardín bordeado de lápidas funerarias, Tetuán.

RECORRIDO VII *Los puertos del Estrecho*
Belyunech

Ceuta. Al llegar a Fndi'q, tomar la dirección de Tánger. A unos 5 km, girar a la derecha en dirección a Belyunech; 12 km de carretera con muchas curvas a través de la cadena del Hauz. Belyunech se encuentra al pie del yebel Musa.

Belyunech, yacimiento arqueológico, actualmente aldea de pescadores y comerciantes fronterizos, fue en el medievo jardín y manantial de Ceuta, dependiendo de la jurisdicción del Cadí de la ciudad del Estrecho.

Situada en un verde valle que desciende hacia el mar, regado en abundancia por el agua de diversos manantiales, Belyunech se consideraba en la época medieval como un lugar idílico; fue cantada por los poetas, entre ellos el famoso Cadí Ayad. Dominado por el *yebel* Musa, llamado también "Monte de los Simios" —donde los amantes de la mitología sitúan una de las columnas de Hércules (la antigua Abyla)—, cuyas laderas estaban cubiertas de espesos bosques, Belyunech era la reserva de caza de los ceutíes. Es también en este rincón encantador, hecho para estimular la imaginación, donde se dice que la hechicera Circe retuvo a Ulises.

En el siglo V/XI, bajo el reinado de Saqut, contemporáneo y émulo del príncipe sevillano al-Mu'tamid Ibn Abbad, que proporcionó a la ciudad de Ceuta uno de los períodos más gloriosos de su historia, los notables poseían hermosas mansiones rodeadas de jardines en los que utilizaban las técnicas de regadío más avanzadas. Estas villas de recreo o *munias*, de esmerada construcción y ornamentación, eran, de hecho, centros de explotación agraria que realizaban las mismas funciones que las villas romanas. El valle producía frutos

Museo Arqueológico, lápida funeraria del Yebel Dersa, Tetuán.

en abundancia y en las aguas de la bahía se recogía un coral de excelente calidad que, trabajado en talleres especializados de Ceuta, se exportaba a los países subsaharianos; en concreto, a Ghana y Sudán.

Pero esta opulencia, que duró hasta fines del siglo VIII/XIV, terminó en el siglo IX/XV con la ocupación de Ceuta por los portugueses, que no pudieron explotar el lugar y la campiña circundante debido a la dificultad de acceso. Abandonado, frecuentado solo por pescadores, se hundió en un estado ruinoso.

Las excavaciones arqueológicas llevadas a cabo en los últimos decenios permitieron exhumar algunos vestigios de la ciudad y recomponer las famosas *munias*, con su torre de recreo y sus surtidores de agua, de los que tanto hablaban los textos.

RECORRIDO VII   *Los puertos del Estrecho*
Ksar Es-Seghir

Torre y restos de la muralla, Belyunech.

VII 2.a **Torre y conjunto residencial**

Tomar la carretera que bordea el mar: la torre se encuentra a la derecha.

Aunque en ruinas, la torre es el único elemento que se alza todavía en este rico yacimiento arqueológico que nos permite imaginar el esplendor de antaño. Dominaba un conjunto arquitectónico del que formaba parte integrante, y cuyos restos pueden todavía adivinarse: constaba de una casa, un baño y un pequeño oratorio, situados sobre escalones aterrazados.
La casa incluía un patio rodeado de un pórtico al que se abrían las estancias, en particular el salón principal, adornado con un pilón y flanqueado por alcobas. Tenía también un oratorio adosado, así como un baño privado con el suelo recubierto de *zelish*.
La torre es de planta rectangular. Sobre su base maciza se elevan dos pisos abovedados, cuyos muros conservan todavía rastros de decoración ocre. Responde a la tradición de las torres del recinto de la Alhambra.
Este conjunto nos da a conocer la arquitectura de las *munia*s, villas rurales de recreo existentes también en la España musulmana. Estos ejemplos confirman, una vez más, los vínculos culturales y artísticos entre la Granada nazarí y el Marruecos merini.

Posibilidad de continuar en coche y dejarlo 800 m más allá, para descender a pie a la caleta ocupada por pescadores. En dirección opuesta, volver a pasar por delante de la parada de taxis, a unos 500 m de la frontera española; Ceuta se encuentra detrás de la montaña.

VII.3 **KSAR ES-SEGHIR**

A 25 km de Belyunech. Desde aquí, y con buen tiempo, se divisa con nitidez el peñón de

RECORRIDO VII *Los puertos del Estrecho*
Ksar Es-Seghir

Gibraltar. Una vez llegados a Ksar Es-Seghir, dejar el coche en la calle principal (la única). La puerta y la muralla se encuentran en la playa, en la desembocadura del río. Monumento en ruinas.

Este lugar, situado a escasa distancia de la costa española, frente a Tarifa, en la desembocadura de un río y al fondo de una bahía bien protegida por un contrafuerte, ofrece un refugio seguro para los barcos. Según Azziani, esta es la razón de que al comienzo de la islamización, en los años 89/708-90/709, se edificara allí una fortaleza. Se la denominó Ksar Masmuda; pero también, en la época almorávide, *Ksar al-Awwal* ("el primer castillo") y *Ksar al-Madyaz* ("castillo de pasaje"), después de haber sucedido, como puerto de embarque para España de las tropas musulmanas, al puerto de *Marsa Musa*, que se encontraba al oeste de Ceuta. En 588/1192 los almohades lo denominaron Ksar Es-Seghir, reconstruyéndolo y embelleciéndolo. Al mismo tiempo instalaron allí unos astilleros y lo transformaron en un importante centro industrial, donde se establecieron muchos artesanos: tejedores, carpinteros y armeros, entre otros.

El puerto de Ceuta quedó reservado para las necesidades comerciales y Ksar Es-Seghir se convirtió en el puerto militar, por el que iban y venían las tropas musulmanas de la Península. En el siglo VIII/XIV, los meriníes rodearon la población con una muralla circular, cuyos vestigios pueden contemplarse todavía en la actualidad, y construyeron edificios públicos y privados.

En 862/1458, los portugueses conquistaron este puerto, el segundo que tomaban después de Ceuta, y lo retuvieron bajo su dominio hasta 956/1549. Reforzaron la muralla y construyeron un reducto fortificado unido al mar por un largo foso, *Curaça*. También transformaron los monumentos de culto musulmanes en iglesias y adaptaron los edificios públicos a su modo de vida. Tras la partida de los portugueses, Ksar Es-Seghir se convirtió, a comienzos del siglo XI/XVII, en puerto de desembarco para los moriscos expulsados de al-Andalus.

Las excavaciones emprendidas en los años 70 descubrieron vestigios portugueses y algunos restos de monumentos de la época meriní. También apareció una importante colección de objetos, tanto musulmanes como portugueses.

Las excavaciones emprendidas en el yacimiento arqueológico de la pequeña ciudad de Ksar Es-Seghir, que vivió todas las peripecias de la historia medieval del Mediterráneo occidental, han puesto de manifiesto, bajo los restos portugueses, vestigios importantes de la época meriní:

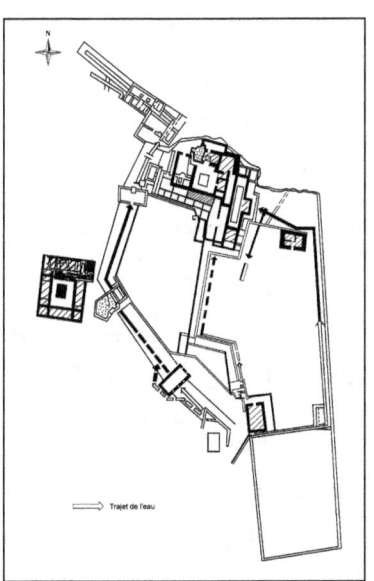

Conjunto residencial, plano general, Belyunech.

189

RECORRIDO VII   *Los puertos del Estrecho*
Ksar Es-Seghir

Muralla, detalle con la Puerta del Mar en el centro, Ksar Es-Seghir.

un recinto amurallado con bastiones y puertas, una docena de casas, un mercado, una mezquita y un *hammam*. Algunos están aún en pie; de otros, solo se conservan los cimientos.

VII.3.a Puerta del Mar y Muralla

Una vez en Ksar Es-Seghir, dejar el coche en la calle principal (la única calle). Puerto y muralla se encuentran en la playa, en la desembocadura del río. Monumento en ruinas.

La muralla se abría al exterior por tres puertas. Dos de ellas eran monumentales: la del flanco occidental, Puerta del Mar, y la del flanco oriental, Puerta de Ceuta; una tercera, más modesta, daba al flanco meridional, Puerta de Fez.

Puerta del Mar

La Puerta del Mar es la que mejor se conserva. Aunque rodeada por construcciones portuguesas, y parcialmente destruida, conserva elementos suficientes para conocer la planta y reconstruir la decoración.

Estaba flanqueada exteriormente por dos torres que incluían, en el nivel superior, casamatas para la vigilancia de la costa; daba a un vano en arco lobulado, coronado con un entrepaño decorativo que incluía una red de lacerías geométricas sobre un enlucido de estuco pintado.

Dicho vano conducía a una estancia abovedada donde, en el muro sur, había una escalera que daba acceso al camino de ronda y a la plataforma superior. Dicha estancia se abría a un espacio descubierto, coronado por un parapeto que llegaba hasta la entrada de la ciudad. La fachada interior de la puerta estaba decorada con más profusión que la exterior. La decoración, repartida en registros, consistía en una red de polígonos estrellados y lacerías geométricas. Todos esos elementos nos permiten datarla en la época meriní.

RECORRIDO VII *Los puertos del Estrecho*
Ksar Es-Seghir

Es interesante señalar que el *hammam*, cuyos muros se hallan aún en pie, tiene una planta en hilera característica de los *hammams* meriníes y de los baños nazaríes de Granada.

Muralla

La muralla es de las pocas en Marruecos que tienen planta circular. Este tipo de planta, considerada idónea por los teóricos árabes de la ciudad islámica, solo se había visto hasta entonces en la primera Bagdad abbasí y en la ciudad fatimí de Túnez, Sabra-Mansuria. El círculo que describe la muralla es más o menos regular, con un diámetro de unos 200 m. Los muros, construidos con morrillo y ladrillos unidos con mortero, tienen un grosor de unos 2 m y una altura de 8 m. Estaban reforzados por 29 torres circulares separadas a intervalos regulares. Dos de dichas torres, ubicadas en la parte occidental, se mantienen en pie, lo que permite conocer su estructura. Se componen de dos estancias superpuestas: la de la planta baja, abovedada, comunica con el interior de la ciudad y debía de servir de almacén; la pieza situada encima, con salida al camino de ronda, servía de puesto de guardia.

Antes de salir de Ksar Es-Seghir, a la derecha, hay una carretera que lleva al puerto pesquero. Posibilidad de comprar pescado para hacer allí mismo a la parrilla. Al salir, tomar la dirección de Tánger. Carretera bordeada de playas desiertas en las que es posible bañarse. En la desembocadura del wad Salliam, una pista lleva a una playa magnífica y no peligrosa.

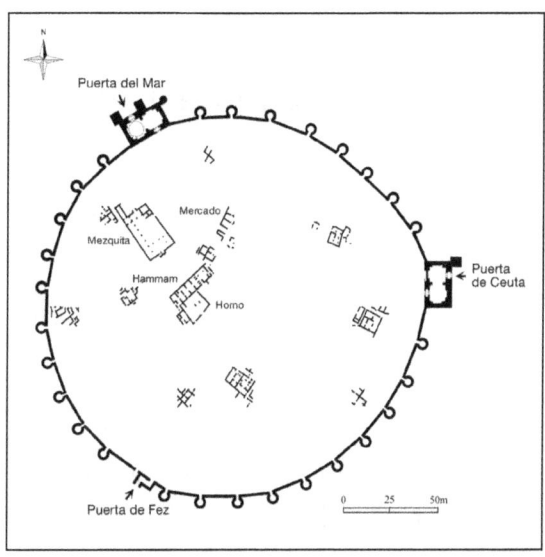

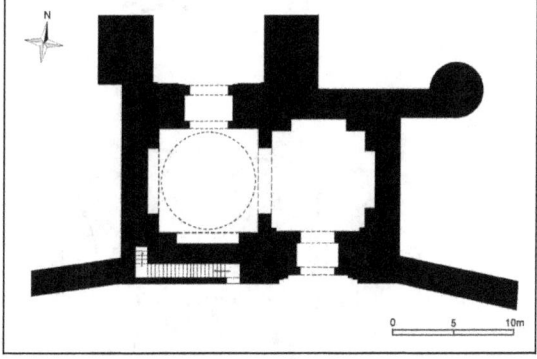

Plano de la muralla circular, Ksar Es-Seguir.   Plano de la Puerta del Mar, Ksar Es-Seguir.

191

RECORRIDO VII

Los puertos del Estrecho

Naïma El-Khatib Boujibar

Segundo día

VII.4 TÁNGER
  VII.4.a Alcazaba
  VII.4.b Mezquita de la Alcazaba
  VII.4.c Mezquita Sidi Bu Abid
  VII.4.d Iglesia San Andrés o Saint Andrew
  VII.4.e Mezquita Mayor
  VII.4.f Mezquita Aissaua

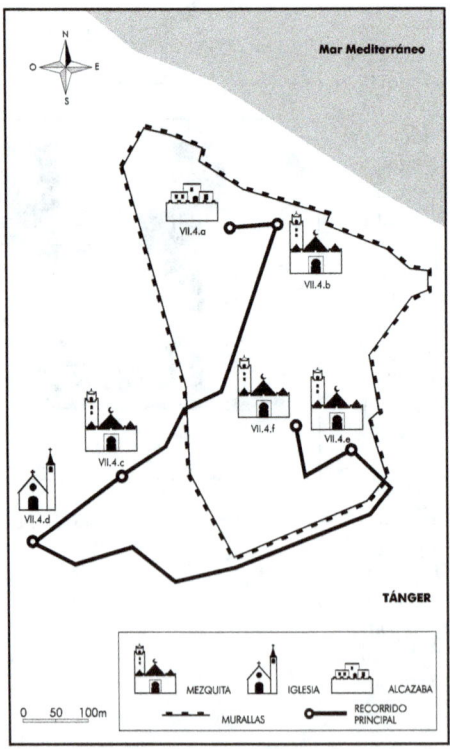

RECORRIDO VII   *Los puertos del Estrecho*
Tanger

Segundo día

VII.4 TANGER

La Historia nos proporciona muy pocos datos sobre la situación de la antigua capital de la provincia romana de la Mauritania Tingitana en el momento en que Musa Ibn Nosayr se apoderó de ella, en el año 86/705, para convertirla al islam.

Convertida unos años después en capital de una gran provincia, fue administrada por gobernadores dependientes de los califas omeyas de Damasco. Tuvieron que hacer frente a una sublevación de las tribus beréberes del Rif que, descontentas por las exacciones fiscales, se adhirieron al movimiento cismático jariyí.

Idris Ibn Abdallah desembarcó en ella en el año 171/788 huyendo de los abbasíes, pero permaneció muy poco tiempo antes de dirigirse a Walili (Volubilis). A la muerte de Idris II, fundador de Fez, el principado de Tánger volvió a sus hijos: primero Qasim y luego Omar.

Durante la segunda mitad del siglo IV/X, la villa fue objeto de disputas entre los omeyas de España y los idrisíes; acabó por caer en manos de los fatimíes de Ifriqya en el 346/958.

En 467/1075, los almorávides se adueñaron de ella, seguidos, en 543/1149, por los almohades, que no obstante prefirieron la ciudad de Ceuta, su rival, para establecer la sede del mando y su lugar de residencia en el norte.

Los meriníes se apoderaron de Tánger en 672/1274 y la cuidaron con esmero. Gracias a la solicitud de estos monarcas, la ciudad conocería durante los siglos VII/XIII y VIII/XIV un período de esplendor. La dotaron de una Mezquita Mayor y de una *medersa*, donde se despliega el refinamiento del arte arquitectónico y decorativo marroco-andalusí.

Una curiosidad en relación con esta *medersa*, de la que no quedan vestigios en la actualidad, es que su piedra fundacional fue descubierta en 1084/1674 por los ingleses en el muro de un convento de dominicos, edificado por los portugueses en el emplazamiento de la misma durante la ocupación.

Los meriníes desarrollaron también la economía, firmando tratados comerciales con mercaderes de ciudades italianas como Venecia, Pisa y Génova, así como Marsella. Su puerto se convirtió en punto clave para el comercio mediterráneo y sahariano. La ciudad importaba paños, especias y metales, y exportaba pieles, cuero, alfombras y caña de azúcar.

Seguramente fue en los *caravansaray*s que acogían a una multitud de extranjeros de todos los países donde un joven tangerino, que se convertirá en el famoso Ibn Battuta, vio nacer su vocación de viajero y su deseo de visitar los países lejanos.

En 875/1471, después de muchas tentativas infructuosas, los portugueses se apoderaron de la ciudad para afianzar su posición en el Estrecho. La transformaron, convirtiendo la mezquita en catedral y la *medersa* en convento; levantaron de nuevo las murallas que habían desmantelado, las reforzaron con torres y fuertes, y construyeron en la parte alta, al oeste de la bahía, una fortaleza que dominaba la villa. A la muerte del rey Sebastián en 985/1578, en la famosa "Batalla de los Tres Reyes", la corona de Portugal recayó en Felipe II de España y la ciudad quedó bajo dominio español. En 1071/1661, de nuevo en manos portuguesas, fue ofrecida a Inglaterra como dote de la infanta Catalina de Braganza, que se desposó con el príncipe inglés Carlos II.

RECORRIDO VII *Los puertos del Estrecho*

Tanger

Tras acceder al trono, el monarca alauí Mulay Ismail puso sitio a la plaza en 1089/1679. Los ingleses la evacuaron, pero destruyendo previamente el malecón y la mayor parte de la ciudad. Mulay Ismail encargó entonces al pachá Alí Ibn Abdallah Errifi su reconstrucción y la restauración de las murallas. Se alzaron de entre las ruinas casas de tipo marroquí tradicional, se erigieron mezquitas y una *medersa,* y en lo alto se edificó una alcazaba con un palacio, una mezquita y dependencias.

Ahmed Ibn Alí, hijo del pachá, le sucedió en el cargo y continuó su obra. En 1196/1782, el sultán Sidi Mohamed Ibn Abdallah, que deseaba agrupar las representaciones diplomáticas en un solo lugar, eligió Tánger como sede de los consulados europeos. En el transcurso del siglo XIX fue promovida oficialmente a la categoría de capital diplomática del reino y se nombró un delegado permanente del sultán, el *nayib,* ante el cuerpo consular. Desde entonces, junto con los diplomáticos, acudieron a ella comerciantes, hombres de letras y artistas. Estos últimos, subyugados por la belleza del lugar y el encanto de su arquitectura musulmana y sus callejuelas estrechas y misteriosas, han cantado en sus escritos o pintado en sus lienzos el sabor y la magia que, todavía en nuestros días, desprende la ciudad.

En 1906 se dotó a Tánger de un estatuto especial, que la situaba bajo la autoridad de una comisión internacional. En 1956 fue reintegrada al país.

VII.4.a **Alcazaba**

Seguir la señalización Alcazaba / Museo. *El museo se encuentra en el extremo norte de la* medina. *Aparcamiento en la plaza. El recorrido se efectúa a pie.*
Horario: de 9 a 13 y de 15 a 18. Cerrado los martes. Pagar entrada.

El emplazamiento de la alcazaba, que domina la *medina,* fue elegido ya en la época almohade como ciudadela para albergar la sede del mando y la residencia del gobernador.

No es sorprendente, pues, que Mulay Ismail ordenara a su gobernador Alí Errifi edificar una alcazaba en el lugar en el que los ingleses habían construido su Upper Castel, y los portugueses su Domus Praefecti. Este notable conjunto palaciego se mantiene en buen estado de conservación y constituye un hermoso ejemplo de los construidos en la misma época y hoy desaparecidos.

Constaba de la residencia del gobernador con sus dependencias, la prisión, la mezquita, las caballerizas, la sala del tesoro y el tribunal. Su límite occidental era la llamada Plaza de los Tabores, en la que desemboca actualmente la única vía transitable para los vehículos que intenten acceder a la alcazaba; por el norte y el sur lo cerraban calles que bordeaban las murallas; por el este, se abría a una vasta plaza de forma rectangular, que separaba el muro de la prisión de las caballerizas. Estas últimas han desaparecido y la plaza se utiliza hoy día como aparcamiento.

El tribunal, o pequeño *mechuar,* está formado por pequeñas estancias precedidas de una doble columnata de mármol y cerradas por una reja de hierro. Las columnas que sostienen las arcadas están rematadas por capiteles de orden compuesto, de importación italiana. Esta edificación, que se encuentra al sur de la plaza, ha sido reconvertida en la actualidad en sala de exposiciones de productos

Tanger

artesanales. Su primera función fue la de servir de sala de audiencias para los "jalifas del pachá".

El *Bit al-Mal,* o "salón del tesoro", es una estancia elevada, al oeste de la plaza, precedida por una escalera. La fachada está perforada por tres vanos con arcos de herradura apuntados, soportados por dos columnas exentas y dos semicolumnas. Dichas columnas, de mármol, están coronadas por capiteles de tipo toscano. El interior de la sala está dividido en tres tramos por una triple columnata; a cada lado lo flanquean unas pequeñas estancias en la planta superior, iluminadas por ventanas caladas, que servían como oficina a los *umana* o agentes del tesoro. Bajo el suelo del salón se oculta un sótano abovedado, seguramente utilizado para guardar los cofres de monedas.

Esta pequeña sala de columnas, muy bien equilibrada, es uno de los escasos especímenes arquitectónicos del género en Marruecos. Seduce por su pureza de líneas y elegancia. Es una afortunada innovación que hay que atribuir al gobernador Ahmed Errifi. En la actualidad, forma parte del Museo de la Alcazaba.

Palacio de la Alcazaba

Este palacio, mandado construir por Ahmed Errifi y terminado en 1122-23/1710-11, ha sufrido diversas reformas y restauraciones. Las más recientes se

Alcazaba, sala del tesoro, entrada exterior, Tánger.

RECORRIDO VII   *Los puertos del Estrecho*
Tanger

Museo de la Alcazaba, fuente y pórtico con tres arcos del patio, Tánger.

efectuaron en 1889, con ocasión de la visita de Mulay Hassan I a Tánger.

Constaba de una gran casa, *Dar al-Kebira*, otra más pequeña, *Duirat Qubbat Sidi al-Bojari,* cocinas, dos jardines, un baño y un salón de ceremonias erróneamente denominado "salón del tesoro" o *Bit al-Mal*. En la actualidad alberga el Museo Regional Etnográfico.

Duirat Qubbat Sidi al-Bojari

Esta pequeña casa se encuentra a la izquierda del pasaje acodado que lleva al patio de la gran mansión. Auténtica joya, incluye un patio y dos cámaras finamente ornamentadas con una celosía de azulejos y estuco. Una inscripción en caracteres cursivos que reproduce una cita poética, grabada en el *zelish*, separa el artesonado de la labor de yeso. La decoración de esta casa y su exquisita ejecución recuerdan la ornamentación meriní y nazarí del siglo VIII/XIV.

Dar al-Kebira

Alrededor de un vasto patio pavimentado con *zelish*, en cuyo centro hay un estanque octogonal que rodea una fuente de mármol, se despliega un pórtico de columnas del mismo material. Sus capiteles, de orden compuesto, están engalanados con un motivo en luna creciente, emblema otomano inusitado hasta entonces en Marruecos. Pudiera ser que estos capiteles, importados de Italia por Ahmed Errifi, hubieran sido ejecutados por un taller que, al trabajar habitualmente para las provincias del imperio otomano, tuviera por costumbre añadir este motivo.

Las arcadas de las alas sur y norte del pórtico están coronadas por entrepaños de *zelish*. Bajo estos pórticos se abren las dos piezas principales de la casa, que en total cuenta con siete. Estas habitaciones alargadas, flanqueadas a ambos lados por alcobas, están excavadas en el centro de un desmonte, o *bhu*, donde la decoración es más acentuada. Está coronado por una arquería de madera recortada en forma de estalactitas, o mocárabes, y cubierto por una cúpula de madera esculpida con el mismo motivo.

Las paredes de estas salas están revestidas de mosaicos y estuco con motivos geométricos y epigráficos. El estuco cincelado de los tabiques calados es especialmente notable; las inscripciones de las fajas contienen elogios repetitivos: "Salud eterna" y "La riqueza es de Dios". Una inscripción de *zelish* negro sobre fondo blanco, situada en el *bhu* de la *qubba* norte, tiene especial interés: celebra en verso la belleza del palacio, y en medio de la misma destacan tres palabras escritas sobre *zelish* azul que son cronogramas de 1122/1711. Esa fecha señala la conclusión del palacio, en la época del apogeo de Ahmed Errifi.

Tanto en estas dos salas como en las otras cinco están expuestas colecciones de objetos arqueológicos y etnográficos, procedentes de Tánger y otras regiones de Marruecos.

El salón de ceremonias o Bit al-Mal

Este salón se encuentra a la derecha de un patio situado al norte del vestíbulo. Precedido de un pórtico de tres arcadas, está cerrado por una puerta de dos batientes recubiertos de hierro que ha sustituido a la original de madera, pintada y ornamentada con gran riqueza. Las paredes, actualmente desnudas de ornamentación, debían de estar revestidas con *zelish*.

Un friso de madera esculpido con estalactitas o mocárabes remata las paredes; a su vez, está coronado por una magnífica cúpula de madera pintada y artesonada, de forma dodecagonal, con estrellas poligonales. Es un hermoso ejemplo de trabajo en madera de la época alauí.

El mítico café Hafaa, lugar de encuentro de poetas y escritores, ofrece una vista abrupta y única sobre el mar. Desde el promontorio de la plaza de la alcazaba, tomar el camino que bordea el mar y el muro exterior de la alcazaba; luego, coger la calle Assad Ibn Farrat. Dejando el estadio a la izquierda, tomar a la derecha el camino que lleva al café.

Museo de la Alcazaba, detalle de un capitel del patio, Tánger.

RECORRIDO VII   *Los puertos del Estrecho*
Tanger

Mimbar de la mezquita de la Alcazaba, Tánger.

A la vuelta, en la prolongación de la calle Assad Ibn Farrat, está la calle Shakespeare, en la que se encuentra el Museo Forbes, instalado en la antigua morada del multimillonario americano Malcom Forbes. El museo reúne una colección de 115.000 figurillas militares; pero, sobre todo, desde sus jardines —plantados de palmeras, naranjos y eucaliptos— la vista del estrecho de Gibraltar y las costas españolas es excepcional. Pagar entrada. Abierto todos los días, salvo el jueves.

VII.4.b Mezquita de la Alcazaba

En la calle Ibn Abu, lindante con el museo. Acceso reservado a los musulmanes.

La mezquita de la Alcazaba se encuentra al sur del palacio, con el que se comunicaba a través de una portezuela. Fue construida por Alí Errifi y ampliada por su hijo Ahmed, que la dotó de un alminar y una puerta decorada. La sala de oración fue ampliada y remodelada de nuevo en la época de Sidi Mohamed Ibn Abderrahman (1859-1873). Fue reparada con motivo de la visita de Mulay Hassan en 1889.

Hacia 1921, un *nadir* de los hábices (representantes regionales de la administración de bienes inalienables) tuvo la desafortunada idea de recubrir la ornamentación con unos colores lamentables. Dicha operación de renovación se generalizó a todas las mezquitas y *zawiya*s de la ciudad.

Además del portal de entrada, el único elemento decorado digno de interés es el alminar. Es semejante a los que Ahmed Errifi mandó levantar en Xauen y Tetuán; su planta octogonal es poco habitual en Marruecos, donde la mayoría de los alminares son cuadrados. Posiblemente se inspiró en los de la Argelia otomana, que a su vez puede que imiten la planta almohade de la Torre del Oro de Sevilla.

Este pequeño y elegante alminar está coronado por una grácil linterna; en los registros de sus fachadas hay arcadas ciegas polilobuladas y lacerías geométricas, con el interior ocupado por *zelish*. Su delicado colorido armoniza muy bien con el tono ocre de los ladrillos de las esquinas. Solo destaca, en medio de esta armonía, el intenso azul oscuro de los azulejos que recubren la linterna, que pueden haber sido obra del famoso *nadir*.

Al final de esta calle, en la esquina, se puede contemplar un morabito conocido por haber sido inmortalizado por Matisse.

RECORRIDO VII *Los puertos del Estrecho*
Tanger

VII.4.c Mezquita Sidi Bu Abid

Calle Bu Abid. Al final de la calle Ibn Abu, doblar a mano izquierda y, en la segunda intersección, de nuevo a la izquierda. Bajar las escaleras que llevan a la calle de la Alcazaba; luego coger la que va a dar a la plaza del Gran Zoco. La mezquita se encuentra a la derecha, en la calle Bu Abbid. Acceso reservado a los musulmanes.

La mezquita está situada en el extremo oeste del Gran Zoco o Suq Berra, que se domina desde el alminar. La puerta principal, que da a una calle lateral, está decorada con azulejos importados de España a comienzos de siglo.
Esta mezquita se construyó en 1913 sobre la tumba del santo del mismo nombre —descendiente de Sidi Ahmed o Musa Essemlali, patrono de los habitantes de la región de Suss— gracias a la contribución de bienhechores originarios del Antiatlas. En la decoración en mosaico de las fachadas del alminar se incorporaron nuevos motivos a los tradicionales andalusíes, como las escamas del registro inferior o los rombos concéntricos del superior.
Estas innovaciones, en las que radica la originalidad del alminar, probablemente estaban inspiradas por los motivos de rombos de las alfombras uawezguitas del Alto Atlas, muy apreciados por las gentes del Suss.

La plaza del Gran Zoco, donde convergen todos los autobuses de la ciudad, es uno de los lugares más vivos de Tánger. Los jueves y domingos, con motivo de los mercados semanales, las campesinas vestidas con futa *a rayas (tejido tradicional) y sombrero de paja descienden de las montañas del Rif para vender sus productos.*

VII.4.d Iglesia de San Andrés o Saint Andrew

En la calle de Inglaterra, que sale del Gran Zoco. No hay horario de visitas. Pedir al vigilante que abra la pequeña iglesia.

Se trata de una iglesia anglicana, situada no lejos del Gran Zoco, en el cementerio inglés. Construida a finales del siglo XIX por obreros marroquíes y decorada por artesanos —m'almin— enviados especialmente por el sultán Mulay Hassan I para realizar esa labor, ha recibido el mismo tratamiento que los edificios tradicionales marroquíes.

Alminar Sidi Bu Abid, Tánger.

RECORRIDO VII *Los puertos del Estrecho*
Tanger

Iglesia de San Andrés, campanario y puerta de acceso, Tánger.

Su campanario, de planta cuadrada, se alza como un alminar sin linterna. Tiene las fachadas recubiertas de estuco, donde el arco ciego polilobulado se entremezcla con lacerías geométricas.

En el interior, la columnata que separa las naves está sustentada por columnas geminadas de mármol, con capiteles semejantes a los saadíes de los pabellones de la mezquita Qarawiyin. Sobre el coro se abre un arco de herradura festoneado, coronado por un atuarique floral y enmarcado por un alfiz que porta una inscripción en caracteres árabes, de estilo cúfico, que transcribe palabras del Evangelio.

El nicho situado detrás del altar está decorado con un encaje de estuco en donde aparece la divisa de los nazaríes de la Alhambra: "No hay más vencedor que Dios". En el entrevigado de los techos, artesonados y pintados, se aprecian polígonos estrellados.

Esta obra, que manifiesta el espíritu tolerante de los marroquíes, y cuya hermosa decoración es todo un homenaje a los artesanos de finales del siglo XIX, merece ser citada entre los monumentos del arte marroco-andalusí de Tánger.

A 10 m, a la derecha, se encuentra el Grand Hôtel, mítico hotel en Tánger, donde se han alojado numerosos artistas y que hoy está abandonado. Matisse pintó uno de sus cuadros más célebres desde la ventana central del segundo piso.

VII.4.e Mezquita Mayor

Calle de la Mezquita Mayor. Retroceder para penetrar de nuevo en la antigua Medina, pero esta vez por la calle Siarrine (o Semarine), que lleva a la plaza del Pequeño Zoco. La mezquita se encuentra en la prolongación de la plaza, en la calle de la Mezquita Mayor. Acceso reservado a los musulmanes.

La Mezquita Mayor, que asoma a la calle de la Marina, fue fundada por los meriníes, pero ha sufrido muchos avatares desde aquel período. Cuando los portugueses se apoderaron de Tánger, su primer gesto fue convertirla en catedral. Más tarde, a raíz de la liberación de la ciudad por Mulay Ismail, se dio orden al gobernador, Alí Ibn Abdallah Errifi, de restablecer en el monumento el culto musulmán.

Desde entonces, esta mezquita, objeto de atención de todos los soberanos alauíes, fue ampliada, restaurada y remodelada en varias ocasiones. La última gran transformación data de la época de Mulay Sliman; la inscripción grabada en lo alto de la puerta de entrada conmemora dicha reforma (el año 1233 de la Hégira, correspondiente al año 1818 del calendario gregoriano). La única parte ornamentada de la fachada es el portal de entrada, con una delicada decoración donde aparecen algunas innovaciones de la época de Mulay Sliman, como los diseños florales de las albanegas de la puerta. Por desgracia,

Iglesia de San Andrés, nave central, Tánger.

RECORRIDO VII   *Los puertos del Estrecho*
Tanger

Mezquita Aissaua, puerta de acceso y alminar, Tánger.

que lleva a la plaza Aissaua, donde se encuentra la mezquita. Acceso reservado a los musulmanes.

Esta mezquita es conocida, equivocadamente, con el nombre de los essaya a causa de la proximidad de la *zawiya* de los Aissaua, que da a la plaza donde está situada. Es interesante, sobre todo, por la decoración del alminar. Fue fundada por Mulay Sliman hacia 1230/1815 y restaurada en 1860, fecha que corresponde al año 1276 de la Hégira, inscrito sobre el portal. Aunque de planta cuadrada, clásica en los alminares marroquíes, por su decoración recuerda al alminar poligonal de la alcazaba, edificado en la época de Ahmed Errifi; conjuga el color ocre de los ladrillos con la policromía del *zelish*. Esta decoración y esta combinación cromática son típicas de Tánger, que parece haber adoptado en sus alminares un estilo que le es propio, aunque siempre dentro de las normas clásicas del arte marroco-andalusí.

todo esto se esconde bajo capas de pintura de colores poco armoniosos.
La decoración del alminar fue más afortunada: tonos más suaves, con una gama de verdes matizados, que hechizan la mirada.

VII.4.f Mezquita Aissaua

Salir de la plaza del Pequeño Zoco y coger la calle de la izquierda que bordea el hotel Fuentes; después, la primera a la izquierda

Cabo Espartel y Grutas de Hércules
El cabo Espartel, a 14 km de Tánger, señala el extremo noroeste del litoral atlántico de África. Desde la plaza de Francia, abandonar la ciudad de Tánger por la calle de Bélgica y seguir la señalización "La Montaña, cabo Espartel".
A 4 km del cabo Espartel se encuentran las grutas de Hércules, desde las que hay una magnífica vista sobre el Atlántico.
Pagar entrada.

RECORRIDO VII

Los puertos del Estrecho

Naïma El-Khatib Boujibar

Tercer día

VII.5 ASILAH
        VII.5.a Mezquita Mayor
        VII.5.b Muralla y torres
        VII.5.c Palacio Raissuli
        VII.5.d Cementerio marino
        VII.5.e Callejuelas

VII.6 MEHDIA
        VII.6.a Alcazaba

Ibn Battuta

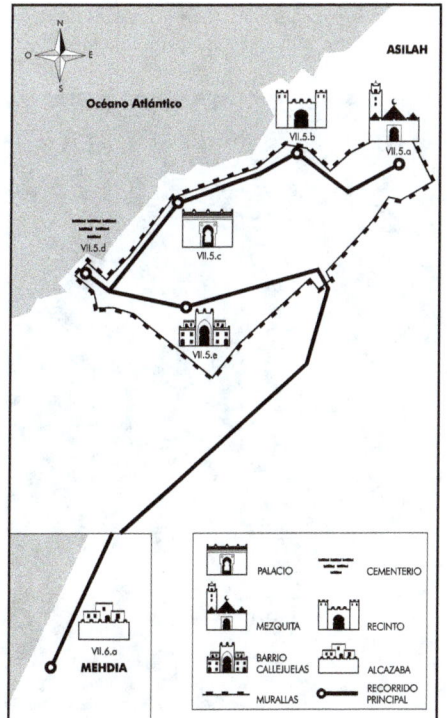

RECORRIDO VII *Los puertos del Estrecho*
Asilah

Tercer día

VII.5. **ASILAH**

Situada a 46 km al sur de Tánger, en la costa atlántica. Desde Tánger, tomar la dirección de Rabat. Seguir la señalización Centro Hassan II. *El recorrido se efectúa por la ciudad antigua. Aparcamiento vigilado en el exterior de la muralla.*

Asilah fue fundada por los conquistadores árabes, probablemente a comienzos del siglo III/IX, junto a una ensenada, sobre arrecifes, no lejos de la antigua ciudad de Zilil, de la que deriva su nombre. A lo largo de la Edad Media y la Edad Moderna ha conocido una historia agitada, ligada a la de Tánger.

Asilah, mencionada por el geógrafo árabe al-Bakri, sufrió por dos veces —en la segunda mitad del siglo III/IX— las incursiones de los normandos, atraídos por su riqueza en cereales. Fue reconstruida por el califa omeya de Córdoba, al-Hakam II, que la rodeó con una muralla para protegerla de posibles ataques. También la dotó de una mezquita de cinco naves que las olas "alcanzaban cuando el mar estaba agitado". Su puerto, que ofrecía un buen refugio a los barcos, poseía un espigón de sillería que se desplegaba en arco para proteger el muelle.

La ciudad, que parece haber tenido una vida apacible en el siglo VI/XII, se abrió al comercio con Occidente tras el advenimiento de los meriníes y conoció cierta prosperidad. Los wattasíes, por su parte, tuvieron en ella uno de los princi-

Mezquita Mayor, alminar y puerta de acceso, Asilah.

RECORRIDO VII *Los puertos del Estrecho*
Asilah

Muralla y bastión portugués, Asilah.

pales puntos de apoyo en su lucha por el poder.

Los portugueses la tomaron en 875/1471, el mismo año que Tánger; permaneció en su poder hasta 957/1550. Reconstruyeron las murallas de piedra, las fortificaron con sólidas torres y edificaron un alto torreón que serviría de atalaya. Las guarniciones atrincheradas en esta fortaleza sufrieron múltiples hostigamientos por parte de los sultanes wattasíes y del famoso príncipe de Xauen, Mulay Brahim. Liberada en 957/1550, fue ocupada de nuevo en 984/1577 por el rey Sebastián de Portugal, en recompensa por su alianza con el príncipe saadí Mohamed al-Masluj. En ella pernoctó con su ejército, él que era el último de la dinastía de los Avis y que soñaba con reconquistar Marruecos, antes de acudir al campo de batalla de Wad al-Majazin, cerca de Alcazarquivir, donde perdería la vida.

La ciudad fue restituida al rey saadí al-Mansur en 997/1589, y luego recuperada por España, que la retuvo poco tiempo, hasta finales del siglo XI/XVII; fue tomada por asalto por Mulay Ismail y liberada en 1102/1691. Fue repoblada por gentes del Rif, y se construyeron en ella dos mezquitas, una *medersa* y baños; desde entonces ha llevado una modesta existencia. En 1906 cayó en poder de Mulay Alí Ibn Raissul, que se convirtió en su pachá, y luego fue ocupada por los españoles de 1912 a 1956.

En la actualidad, Asilah es conocida por un festival internacional anual que reúne a escritores, filósofos y artistas

RECORRIDO VII *Los puertos del Estrecho*
Asilah

Palacio Raissuli, puerta de acceso de la muralla del palacio, Asilah.

venidos de todo el mundo. Tras el ocre de sus murallas conserva, encerrada como en un joyero, la blancura inmaculada de sus casas y la autenticidad de su arquitectura.

VII.5.a **Mezquita Mayor**

Frente al Centro Hassan II. Acceso reservado a los musulmanes.

La Mezquita Mayor se construyó en la época de Mulay Ismail. Tras la liberación de la ciudad, el gobernador de la región del Gharb y del Norte, Alí Ibn Abdallah Errifi, recibió el encargo de edificar un lugar de culto, igual que en Tánger. Pero, a juzgar por la planta octogonal del alminar, parece que fue su hijo Ahmed Errifi quien la construyó, pues fue él quien introdujo el estilo. A diferencia del alminar de la mezquita de la alcazaba de Tánger, este tiene una decoración sencilla, oculta bajo múltiples capas de cal. La puerta de entrada también está decorada con gran sobriedad.

VII.5.b **Muralla y torres**

La muralla rodea la ciudad antigua. Desde la plaza de Ibn Jaldun, girar a la derecha por la calle Sidi Mohamed Ben Mazuk y seguir la muralla, que bordea la mezquita.

El primer recinto fortificado construido en Asilah data de la época almohade. Fue restaurado por los meriníes y reforzado por los wattasíes, pero esta primera muralla no pudo resistir el asalto de los portugueses, que poseían artillería pesada. Después de tomar Asilah los portugueses se dedicaron, por una parte, a reducir la superficie de la ciudad para estar en condiciones de dominar su espacio; y, por otra, a reforzar la muralla con torres que respondieran mejor a los embates de la artillería pesada; es decir, de forma circular y provistos de troneras y matacanes. Por ello se deduce que la mayor parte de la muralla del actual recinto es de construcción portuguesa, igual que las torres, salvo las que se encuentran de cara al mar, que son rectangulares.

VII.5.c Palacio Raissuli

En la calle Sidi Ben Mazuk, entrada por la izquierda.

El palacio, situado frente al mar, en el centro de la ciudad, ocupa una excelente posición estratégica. Lo construyó el famoso Mulay Alí Ibn Raissul, que se hizo con el poder en la zona norte de Marruecos, haciéndose proclamar pachá de Asilah. Gracias a los recursos que acumuló, edificó este palacio con una rapidez inusitada. Se trata de una gran mansión, con todas las dependencias que acompañan a este tipo de construcciones: un patio, un *riyad,* cocinas, etc. En el edificio en sí hay un bellísimo salón decorado con *zelish,* madera pintada y estuco, que se abre a una vasta logia desde la que se tiene una hermosa vista sobre el mar y la *medina.*

Las paredes de la planta baja están recubiertas, no por azulejos de Fez, que habrían exigido demasiado tiempo para su fabricación, sino por azulejo industrial importado de España, que comenzaba a competir a comienzos de este siglo con el de Fez, mucho más hermoso pero también mucho más caro.

Cementerio marino, morabito de Sidi Ahmed Ibn Musa y tumbas recubiertas de cerámica, Asilah.

RECORRIDO VII   *Los puertos del Estrecho*
Mehdia

Callejuelas, puerta de un morabito, Asilah.

VII.5.e **Callejuelas**

Se puede vagabundear sin riesgo de perderse por las callejuelas de la medina, *ya que es muy pequeña.*

La ciudad de Asilah no ha conservado el trazado rectilíneo de la época portuguesa. Los marroquíes, al recobrarla, estrecharon las calles, crearon *derb*s y callejones sin salida, y volvieron a darle el aspecto de ciudad islámica, con una *qaysariyya*, calles tortuosas, baños y hornos, así como talleres de artesanos, en especial tejedores.

VII.6 **MEHDIA**

Coger la autopista hasta Kenitra. Tomar la salida Centro Ciudad *y luego la dirección del* Puerto. *Mehdia está a 12 km de Kenitra.*

VII.5.d **Cementerio marino**

Al final de la calle Sidi Ben Mazuk.

Muy cerca del bastión portugués, rodeado de un brazo de mar denominado *Curaça,* se encuentra un pequeño cementerio situado junto al morabito de Sidi Ahmed Ibn Musa y de su hermana Lalla Mennana. Tanto el cementerio como el morabito están construidos sobre una plataforma artificial, fuera de las murallas portuguesas. Las cerámicas de importación que recubren las tumbas alegran este austero lugar.

Ningún lugar del Marruecos atlántico ha suscitado tanta codicia como el estuario de Sebu, dominado en la actualidad por las ruinas de la alcazaba de Mehdia. Fue, durante siglos, lugar de paso de pueblos y naciones que han afluido sobre las ciudades marroquíes, y se convirtió en escenario de acontecimientos importantes de la historia del país.

La primera localidad fundada junto a la desembocadura del Sebu en la Edad Media, a finales del siglo IV/X, se denominó Marsa al-Maamora. El monarca almohade Abd al-Mumen instaló allí, en el siglo VI/XII, astilleros navales.

En el siglo X/XVI, al-Maamora era un pequeño centro comercial muy activo que frecuentaban los mercaderes europeos. Convertido a comienzos del XI/XVII en uno de los principales centros de piratería del norte de Africa, se constituyó en república autónoma. Los españoles tomaron el fuerte por asalto en 1022/1614; en la colina que domina la desembocadura, edificaron una fortaleza cuya muralla, en lo esencial, constituye el perímetro de la actual alcazaba de Mehdia.

Después de 67 años de ocupación, en 1092/1681, la fortaleza fue reconquistada por Mulay Ismail. Recibió el nombre de al-Mehdia; el de Maamora quedó reducido a designar el gran bosque de alcornoques situado al nordeste de Salé. Mulay Ismail restauró las murallas y las dotó de una puerta monumental con paso acodado. Erigió un gran palacio con todas sus dependencias, y creó unos astilleros al borde del río.

VII.6.a Alcazaba

La alcazaba, situada justo al borde del acantilado que domina la desembocadura del Sebu, ocupa una posición estratégica idónea para este conjunto defensivo. La muralla, que la rodea por completo, y las torres fueron construidas por los españoles.

El soberano alauí Mulay Ismail, al recuperar la plaza, rebautizó la fortaleza con el nombre de *Mehdia,* "la sometida". Introdujo modificaciones en el recinto amurallado y remodeló por completo el interior de la alcazaba.

La puerta

La puerta principal Bab Ydid es obra de Mulay Ismail. Es una puerta monumental, flanqueada por dos torres rectangulares coronadas, al igual que el cuerpo central, con almenas piramidales. Las torres están perforadas, a dos niveles, por troneras y aspilleras.

El vano de entrada, en forma de arco de herradura, está ceñido por una superficie abovedada con festones y lacerías, y enmarcado por un alfiz esculpido que lleva una inscripción en caracteres cúficos en alabanza del fundador. Encima hay una alegre ventana geminada con un ajimez coronado por un capitel en meandro, forma característica de la época.

Está construida con sillares dispuestos con aparejo alterno (una hilada gruesa de piedras sobre una hilada fina). Esta técnica,

Callejuela, Asilah.

Mehdia

que hizo su aparición con los almohades y se conservó en época meriní, se hizo habitual en la época de Mulay Ismail en las construcciones de piedra de la costa marroquí.

El acceso a la alcazaba se efectúa, como en todas las puertas tradicionales de las ciudades marroquíes, a través de un paso acodado. Las estancias y banquetas que se encuentran en el primer espacio, así como el corredor lateral, se destinaban al cuerpo de guardia. Una escalera que da servicio a los pisos superiores permite acceder a una plataforma desde la que los defensores podían aplastar a los asaltantes que hubieran penetrado en el patio.

El palacio

La casa del gobernador, o *Dar al-Majzen*, es el edificio más importante de la alcazaba. Debía de ser muy hermosa, a juzgar por el esmero de su construcción y decoración. Fue edificada por el gobernador Alí Ibn Abdallah Errifi, que ejerció su cargo en el norte de Marruecos y que tiene en su haber varias edificaciones en Tánger, Tetuán y Xauen. Se entra por el sudeste, por una larga avenida a la que se accede por una puerta de sillares, finamente decorada, que por sus proporciones y decoración recuerda a la puerta de la *medersa* meriní de Salé.

Después de atravesar un patio, se entra en un pasaje cubierto y acodado que desemboca en la casa, después de atravesar un largo corredor con arcadas.

El edificio, dominado por una torre de planta cuadrada que recuerda a las de la ciudad de Granada, tiene dos pisos. En el bajo, las estancias se distribuyen alrededor de un gran patio solado con *zelish* policromado, en cuyo centro había un estanque.

Cada una de las cuatro grandes cámaras con alcobas está flanqueada por dos más pequeñas. Las puertas de acceso a estas salas están talladas en forma de arcos polilobulados, coronados por tabiques calados de tres vanos inscritos, asimismo, en arcos. Un pasaje acodado en el rincón noroeste del patio conduce a un jardincito y a un pequeño baño.

Los silos

A la orilla del río, a ambos lados de la actual carretera, se alzan estas impresionantes construcciones de 3 x 40 m. Están compuestas por una serie de compartimentos cuadrados o rectangulares, aislados entre sí y protegidos por gruesos muros de adobe de una altura de 8 a 10 m. Fueron identificadas erróneamente como astilleros; más bien parece que se trata de los muros de carga de unos almacenes destinados a guardar trigo u otro género, construidos como los *heri*s de Mulay Ismail de Mequinez.

Lago de Sidi Burhaba
Situado en el interior, a 2 km de la playa de Mehdia, el lago de Sidi Burhaba constituye una de las mayores reservas ornitológicas del país. Más de 200 especies clasificadas pasan el invierno allí; entre ellas, la garceta marmórea, reconocible por la mancha oscura que rodea sus ojos. Para visitar la reserva —el lago tiene una extensión de más de 200 ha— hay tres senderos señalizados; la duración del recorrido oscila entre 30 y 90 minutos.

RECORRIDO VII   *Los puertos del Estrecho*
Mehdia

Museo Belghazi
En Bouknadel, en la carretera Kenitra-Rabat, en el km 17. Horarios: todos los días de 8:30 a 19.
El museo pertenece a una familia de maestros artesanos de Fez especializada desde hace generaciones en el trabajo de la madera, y que cuenta en su haber con hermosas obras realizadas tanto en Marruecos como en el extranjero.
El museo abarca una superficie de 5.000 m² e incluye una colección muy importante de alrededor de 40.000 objetos artísticos tradicionales, que ofrecen una muestra casi completa de las artes decorativas marroquíes.
Esta colección, expuesta en las salas de la planta baja y el primer piso, incluye tanto elementos arquitectónicos de madera —techos, cúpulas, dinteles, puertas y ventanas procedentes de distintas regiones de Marruecos y, principalmente, de antiguas casas de Fez y Mequinez— como mobiliario y objetos decorativos: camas, cofres, alfombras, colgaduras, bordados, joyas y cerámica, algunos de los cuales son de bellísima factura. Contiene, asimismo, manuscritos árabes y hebraicos, así como mobiliario litúrgico judío.

IBN BATTUTA

Ibn Battuta, cuyo verdadero nombre era Shams Eddin Ibn Abdallah Altanji, nació en Tánger en 703/1304. Después de terminar sus estudios jurídicos y religiosos en la *medersa*, abandonó su ciudad natal a los 22 años de edad para ir en peregrinación a La Meca y cumplir su deber como creyente. Regresó en 749/1349 para orar ante la tumba de su madre, y se fue de nuevo para terminar lo que consideraba como su periplo —los países islámicos—, visitando la España andalusí y las regiones al sur del Sahara. Acabó estableciéndose en 753/1353 en Fez donde, a instancias del soberano y gran mecenas meriní Abu Inan, dictaría sus memorias a un hombre docto, Abu Yuzay, quien finalizaría el trabajo de escritura en 766/1365.

Durante sus treinta años de peregrinación, Ibn Battuta —un viajero fuera de lo común, al que podríamos considerar el primer trotamundos— recorrería 120.000 km, visitando diversos países de África, Asia y Europa en los que existían comunidades musulmanas. Fue una hazaña de las más fabulosas para una época en la que en la mayoría de los países que atravesaba imperaba una gran inseguridad, sin contar la precariedad de los medios de locomoción. Pero Ibn Battuta, que hizo del viaje su vocación principal, tenía como lemas: "Recorrer la tierra, e ir a donde no haya estado nadie antes" y "No volver nunca por el mismo camino".

En consecuencia, soportó todo tipo de rigores climáticos: la nieve, el tórrido calor del desierto o las furiosas tempestades del Océano Índico y del Mar de la China. Pasó por todas las situaciones materiales posibles, desde las mejores a las peores, conociendo tanto la riqueza

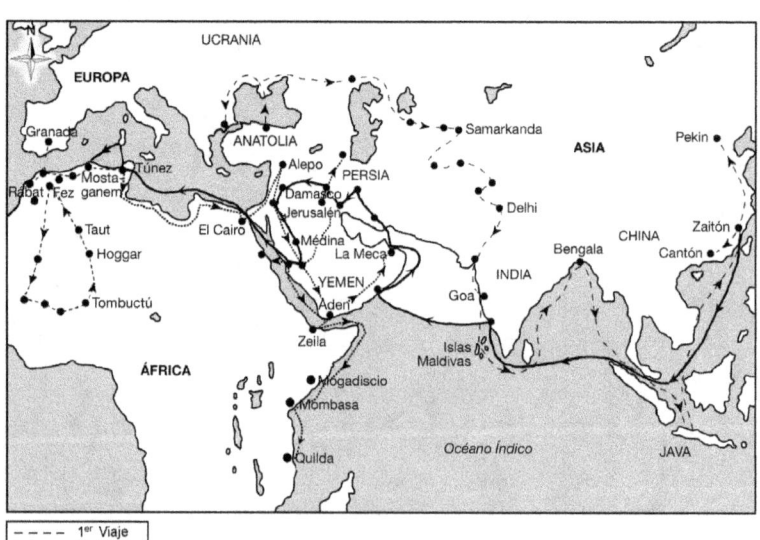

Mapa de los viajes de Ibn Battuta.

como la pobreza. Vivió unas veces en palacios, como huésped privilegiado de príncipes hindúes, y otras de los subsidios del juez o cadí, en las Maldivas, o de los óbolos en conventos de congregaciones religiosas.

Pero la sólida formación humanística que había adquirido en Tánger, así como su profunda fe en Dios y su piedad ejemplar, le habían preparado para ello. Gracias al *status* privilegiado de la lengua árabe —lengua de religión y civilización— que en aquella época era clave para los intercambios internacionales, pudo hacerse entender por todos los lugares que recorrió. Su fe le proporcionó confianza en el destino, y la tranquilidad y serenidad necesarias para afrontar las dificultades que encontró en su camino. Por otra parte, su espíritu tolerante le permitió ser aceptado por las comunidades no musulmanas de África o Asia, lo que nos vale hoy las preciosas informaciones acerca de las costumbres hindúes o de Níger, así como las de las poblaciones turcomanas que visitó. Su curiosidad no se limitaba al modo de vida de las gentes a cuyo encuentro se dirigía. La naturaleza no le dejaba indiferente. Dotado de un espíritu de observación digno de un naturalista y de un geógrafo, observaba y anotaba todo lo relativo a la flora y a la fauna. Por ello, sus memorias siguen siendo en la actualidad de gran valor.

RECORRIDO VIII

Pleamar y bajamar, resplandor y ocaso

Kamal Lakhdar

Primer día

VIII.1 RABAT

VIII.1.a Museo Arqueológico
VIII.1.b Palacio Real
VIII.1.c Murallas almohades y puertas
VIII.1.d Mezquita Mulina
VIII.1.e Explanada de la Torre Hassan
VIII.1.f Mausoleo de Mohamed V
VIII.1.g Chellah

El zelish

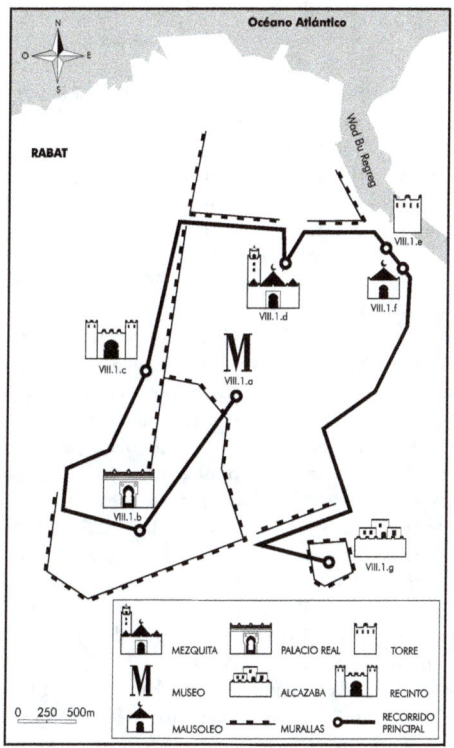

Explanada de la Torre Hassan, Rabat.

215

Chellah, mezquita de la necrópolis, galerías, Rabat.

Las ciudades de Rabat y Salé, situadas a uno y otro lado de la desembocadura del río Bu Regreg, fueron unas veces rivales y otras aliadas. Actualmente forman una única entidad administrativa y un conjunto turístico indisoluble.

La aglomeración de Rabat-Salé, capital del reino desde 1912, conoció a lo largo de los siglos un destino singular, hecho de luces y sombras, de actividad febril y profundos letargos, de ambiciones y de esperanzas fallidas.

Esos altibajos históricos se reflejan en los monumentos y vestigios que jalonan las dos riberas del río Bu Regreg, a las que proporcionan su gran encanto estético, su atractivo turístico y su interés histórico y cultural. El "emplazamiento de Bu Regreg", como lo llaman los historiadores, debido al nombre del río que separa las dos ciudades gemelas, ha jugado un papel preponderante en la cultura y la civilización andalusíes desde un doble punto de vista:

1. Como lugar de transmisión de la religión islámica y de la cultura arábigo-beréber hacia España, bajo las dinastías almorávide, almohade y meriní, al encontrarse a medio camino entre Marrakech —la capital almorávide y almohade— y los puertos mediterráneos de donde partían las expediciones hacia al-Andalus.

2. Como punto de recepción y encaminamiento hacia el norte de África de las poblaciones musulmana y judía (moriscos) llegadas con sus armas y bagajes, sus modos de vida y sus técnicas, desde al-Andalus. Tras la reconquista cristiana, el estuario del Bu Regreg contaba con un puerto navegable, y su aglomeración urbana poco poblada (alcazaba) podía acoger a un buen número de inmigrantes.

Esta doble faceta de la relación de Rabat-Salé con al-Andalus se refleja a la perfección en los monumentos y vestigios del lugar: los de los conquistadores almohades, de estilo sobrio, imponente y extrovertido (Torre de Hassan, murallas, Chellah) y los de los meriníes y sus sucesores, de estilo refinado, personalizado e introvertido (*zawiya*s, mezquitas, mansiones).

El primer tipo lo representa la arquitectura de los almohades (segunda mitad del siglo VI/XII), cuyas relaciones con al-Andalus se hacen cada vez más estrechas. En efecto, en la arquitectura almohade, el estilo hispano-marroquí alcanza un completo desarrollo, y sus obras —de carácter militar, religioso o de utilidad pública— son de una nobleza y una grandiosidad imponentes, como por ejemplo la gran muralla de Rabat con sus puertas monumentales, o incluso los restos del alminar y la mezquita de Hassan.

Los monumentos almohades, construidos sin interrupción mediante fórmulas simples y sobrias, con unas dimensiones a menudo colosales, en los que los sillares juegan un papel importante, sorprenden por su majestuosidad y dejan la impresión de una fe robusta, nutrida de grandes ambiciones, pero que al tiempo prescribe al hombre la modestia y el anonimato. En consecuencia, no aparece en ellos el nombre de ningún príncipe y, naturalmente, tampoco el del arquitecto.

Por el contrario, el arte meriní, muy adaptable, mantiene la constante preocupación de aliar belleza y utilidad, de provocar la admiración y perpetuar el recuerdo de los grandes constructores.

Bien es verdad que la fe permanece viva, pero sin desdeñar por ello el goce de los bienes terrenales. De hecho, ahora se trata no ya de una majestad altiva y una severa elegancia, sino de un refinamiento voluptuoso y una dulce armonía. La sillería de piedra y el mármol dan paso a materiales más dóciles: adobe, ladrillo, madera, yeso y cerámica que, unidos a un extraordinario acierto en su uso, permiten seductoras variaciones renovadas sin cesar. Se colma de consideraciones y favores a los artesanos para que realicen estas obras, atribuyéndose al sultán meriní Abu Inan (752/1351-759/1358) esta declaración: "Lo que es hermoso no es caro, por muy elevada que sea la cantidad. Ni se paga demasiado por cosa que plazca al hombre".

El arte andalusí es, pues, un arte plural. Hay quien, en una atrevida aproximación, no desprovista de exactitud, ha querido comparar el arte almohade con el románico, y establecer un paralelismo entre el arte meriní y el gótico flamígero, que fue su contemporáneo.

La calidad y originalidad de este patrimonio andalusí hacen de Rabat y Salé uno de los puntos clave para la aprehensión y comprensión de tan inestimable herencia, todavía viva. Pero el legado más importante que Rabat recibió de al-Andalus es, con toda seguridad, el

Explanada de la Torre Hassan, vista de conjunto desde el Bu Regreg, Rabat.

humano. En este sentido, hay que subrayar que el emplazamiento del Bu Regreg recibió oleadas de emigrantes andalusíes, desde el siglo VII/XIII hasta el XI/XVII, aunque parece ser que muchos de ellos se sintieron decepcionados por la mala acogida dispensada por los autóctonos, especialmente los habitantes de Salé. Este fenómeno de rechazo fue especialmente visible en el caso de los moriscos expulsados de España en 1017/1609, que tenían reputación de apóstatas por haber tenido que renegar de su fe, en un momento determinado, para permanecer en su país natal. Esto les llevó a adoptar de inmediato una actitud defensiva y una posición de aislamiento en el interior de la nueva muralla que erigieron a este lado de las almohades; muralla llamada "andalusí" que es, por otra parte, prácticamente el único resto (de interés histórico) legado por los moriscos. Y es que ellos siempre han guardado la secreta esperanza de poder retornar algún día a su patria de origen, a su tierra natal, a al-Andalus…

Pero, más que en las piedras, es en las tradiciones, usos y costumbres, maneras de ser y de parecer donde los andalusíes han dejado su impronta en las riberas del Bu Regreg. Las bodas, los funerales, los vestidos, la música, los cantos, las nanas conservan el eco de al-Andalus. Del mismo modo, ciertas fiestas estacionales que aún sobreviven —*naier,* solsticio de invierno, *ansra,* solsticio de verano— aparentemente tienen sus orígenes en los ritos andalusíes, e incluso cristianos, de los habitantes. "La cultura andalusí imprime un sello especial a los *rbati*s y hace de ellos un grupo distinto, con sus mitos de excelencia y descendencia" (Mariette Hayeur).

Así, Rabat-Salé —que fue primero la Sala fenicia y, después, la Colonia Sala romana, la Mahdya almóravide, la Ribat al-Fath almohade, la Sala Antigua y la Sala Nueva, y también la República de las Dos Riberas morisca— no ha dejado de permanecer

Alcazaba de los Udayas, museo, patio interior, Rabat.

RECORRIDO VIII *Pleamar y bajamar, resplandor y ocaso*
Rabat

Salé, fortificaciones, vista general.

abierta a las influencias externas y mantuvo, especialmente con la España árabo-musulmana, unas relaciones de intercambio e influencia mutua desde el comienzo de la conquista musulmana hasta su reconquista por los Reyes Católicos y mucho más allá.

Es este elemento de interacción, de pleamar y bajamar —en definitiva, de simbiosis—, lo que debe tener presente el visitante para poder apreciar no solamente la arquitectura, la decoración y la artesanía, sino también el estilo de vida de las familias *rbati*s y su mentalidad, a la vez tradicional y abierta, sencilla y refinada.

En consecuencia, y siguiendo un orden lógico, el recorrido de Rabat-Salé se ha distribuido en dos días: el primero corresponde a la primera época, la del movimiento musulmán hacia la Península Ibérica, tomando como punto de partida el período preislámico, que constituye el telón de fondo histórico y arqueológico; el segundo día se dedica a la segunda época, la de la emigración andalusí hacia Marruecos, y, como telón de fondo, la extraordinaria aventura de los corsarios de Salé.

Primer día

VIII.1 RABAT

Fue en el siglo IV/X cuando los guerreros musulmanes ortodoxos, en lucha contra las tribus heréticas, construyeron un campamento fortificado o *ribat* en la orilla izquierda de la desembocadura del Bu Regreg, no lejos de los restos de la antigua ciudad romana de Colonia Sala, ciudad erigida a su vez sobre una pequeña aglomeración que sirvió desde el siglo III como escala fenicia y después cartaginesa; hasta que los almorávides (447/1056-542/1147) lograron la unidad del Magreb occidental, desde Argel al Atlántico, desde el Sahara hasta al-Andalus. Estos *morabitines*, "hombres del *ribat*", dieron al *ribat* del Bu Regreg una dimensión sagrada y establecieron allí la cabeza de puente de la lucha contra los berguata, responsables de la muerte de Abdallah Ibn Yasin, fundador de la dinastía. Cuando los almohades reemplazaron a los almorávides, el *ribat* del Bu Regreg, lejos de perder su papel defensivo y militar, entra en

RECORRIDO VIII *Pleamar y bajamar, resplandor y ocaso*
Rabat

la historia bajo el reinado del primer soberano almohade, Abd al-Mumen (524/1130-558/1163), con el nombre de *Ribat al-Fath,* "El Campamento de la Conquista".

Hacia 540/1146, Abd al-Mumen, el fundador del mayor imperio musulmán de Occidente que haya existido jamás, ordenó crear una alcazaba con sus palacios, su mezquita y cisternas para la reserva de agua. La bautizó, en un primer momento, con el nombre de Mehdia —la ciudad de *Mahdi*— en referencia a Ibn Tumert, promotor del movimiento reformador musulmán que se proclamó *Mahdi;* es decir, Elegido de Dios, escogido para predicar el Bien y combatir el Mal.

Según el testimonio de Hassan al-Wazzane —conocido bajo el seudónimo de León el Africano— el califa almohade se vinculó de manera muy especial a la nueva alcazaba y adquirió la costumbre de acudir a ella en la época estival, entre abril y septiembre. También celebraba allí, de cuando en cuando, largas reuniones en las que congregaba a su alrededor a los gobernadores de las provincias y a los jefes del ejército. Además, el *ribat* adquirió una dimensión guerrera acrecentada al transformarse en punto de concentración de las tropas, en un jalón en el camino de la conquista de España, donde los musulmanes tenían que hacer frente a una renovada oposición cristiana. Abd al-Mumen engrandeció el *ribat,* fortificó la alcazaba, Salé y la Maamora, y construyó un importante astillero. Las ciudades del Bu Regreg acababan de ingresar en la Historia en términos de igualdad...

El imperio almohade conoció su verdadera edad de oro durante el reinado del nieto de Abd al-Mumen, Abu Yusef Yaʻqub al-Mansur (579/1184-595/1199),
que derrotó a los castellanos en la batalla de Alarcos (591/1195), recogiendo un enorme botín que le permitiría llevar a cabo su gran labor de constructor. En concreto, decidió crear una verdadera capital almohade, a semejanza del Fez de los idrisíes y del Marrakech de los almorávides. Teniendo presente el destino andalusí de su imperio, escogió como emplazamiento el *ribat* del Bu Regreg, abierto al océano y que debería, según su concepción, albergar una de las mayores ciudades del mundo musulmán. Inició la construcción de una gigantesca mezquita que sería la mayor del Islam, después de la de Samarra, en Iraq. Pero en 595/1199, cuando el alminar se elevaba ya a más de 40 m del suelo, Yaʻqub al-Mansur murió y la obra se detuvo. Tendrían que pasar siete siglos y medio hasta que se reiniciara con la edificación del Mausoleo de Mohamed V.

Después de que Ribat al-Fath se hubiera convertido en una ciudad encantadora —de la que los geógrafos de la época alaban sus bellos edificios, su atractiva costa, los variados y generosos huertos, las numerosas barcazas que aseguraban de forma permanente la comunicación entre ambas orillas del río, enlazadas además por un puente de madera, así como la prosperidad de sus habitantes y la seguridad que allí reinaba— se fue despoblando paulatinamente tras la muerte de al-Mansur, pero de forma muy especial tras la derrota de Las Navas de Tolosa (608/1212), que puso fin a la conquista musulmana de al-Andalus. Sin embargo, la ciudad conservó una cierta prosperidad económica, tanto agrícola como pesquera, gracias sobre todo a explotar las nuevas técnicas importadas por los refugiados andalusíes.

Con el desmoronamiento del imperio almohade, Ribat al-Fath entró en una era

RECORRIDO VIII *Pleamar y bajamar, resplandor y ocaso*
Rabat

Palacio Real, Mezquita al-Fas, Rabat.

más oscura y desdibujada, si bien el estuario del río siguió manteniendo su carácter sagrado. Fue ese prestigio mítico y místico el que incitó al fundador de la dinastía meriní, Abu Yusef Ya'qub (656/1258-685/1286), a enterrar a su esposa el-Horra Um al-Izz en el antiguo emplazamiento del Chellah en 682/1284 y a ordenar su propio enterramiento en el mismo sitio. Los diferentes soberanos de la dinastía perpetuaron esta tradición y, en 739/1339, Abu al-Hassan hizo levantar una muralla y una *zawiya*. E incluso cuando Abu Inan, hijo de Abu al-Hassan, se rebeló contra su padre muerto en la batalla, el cuerpo del califa se trajo a Rabat para ser enterrado en la necrópolis.

Cuando los hafsíes de Túnez provocaron las revueltas que acapararon la atención de los meriníes y les hicieron descuidar la desembocadura del Bu Regreg, la orilla izquierda siguió viviendo en una especie de hibernación, mientras el Chellah velaba sus muertos en silencio. Pero Salé continuó con una actividad agrícola y portuaria importante, al tiempo que recibió diversas aportaciones de población: beréberes, andalusíes y también tunecinos.

VIII.1.a Museo Arqueológico

Calle al-Bihri, cerca de la sede de la televisión marroquí.
Horario: de 9 a 11:30 y de 14:30 a 18. Cerrado los martes

VIII.1.b Palacio Real

Solo se puede acceder al mechuar, *una avenida de 1.200 m que atraviesa el Palacio Real. Se entra por la Puerta de los Embajadores, que da al bulevar Mulay Hassan.*

Está situado en el recinto del *mechuar,* que ocupa casi 50 ha. Esta zona, donde las delegaciones esperan antes de ser recibidas por el sultán, se llama también recinto de los Tuargas por los guerreros del sur instalados en este lugar por Sidi Mohamed Ibn Abdallah (1170/1757-1204/1790).

RECORRIDO VIII   *Pleamar y bajamar, resplandor y ocaso*
Rabat

Murallas almohades, muralla y torres cuadradas, Rabat.

En 1864, el sultán Mohamed Ibn Abderrahman ordenó levantar un nuevo palacio, que ha sido reconstruido y agrandado en el siglo XX.

El Palacio está flanqueado por una serie de edificios administrativos —Protocolo Real, Gabinete Real, Sede del Primer Ministro, Ministerio de los Hábices, Colegio Real—, todos de reciente construcción, pero que reflejan con acierto la perennidad del arte arquitectónico y decorativo andalusí.

Tanto el Palacio como estos edificios tienen hermosas puertas; destacan la de la sala del trono, ricamente decorada, y la de la sede del Primer Ministro, ante la que se celebran diariamente las ceremonias de izar y bajar la bandera en presencia de la Guardia Real uniformada.

Varias puertas permiten acceder al recinto, entre ellas la Puerta de los Embajadores, construida en 1941, la única que permanece abierta durante la noche. A medio camino entre la Puerta de los Embajadores y el Palacio se encuentra, a mano izquierda, la mezquita *al-Fas* ("las gentes de Fez"), de aspecto sobrio y proporciones armoniosas, en la que tienen lugar numerosas ceremonias religiosas tradicionales, en particular la oración matinal del *Aid al-Adha, Aid al-Kebir*, al final de la cual el Rey procede al sacrificio ritual del cordero, en conmemoración del sacrificio de Abraham.

El recinto comprende también un circuito de obstáculos para el entrenamiento de la Guardia Real a caballo, así como amplias zonas enlosadas y adornadas con surtidores de agua donde se sitúan los habitantes de la ciudad con ocasión de las ceremonias, de las salidas reales o de los conciertos de los "55", banda musical vestida con coloridos uniformes que ejecuta, con instrumentos de percusión y de viento, piezas de música andalusí.

RECORRIDO VIII   *Pleamar y bajamar, resplandor y ocaso*
Rabat

VIII.1.c **Murallas almohades y puertas**

Murallas que bordean al Palacio Real y se extienden hasta la puerta de Bab al-Alu, cerca del océano.

El imperio almohade tuvo su edad de oro bajo el reinado de Abu Yusef Yaʻqub al-Mansur (579/1184-595/1199), que concibió el proyecto de edificar una capital almohade en la orilla izquierda del Bu Regreg. Así, cercó una superficie de 450 ha con una poderosa muralla de 5.263 m de longitud, flanqueada por 74 torres cuadradas, para defender por el oeste y por el sur la ciudad que, en el resto, ya estaba protegida por el acantilado, el río y el océano. La muralla, con ocho siglos de vida —se finalizó en 593/1197—, ha resistido admirablemente el paso del tiempo y la intemperie, gracias a la calidad del hormigón utilizado, hecho de ladrillos triturados (en lugar de simple tierra), pequeños cantos rodados y un tercio de cal, mezcla que le confiere la dureza de la piedra. La muralla tiene en casi 2 km, entre Bab al-Had y Bab Ruah y a lo largo del Bu Regreg, un espesor medio de 2,40 m; su altura varía entre los 7,55 y los 8,40 m.

Las puertas almohades de Rabat producen una fuerte impresión de grandeza. Son una de las obras maestras de la plástica andalusí, junto con los grandes alminares de la Kutubia de Marrakech, la Giralda de Sevilla y la Mezquita Hassan de Rabat.

El recinto almohade de Ribat al-Fath no tenía, en principio, más que cinco puertas, que son, partiendo del océano: Bab al-Alu, Bab al-Had, Bab Ruah, Bab al-Hedid y Bab Zaers. *Bab al-Hedid,* "la Puerta de Hierro", se incorporó al recinto del Palacio Real y no es accesible al público. Todas las demás son visibles, a veces solo desde el exterior, pero no desempeñan ya su función, pues en sus inmediaciones se han abierto otras salidas más grandes con objeto de facilitar una circulación más fluida y acorde con las necesidades actuales.

Bab Zaers

Al final del Mechuar, puerta exterior del Palacio Real que da al bulevar Musa Ibn Nosayr.

Se denomina así porque se encuentra enfrente del camino que conduce a la tribu de los zaers, a unos 20 km de Rabat; se trata de la única abertura realizada por los constructores almohades en la cara sur de las murallas. Mide 9,70 m de altura y 18,25 m de profundidad máxima; su anchura es de 12,60 m solo en la cara interior, alcanzando 18,60 m en la exterior. Por su planta, la puerta de

Murallas almohades, torre cuadrada, Rabat.

RECORRIDO VIII   *Pleamar y bajamar, resplandor y ocaso*
Rabat

Murallas almohades, Bab Ruah, vista de conjunto, Rabat.

los Zaers recuerda especialmente a Bab al-Alu, aunque es menos regular. En cambio, la parte central de la cara exterior recuerda, por su composición, a la de Bab al-Had. Parece que se remodeló con frecuencia: hay dos arcos sucesivos que se superponen y envuelven, uno retrasado respecto al otro, con dovelas alineadas que sobresalen alternativamente. Más tarde, y con poco acierto, se añadió un tercer arco de medio punto peraltado. En la cara interna de la puerta se hizo un añadido semejante, a la vez que se abrieron unas troneras en el parapeto y en la pequeña estancia de la terraza. Todas estas transformaciones datan del siglo XII/XVIII, cuando Sidi Mohamed Ibn Abdallah ordenó la consolidación de las murallas.

La Puerta de los Zaers es la más pequeña, al tiempo que la menos cuidada y la más reformada, de las cinco existentes en la muralla de Ya'qub al-Mansur.

Bab Ruah

Desde la Puerta de los Zaers, atravesar el Palacio Real y salir a la avenida Mulay Hassan. La puerta se encuentra al final de esta y da a la avenida al-Naser.

Bab Ruah, la "Puerta de la Partida", es la mayor del recinto almohade: tiene una anchura de 28 m, una profundidad de 27 m y una altura de 12 m. Aunque lo más llamativo es su función militar, sorprende por su decoración más profusa que en el resto. Da acceso a cuatro salas cuadradas de 5,65 m de lado que se comunican entre sí por dos vestíbulos de 4,20 x 2,20 m. El arco de entrada, ligeramente apuntado y peraltado, se añadió durante el reinado de Sidi Mohamed Ibn Abdallah, en la segunda mitad del siglo XII/XVIII.

La puerta está flanqueada en el exterior por dos torres, y el arco está ornamentado con una lacería festoneada, un dovelaje

RECORRIDO VIII *Pleamar y bajamar, resplandor y ocaso*
Rabat

imbricado y otra fila de festones; sus enjutas, decoradas con arabescos florales, están señaladas en el eje por una gran concha en relieve; una faja de escritura cúfica encuadra el arco y, en los ángulos, unas columnillas con capiteles esculpidos sostienen modillones lobulados. El pasillo interior, en codo, está cubierto por cúpulas, una de las cuales, gallonada, reposa sobre pechinas. Las cuatro salas de guardia instaladas en el interior se han transformado en galería de exposiciones, y se han practicado otras aberturas en la muralla para permitir una circulación fluida en ambos sentidos. Situada prácticamente en el centro de la cara oeste del recinto, esta puerta posee, además de la importancia de sus accesos, la firmeza de su trazado y el ingenio de su ornamentación, una majestad tal que la hace comparable a las más bellas puertas almohades: la de la alcazaba de los Udayas y la de Bab Agnaua en Marrakech.

Bab al-Had

Desde Bab Rouah, bordear la muralla en dirección al mar. La puerta se encuentra en la intersección del bulevar Misr.

La "Puerta del Domingo", o *Bab al-Had*, llamada así por el mercado semanal que se celebra en sus inmediaciones, ha sido objeto de numerosas reparaciones:

— En el siglo XIII/XIX, bajo el reinado de Mulay Sliman, concretamente en 1229/1814, según atestigua un medallón con la inscripción "Alabado sea Dios. Ha reconstruido esta puerta bienaventurada el comendador de los creyentes Mulay Sliman. 1229."

— En la época del Protectorado francés, se eliminaron los cuatro recodos del pasaje para facilitar la circulación.

— Finalmente, en 1995-1996 se llevaron a cabo trabajos de rehabilitación patrocinados por una empresa privada.
El vano de acceso de la cara exterior, que tenía 6,35 m de altura antes de las obras de 1229/1814, no mide hoy día más que 3,7 m. A pesar de las transformaciones que destruyeron la elegante línea del arco de apertura primitivo, Bab al-Had continúa siendo un bello monumento, menos severo que Bab al-Alu.

Bab al-Alu

Bordear siempre la muralla en dirección al mar. Bab al-Alu es la última puerta a la derecha.

La "Puerta de la Altura", o *Bab al-Alu,* que custodia las aberturas practicadas en el siglo XX, está construida en saledizo respecto a las dos caras de la muralla. Su

Murallas almohades, Bab Ruah, detalle, Rabat.

RECORRIDO VIII   *Pleamar y bajamar, resplandor y ocaso*
Rabat

Mezquita Mulina, vista general, Rabat.

fachada mide 19,20 m de ancho y tiene una profundidad de 20,92 m y una altura de 10,85 m. El pasaje interior tiene cuatro recodos, y hay dos torretas que enmarcan el vano de acceso, con 3 m de saliente y 5,30 m de frente. El vano presenta un gran arco de herradura apuntado, todo de piedra y con dovelas alineadas, que da a dos salas paralelas; una de ellas, en sus orígenes, era a cielo abierto. Bab al-Alu, que ha conservado su planta original, es muy representativa del arte almohade: imponente, sobria y un tanto fría.

VIII.1.d **Mezquita Mulina**

Coger el bulevar Hassan. La mezquita se encuentra a unos 300 m de Bab Buiba, en el extremo sur del parque del Triángulo de Vida, situado entre el bulevar Hassan II y la calle al-Mansur al-Dahbi. Acceso reservado a los musulmanes.

Situada entre las dos murallas de Rabat, la mezquita Mulina recibe su nombre del propietario del jardín en medio del cual se oculta. Los Mulina eran una antigua familia andalusí de Rabat. Según la tradición popular, esta mezquita es tan antigua como la del Chellah y fue construida durante el reinado de Yusef Ibn Tachfin. Pero, en ausencia de toda indicación, referencia o inscripción, se la puede atribuir con más verosimilitud —comparándola a la mezquita Yama' Sunna, en su estado original— a Sidi Mohamed Ibn Abdallah, que reinó en el siglo XII/XVIII. El monumento, de planta cuadrada, comprende un patio, un alminar, dos naves, un *mihrab* y cinco pequeñas estancias. La monumental puerta, de sillería y en forma de arco de medio punto, está coronada por un entablamento cubierto de tejas verdes. El alminar ocupa el ángulo noroeste del patio, encastrado en el muro del recinto por dos de sus lados. Es de ladrillo macizo enlucido con yeso.

De sección cuadrada, la robusta torre está coronada por merlones triangulares dentados (11 en cada lado). La linterna que corona la torre, rematada también con

RECORRIDO VIII *Pleamar y bajamar, resplandor y ocaso*
Rabat

merlones (5 en cada lado), está coronada por una cupulilla. Este santuario, de dimensiones tan modestas que casi parece un simple oratorio, ha permanecido mucho tiempo en estado de ruina antes de ser rehabilitado, tanto en la estructura como en lo que se refiere a su aspecto externo original, en los años 1970-1980.

VIII.1.e Explanada de la Torre Hassan

Seguir la señalización Mausoleo de Mohamed V. *Posibilidad de aparcar en la calle del Bu Regreg.*
Abierto todos los días de 9 a 19 horas.

En la época almohade no se encuentra ninguna personalidad suficientemente prestigiosa para dar su nombre a lo que debía constituir uno de los más importantes lugares de oración y culto del mundo musulmán, y del que no queda más que un alminar inacabado. Este proyecto gigantesco, para el que se eligió un promontorio situado a unos 30 m sobre el nivel del mar, al nordeste de las murallas que debían proteger la futura gran capital almohade, movilizó un sinnúmero de técnicos, artesanos y obreros, entre ellos unos 700 cautivos cristianos. Iniciada en el 592/1196 bajo el reinado de Ya'qub al-Mansur, la mezquita debía integrar una sala de oración de más de 2,5 ha, con una techumbre soportada por 300 columnas y cien pilares, así como un alminar de 64 m de altura (más de 80 m contando la linterna), pero su construcción se interrumpió a la muerte del monarca, acaecida en 595/1199. El edificio inacabado se fue deteriorando debido a la reutilización de los materiales, el pillaje y el terremoto que asoló Lisboa en 1168-1755, cuyas ondas de choque decapitaron el alminar; posteriormente, un incendio destruyó las estructuras de madera, cuyos restos fueron descubiertos cuando se emprendió la construcción del Mausoleo de Mohamed V.

Explanada de la Torre Hassan, abertura de la fachada que da sobre el Bu Regreg, Rabat.

227

RECORRIDO VIII   *Pleamar y bajamar, resplandor y ocaso*
Rabat

Torre Hassan, detalle, Rabat.

Actualmente la Torre Hassan —con su altura de cerca de 44 m, su base cuadrada y sus muros de unos 2,5 m de espesor— produce una impresión de majestad y fuerza, dominando el valle del Bu Regreg y el Frente del Mar. La pátina del tiempo ha impreso en sus cuatro fachadas de mampostería diferentes matices, que van del gris plata al rojo ocre. Los elegantes vanos que iluminan la rampa interior —por la que se podía subir a caballo— están decorados con numerosas arcadas coronadas por redes de lacería clásica, junto con motivos que nacen en los arcos que apoyan en columnillas de mármol y piedra rematadas por capiteles, algunos de los cuales proceden de al-Andalus, de la época del Califato de Córdoba (siglo IV/X). Se trata de la tercera obra almohade en su género, después de la Kutubia de Marrakech y la Giralda de Sevilla.

El recinto, de 183 x 139 m, debía estar horadado por 12 puertas, y la inmensa sala debía ordenarse en 19 naves perpendiculares a la *quibla* y 21 paralelas. Las columnas, de estilo romano bizantino, formadas por tambores superpuestos coronados de capiteles apenas esbozados, constituyen una excepción en el arte religioso almohade.

VIII.1.f **Mausoleo de Mohamed V**

Enfrente de la Torre Hassan.
Abierto todos los días de 9 a 19.

En el interior del recinto de la desaparecida Mezquita Mayor, frente a la Torre Hassan, el Mausoleo de Mohamed V (1927-1961) perpetúa el recuerdo del soberano que logró que el país recobrara su independencia. Este monumento, construido entre 1961 y 1969, se inspira en la arquitectura tradicional de las necrópolis reales. Situado sobre un zócalo de 3,50 m, está coronado por una techumbre piramidal cubierta de tejas verdes. Por una "galería-balcón" se accede a la sala funeraria donde se encuentran los restos del monarca —trasladados allí en 1971— y, en una esquina, los de su hijo Mulay Abdallah, fallecido en 1983. Toda la riqueza de la decoración marroquí tradicional, de origen andalusí se concentra en este lugar: una cúpula de 12 caras compuesta de madera de caoba tallada y vitrales de diversos colores, una gran lámpara de bronce de 2,30 m de diámetro y una tonelada y media de peso, muros recubiertos de *zelish* y estuco, la losa sepulcral en ónice blanco esculpida por el gran *m'allem* Ibn Abdelkrim, y el suelo de granito con un pulido tan perfecto que el sarcófago real parece flotar en un lago turquesa.

RECORRIDO VIII *Pleamar y bajamar, resplandor y ocaso*
Rabat

Más abajo del atrio embaldosado de la Torre Hassan hay una nueva mezquita con una superficie de 2.200 m². El suelo se ha rebajado 1,20 m para proporcionar a la sala de oración altura suficiente (7 m) sin restar majestuosidad al vecino mausoleo. Esta mezquita cuenta con dos salas de oración separadas por celosías —una para los hombres y otra para las mujeres— y un patio interior enlosado en mármol, rodeado por un pórtico de piedra esculpida. El conjunto monumental dedicado a la memoria de Mohamed V se completa con un museo de una superficie de 1.500 m², que recoge la historia de la dinastía alauí desde el siglo XI/XVII hasta el reinado de Mohamed V. El pórtico del museo, con sus arcadas abiertas a todos los vientos, es único en su género: su concepción es totalmente inédita, pero el estilo es puramente tradicional. Se alza sobre una explanada idéntica a la del mausoleo, y el acceso al museo se realiza por cuatro escaleras que conducen a las diversas salas de exposición, decoradas con *zelish*, madera y estuco, cada una con su sello particular. Con la Torre Hassan y el Mausoleo de Mohamed V, ocho siglos de historia se concentran en este explanada.

VIII.1.g **Chellah**

Enfrente de la puerta Bab Zaers. Coger la senda existente en la intersección de la gran avenida que bordea la muralla (avenida Musa Ibn Nosayr) con la avenida por la que se accede al Palacio Real. Aparcamiento.
Pagar entrada. Abierto todos los días. Horario: de 9 a 18.

Situada extramuros, a unos 2 km del centro de la ciudad, la necrópolis del Chellah se levanta en el antiguo emplazamiento de Colonia Sala, una próspera ciudad romana con acceso directo a través del río que fue abandonada en el siglo II/VIII, convirtiéndose en un campo de ruinas en el siglo IV/X. Los sultanes meriníes (VII-VIII/XIII-XIV) eligieron el lugar como sede de la necrópolis real, y de esta época son la mayor parte de las construcciones arábigo-musulmanas de las que no quedan más que ruinas, tras su destrucción por el terremoto de 1168/1755.

El recinto tiene la forma de un cuadrilátero irregular de unos 300 m de lado. Se accede por una puerta ricamente decorada, flanqueada por dos torres semioctogonales, con las aristas superiores coronadas por merlones salientes sobre un

Mausoleo de Mohamed V, vista general, Rabat.

RECORRIDO VIII *Pleamar y bajamar, resplandor y ocaso*
Rabat

voladizo de estalactitas. Una escalera da acceso a la plataforma superior; en el interior, a la izquierda, se encuentran los antiguos puestos de guardia y los restos de una hospedería.

La inscripción cúfica que decora el arrabá que encuadra la puerta indica que la construcción de las murallas fue iniciada por Abu Said Uzmán (709/1310-731/1331) y finalizada por su hijo Abu al-Hassan en 739/1339.

Un camino desciende a la parte más baja del recinto, donde se encuentra una fuente, lugar en el que sin duda estaba la sala de abluciones de la época meriní que visitaban muchos morabitos, entre otros Sidi Yahya Ibn Yunes. A la izquierda se alza un viejo santuario que comprende:

1. Una mezquita con una puerta revestida de magníficos mosaicos y una fuente que acoge a una figura sagrada.

2. La tumba del emir meriní Abu al-Hassan, "el Sultán Negro" (731/1331-752/1351), decorada en la parte exterior con un voladizo de estalactitas. La fachada sudeste, de piedra hermosamente tallada, aparejada y esculpida, con junturas de plomo y cubierta de una bella pátina ocre. El túmulo alberga una lápida sepulcral que lleva el epitafio de Abu al-Hassan. No lejos de allí, otra lápida de mármol está dedicada a su esposa, Chems al-Duha, "sol de la mañana", europea convertida al islam y madre de Abu Inan;

3. Una *zawiya,* construida en 1930, que comprende un patio con un pilón central que todavía conserva el pavimento cerámico, rodeado de celdas a las que se accede por galerías sostenidas por elegantes columnas con magníficos capiteles de mármol, y un oratorio cuyo *mihrab* está rodeado de un pasillo semicircular; la leyenda dice que el Profeta oraba

Chellah, puerta y muralla, Rabat.

RECORRIDO VIII *Pleamar y bajamar, resplandor y ocaso*
Rabat

en esta mezquita y que era aquí donde daba siete veces la vuelta en torno al *mihrab* para merecer el título de *hash,* dado a los peregrinos que han hecho el viaje a La Meca.

4. Un alminar de 15 m de altura, coronado por una linterna y revestido de azulejos polícromos.

5. Una estela, denominada Lala Chella, convertida en la santa patrona del lugar. Más abajo, en medio de las ruinas, se extiende un jardín regado por el agua de un manantial vecino, *Ayn Mdafaʻ* o "manantial de los cañones", poblado de anguilas sagradas, genios a las órdenes de su rey Mulay Yaʻqub, reputadas como las guardianas de los muchos tesoros ocultos en el recinto sagrado.

Las excavaciones han sacado a la luz todo un antiguo barrio musulmán con su plaza, sus casas, sus baños y otros lugares públicos, construido en fecha indeterminada sobre el emplazamiento de la villa romana de Colonia Sala, lo que demuestra que el lugar era una verdadera ciudad funeraria y no una simple necrópolis.

Chellah, puerta de acceso a la zawiya y alminar, Rabat.

El Bu Regreg
El río Bu Regreg es a un tiempo un bello paraje natural y un monumento histórico que reivindican las dos ciudades gemelas y rivales de Rabat y Salé con el mismo celo orgulloso. Fue catalogado por el historiador al-Marrakchi como wad *Euumana,* "Río de las Granadas". En el siglo VII/XIII aparece con el nombre de Bu Regreg (Alí Rakrak). ¿Se trata, acaso, de evocar el término beréber ragash, que significa "cigüeña", animal emblemático de Rabat?

Actor y testigo de una historia multisecular, el Bu Regreg arrastra oleadas de recuerdos, sueños, proezas, dramas, alegrías y angustias, con sus mariscadores, trabajadores, burgueses, poderosos y, siempre, con esa maravillosa desembocadura que ofrece un panorama inaudito de encanto y elegancia a una y otra orilla, panorama que el visitante puede admirar desde cualquiera de los barcos de alquiler que hacen la travesía entre las dos riberas, o las pequeñas excursiones que se soliciten. ¡Un paseo en barco por el río permite contemplar 20 siglos de historia!

EL ZELISH

Alcazaba, Museo, pavimento mural en zelish con motivo de estrella poligonal, Tánger.

El *zelish,* o azulejo, es una pieza de arcilla cocida y esmaltada en diferentes colores, a la que se le dan a mano distintas formas. Se utiliza para decorar paredes, columnas y, a veces, los pavimentos.

El arte del *zelish* apareció en Marruecos, igual que en al-Andalus, en el siglo IV/X, y se expandió en el VIII/XIV. Derivado probablemente del mosaico bizantino, sin duda está influido por la mayólica italiana y el azulejo andalusí. A este respecto, es importante señalar que los árabes tuvieron la sagacidad de asimilar las artes de las regiones que conquistaban, aunque imprimiéndoles siempre su propia personalidad: en efecto, el arte arábigo-musulmán se ha hecho eco del de los hindúes, persas y bizantinos. Así, después de haber aprendido de estos últimos los procedimientos técnicos para la fabricación de mosaicos, los árabes crearon en al-Andalus, a partir del siglo IV/X, un nuevo arte del azulejo esmaltado, utilizando no ya piezas cuadradas y uniformes de alrededor de 1 cm de lado, sino de formas muy diversas. Al principio se trataba de cuadrados de arcilla de 10 cm de lado que recubrían de esmalte y cocían a la manera tradicional (secado, primera cocción; esmaltado, segunda cocción) para luego tallarlos a mano, utilizando para ello pesadas martelinas o *menqach*.

El tallista del azulejo esmaltado, sentado y con los brazos apoyados en las rodillas, recorta las piezas una a una con su *menqach* afilado por ambas caras, con un movimiento continuo y preciso, siguiendo el trazado dibujado previamente sobre los cuadrados esmaltados. Las distintas formas, a cada una de las cuales corresponde un nombre específico, pueden acoplarse entre sí para componer motivos que obedecen a las reglas tradicionales del trazado regulador.

RECORRIDO VIII

Pleamar y bajamar, resplandor y ocaso

Kamal Lakhdar

Segundo día

VIII.1 RABAT
        VIII.1.h Alcazaba de los Udayas
        VIII.1.i Medina
        VIII.1.j Muralla Andalusí
        VIII.1.k Bastiones de la muralla Andalusí

VIII.2 SALÉ
        VIII.2.a Bab Mrissa
        VIII.2.b Medersa Meriní

La alfombra de Rabat

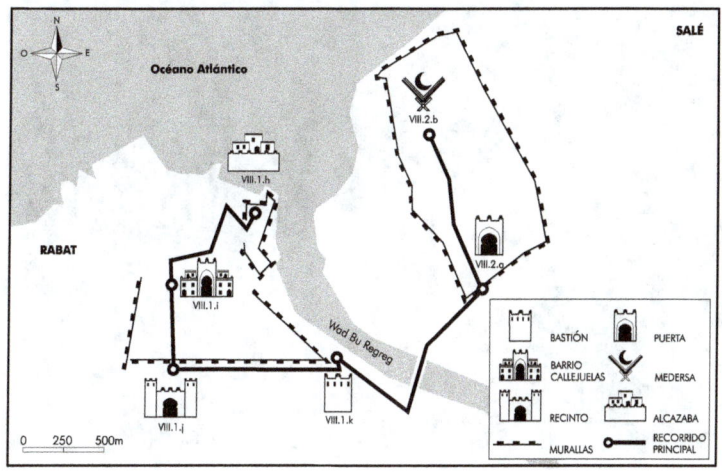

RECORRIDO VIII   *Pleamar y bajamar, resplandor y ocaso*
Rabat

Segundo día

VIII.1.h Alcazaba de los Udayas

Seguir la señalización Alcazaba de los Udayas. Aparcamiento frente a la alcazaba, en la plaza Suq el Guezel. El museo se encuentra en el interior de la alcazaba.
Cerrado los martes. Pagar entrada. Horario: de 9 a 12 y de 15 a 18

Los udayas eran una tribu árabe del Sahara en la que Mulay Ismail (1082/1672 a 1139/1727) reclutó numerosos guerreros, una parte de los cuales fue destinada a la guarnición de Rabat para protegerla de las turbulentas tribus vecinas. La actual alcazaba es poco extensa, pero muy pintoresca. Su parte alta es de fundación almohade, y la baja de fundación alauí (XII/XVIII). La muralla almohade que circunda el recinto, de 2,50 m de anchura por 8 a 10 m de altura, está hecha de morrillo y bordeada por una explanada en declive donde todavía se pueden ver los viejos cañones que la defendían. La monumental puerta, de piedra labrada de color ocre, se alza sobre un cerro y domina la ciudad. Es el primer *ribat* erigido en este lugar; el geógrafo Ibn Hawqal ya se refería a él en el 366/977, afirmando que podía albergar hasta 100.000 combatientes.
En 534/1140, los almorávides construyeron una alcazaba para defenderse de la amenaza de los almohades. Estos consiguieron destruirla, pero la volvieron a levantar en 544/1150, incluyendo en ella un palacio y una mezquita. Abd al-Mumen, que le dio el nombre de *Mahdi-*

Alcazaba de los Udayas, murallas, Rabat.

RECORRIDO VIII   *Pleamar y bajamar, resplandor y ocaso*
Rabat

ya, residía allí con frecuencia; allí recibió en 545/1151 y 553/1158 a las delegaciones del gobierno de al-Andalus.

Tras la muerte de Yaʿqub al-Mansur (595/1199), que quiso hacer de Ribat al-Fath la gran capital del Occidente musulmán, la alcazaba fue prácticamente abandonada. Cuando Felipe III promulgó en 1017/1609 el decreto de expulsión de España de cerca de medio millón de moriscos, 2.000 hornacheros vinieron a instalarse en Salé, y luego en Rabat, a donde atrajeron a otros 14.000 expulsados que se convirtieron en temibles corsarios, instaurando una "República Autónoma" que permaneció independiente del poder central hasta 1076/1666, fecha en la que el sultán alauí Mulay Rachid los sometió a su autoridad.

La Puerta de los Udayas, formada por un arco flanqueado por dos torres, fue construida en el siglo VI/XII por Yaʿqub al-Mansur. De majestuosas proporciones, la decoración esculpida de la fachada exterior se repite en la interior. Las enjutas del arco están enmarcadas por una inscripción cúfica. En el nacimiento de los arcos festoneados, unos motivos que representan serpientes o anguilas constituyen una verdadera curiosidad dentro de la decoración marroquí.

En la alcazaba se encuentra la mezquita más antigua de Rabat, Yamaʿ al-Atiqa, edificada en 544/1150 por Abd al-Mumen. Su alminar, adornado con arquerías, fue restaurado en el siglo XII/XVIII por el converso inglés Ahmed al-Inglizi.

Torre de los Corsarios

La calle Yamaʿ conduce a la plataforma que domina la desembocadura del Bu Regreg y la ciudad de Salé, y sobre la que se levanta un semáforo del siglo XI/XVII, así como un almacén del siglo XII/XVIII que alberga actualmente una escuela y un taller de alfombras. La calle Laalami, que no tiene salida, termina en la Torre de los Corsarios.

La Torre de los Pilotos, como se llama todavía a este *borsh*, se construyó en el siglo XII/XVIII. Rechoncha, maciza y situada al nivel del agua, tiene unas troneras por donde salen cuatro cañones que apuntan al *wad* y a Salé. Está a 25 m aguas arri-

Alcazaba de los Udayas, puerta, detalle de la decoración, Rabat.

235

ba de la Sqala. Tiene un perímetro de 13 m y su plataforma se eleva 3 m por encima del agua. Se ve solo cuando se entra en el puerto y se dobla hacia el *wad;* su función era atacar a los barcos que, al franquear la barra y penetrar en el puerto, se creían ya a salvo.

La calle Bazzo lleva al jardín Andalusí, creado entre 1915 y 1918. Las escaleras conducen a dos torres almenadas, dotadas de cañones antiguos, y a un camino de ronda que domina las *medinas* de Salé y Rabat.

Museo de los Udayas

La alcazaba aloja también el Museo de Artes Marroquíes de Rabat, instalado en el pabellón principesco que Mulay Ismail hizo construir a finales del siglo XI/XVII. El edificio fue transformado en *medersa* antes de alojar al museo. Actualmente, están abiertas al público tres salas. En una primera, el Museo de los Udayas presenta una reconstrucción de un interior marroquí tradicional con las paredes recubiertas de brocados de oro y seda de origen fasí.

Una segunda sala, embaldosada en mármol, reúne cerámica de Fez, instrumentos musicales y joyas beréberes o hispanoárabes, así como una colección de coranes y manuscritos iluminados. Los más antiguos datan del siglo VI/XII; uno de ellos fue redactado por el hermano del califa almohade al-Said, Omar al-Murtada, cuando era gobernador de *Ribat al-Fath*. La antigua mezquita de la mansión alberga una colección de tapices procedentes de todas las regiones de Marruecos; los más antiguos, de Rabat y Mediuna, datan del siglo XI/XVII. Hay otra sala dedicada a los trajes típicos marroquíes de las regiones comprendidas entre el Rif y el Sahara.

Detrás del jardín Andalusí se encuentra el café Maure, construido sobre las murallas, que ofrece una vista panorámica del Bu Regreg.

LA ALFOMBRA DE RABAT

Emparentada con las alfombras islámicas de tradición urbana, la alfombra *rbatí* está considerada como una de las alfombras de lana más suntuosas de Marruecos y del mundo arábigo-musulmán. Contrariamente a las alfombras beréberes, que representan motivos tradicionales de tatuajes y alheña, la alfombra de Rabat contiene motivos florales, zoomorfos o geométricos sacados del repertorio turco. Es muy probable que se trate de una técnica artesanal introducida en Rabat en la época de los corsarios de Salé y con el sinnúmero de visitas, alianzas e intercambios realizados en el siglo XII/XVIII entre el Imperio Otomano y el reino de Marruecos en general, y las ciudades del Bu Regreg en particular. Dice la leyenda que fue una cigüeña la que habría llevado en su pico, hace muchos siglos, un trozo de alfombra de Oriente, dejándolo caer en el Chellah. Los habitantes no habrían cejado hasta encontrar y reproducir las técnicas de fabricación de esta pieza milagrosa, verdadero "mensaje celestial". El explorador austríaco Oskar Lenz, que estuvo en Rabat del 29 de enero al 3 de febrero de 1880, hace los siguientes comentarios sobre las alfombras de la ciudad:

"Antaño Rabat ocupaba un lugar aparte en el Imperio de Marruecos, e incluso hoy ocupa un puesto primordial por su industria autóctona. La fabricación de magníficas alfombras, con dibujos originales y colorido muy vivo y variado aunque agradable a la vista, se hace allí en gran escala. La lana y los colores se fabrican allí mismo y las alfombras no se hacen en grandes talleres, sino en las propias casas de los tejedores, consagrados a este oficio que se transmite de padres a hijos. A menudo aparecen en alfombras antiguas unas tonalidades magníficas, sobre todo en la gama de los rojos. Las alfombras de Rabat salen para todas partes del Imperio; pero pocas veces son llevadas a Europa, donde el mercado está dominado por los productos del verdadero Oriente".

La alfombra *rbatí*, de terciopelo liso y textura fina, se teje en telares de alto lizo verticales y fijos, lo que permite trabajar a varias personas a la vez en la misma obra. La trama, que determina la anchura de la alfombra, la forman los hilos horizontales pasados entre los hilos verticales,

Alfombra con motivos florales y, en el centro, un marco con dos rombos superpuestos. Museo de los Udayas (Núm. Inv. 5125).

que constituyen la urdimbre y son los que determinan el largo. Una reglamentación muy estricta exige un mínimo de 50.000 nudos por metro cuadrado, pudiendo llegar a alcanzar hasta los 160.000. La composición global del trazado y de los motivos, así como los colores, que en un principio eran limitados, repiten esquemática y simbólicamente el plano de una casa marroquí tradicional, con su patio, su surtidor de agua en el centro, sus salas, sus corredores y tejadillos, así como motivos de la decoración mural (yeserías y azulejos).

Tradicionalmente, la alfombra *rbatí* tiene un fondo de color rojo vivo, teja o rosa apagado y, en cada rincón, un triángulo; también, a veces, en uno de los lados más anchos lleva un único triángulo en el medio, lo que hace que se asemeje a un *mihrab*. Este motivo es frecuente, sobre todo, en las pequeñas alfombras de oración. Invariablemente, en el centro hay un rosetón que se denomina de diferentes maneras según su aspecto general: *limuna buraqha,* si es "naranja con hojas"; *siniya,* "bandeja"; *mdal al-sultan,* "quitasol del sultán"; o *hzam Sidna Suleyman,* "cinturón del rey Salomón". El rosetón puede también estar rodeado de pequeños motivos llamados *kchiuchat,* "pequeños utensilios", y en los ribetes la alfombra lleva unas bandas más o menos anchas, muy decoradas, pero cuya policromía es muy estricta; los colores están normalmente limitados a siete: rojo, verde, azul, negro o marrón, amarillo, naranja y blanco. Sin embargo, no es extraño que lleguen a ser trece en los motivos finamente dibujados y de nombres evocadores: *halwa*, pastel; *chayra*, árbol; *warda*, flor.

VIII.1.i Medina

Desde la plaza Suq el Ghezel, frente a la alcazaba de los Udayas, tomar la calle de los Cónsules que está más abajo, a la izquierda.

Dejando atrás la alcazaba de los Udayas se llega a la plaza Suq al-Gzel, "Mercado de la hilandería", donde los cautivos de los corsarios eran vendidos en los siglos X/XVI y XI/XVII y donde ahora tiene lugar dos veces por semana la venta de alfombras directamente al público. Esta plaza conduce a la calle de los Cónsules, que se construyó en la época de la "República de las Dos Riberas" (1018-1610/1076-1666) y en la que los representantes extranjeros estuvieron obligados a residir hasta 1912. El primer tramo está ocupado por una sucesión de almacenes y pequeñas tiendas de artesanía: en ellas se pueden encontrar alfombras, tapices, objetos de cobre, marroquinería, vestidos y telas. En los números 93 y 109 se encuentran dos *funduqs*, antiguos "hoteles-almacén" para los comerciantes de las caravanas. Actualmente trabajan en ellos artesanos del cuero. Otro *funduq*, de construcción moderna, alberga una *qaysariyya*, galería de venta de tejidos.

Las viviendas de la calle de los Cónsules son de un estilo más europeo que las del resto de la *medina* y tienen muchas ventanas que dan a la calle, mientras que las casas tradicionales son más "introvertidas", con fachadas ciegas y habitaciones que se abren a un patio interior. "El callejón sin salida del consulado de Francia" es una estrecha callejuela en el fondo de la cual se encuentra el palacio del consulado, en el que residió, como Cónsul de Francia (1180/1767 a 1196/1782), Louis Chénier, padre del poeta André Chénier. Al final de la calle de los Cónsules se

Medina, mercado del calzado, Rabat.

puede torcer a la izquierda para salir al río, a través del barrio de los Forjadores, *Haddadine*, por la Puerta del Mar (*Bab al-Bhar*), o ir a la derecha y atravesar el mercado del calzado, *Suq Sebbat,* cubierto de esteras de caña. En este lugar en el que la animación es continua, igual que el ir y venir de la gente, se venden calzados modernos y tradicionales, artículos de marroquinería, objetos de artesanía en general, así como joyas de oro y plata de factura tradicional.

Saliendo del *suq* se encuentra, a mano izquierda, la Mezquita Mayor, Yama' al-Kebir. Fue construida por los meriníes y ha sido reformada sin cesar; su alminar,

RECORRIDO VIII   *Pleamar y bajamar, resplandor y ocaso*
Rabat

de un ocre muy oscuro, se reconstruyó en 1939. Si se continúa por la izquierda se llega a Bab Chellah, no sin antes pasar ante un hermoso friso de arquerías ciegas y sinuosas lacerías esculpidas: se trata del frontón de una antigua fuente meriní, cuyos arcos están ahora ocupados por un librero.

VIII.1.j Muralla Andalusí

Muralla que discurre a lo largo del bulevar Hassan II. Salir de la medina por la puerta Bab Mellah o bien, por el camino opuesto, hacia el mercado central: la muralla une esos dos extremos del bulevar Hassan II

Bajo los saadíes (961/1554-1069/1659) la ciudad de Rabat, casi abandonada, acogió a partir de 1017/1609 a un contingente de musulmanes —los hornacheros— expulsados por Felipe III, rey de España, que se instalaron en la alcazaba de los Udayas. Otro grupo corrió la misma suerte en 1018/1610 y ocupó el perímetro de la *medina* actual.

Vivían con la obsesión de que iban a ser atacados en cualquier momento, por lo que se dedicaron a construir una muralla para protegerse de los enemigos exteriores e interiores. El recinto así formado se sigue conociendo todavía con el nombre de Muralla Andalusí por el origen de sus constructores. Este movimiento migratorio tuvo lugar bajo el reinado del sultán saadí Mulay Ahmed al-Mansur (985/1578-1011/1603).

La muralla, de 1.400 m de largo, tenía cinco puertas. Bab Teben, o "Puerta del Heno", hoy desaparecida por razones urbanísticas, estaba formada por tres vanos: uno central, más alto y ancho, y otros dos laterales. De ella no queda actualmente más que una sala que sirve de cuartelillo de policía. Bab al-Buiba, "el portalito", da al bulevar Hassan II y recibe este nombre por sus dimensiones, ya que su altura no sobrepasa la talla de un hombre. El sultán alauí Mulay Sliman

Muralla andalusí, vista general, Rabat.

RECORRIDO VIII *Pleamar y bajamar, resplandor y ocaso*
Salé

reconstruyó totalmente Bab Chellah en 1228/1813. Su decoración es la excepción con respecto a la de las otras puertas construidas en la misma época. Aunque no posee la grandeza de las almohades, presenta elementos arquitectónicos muy interesantes, como son la abertura del arco apuntado, formado por dovelas sin adornos, finamente labradas y aparejadas, y las enjutas, en las que predominan los motivos florales y geométricos. Mide 11,28 m de largo, 6,82 m de ancho y 7,4 m de alto, y está adosada a uno de los *borsh*s de la muralla.

Las dos últimas no presentan ninguna particularidad: Bab al-Mellah, puerta que conduce al antiguo barrio judío, y Bab Diuana, convertida en puerta de entrada de una mezquita.

VIII.1.k Bastiones de la muralla Andalusí

En el extremo de la muralla Andalusí que bordea la avenida Hassan II, en la plaza Sidi Majluf, está el Borsh Sidi Majluf. En la prolongación de la muralla, bordeando esta vez el bulevar Tarik al-Marsa a lo largo del río, está el Borsh Qadia.

La muralla Andalusí está flanqueada por 26 torres (*borsh*s) y un bastión circular que lleva el nombre de Borsh Sidi Majluf, tomado del patrono de los barqueros de la época.

Borsh Sidi Majluf

Este bastión fue construido en el siglo XI/XVII. Desde allí los vigías podían divisar el puente de pontones construido por el caíd al-Caceri en su expedición a Salé, que fue bombardeado por la escuadra inglesa del almirante Rainsborough en 1046/1637. Dentro del recinto del *borsh* se encuentra el morabito de Sidi Majluf, judío de origen, desde donde un estrecho camino permite llegar al *wad*.

Borsh Qadia

Lleva el nombre de la tumba vecina, donde está enterrada Lalla Qadia. Este es el lugar que los barqueros que cruzaban el *wad* utilizaban para embarcar y desembarcar a los pasajeros. Cuando la marea está alta, el agua llega hasta el pie de esta torre, que no es un bastión propiamente dicho sino un puesto de vigilancia. La torre pudo ser construida en el siglo XI/XVII.

VIII.2 SALÉ

Salé está a 3 km de Rabat, separada de ella por el río Bu Regreg, que se puede atravesar en barco.

Si bien solo hicieron falta tres años (154/771 al 156/773) para que España (al-Andalus) fuera sometida por los árabes, la Reconquista eurocristiana necesitó varios siglos: desde la derrota almohade de Las Navas de Tolosa, en 608/1212, hasta los edictos de expulsión de los musulmanes promulgados por Felipe III, en 1017/1609, pasando por la capitulación de Granada en 897/1492. A cada una de estas fechas fatídicas corresponde una ola de emigración andalusí hacia Marruecos, pero la que más afectó a las riberas del Bu Regreg fue la última en el tiempo: el éxodo de los moriscos expulsados de al-Andalus a comienzos

241

RECORRIDO VIII   *Pleamar y bajamar, resplandor y ocaso*
Salé

del siglo XI/XVII, que había de hacer famoso el nombre de Salé. Esta ciudad, situada en la orilla derecha del Bu Regreg, cuya fecha de fundación sigue siendo una incógnita, fue probablemente en el siglo IV/X la capital del reino de los Beni Ifren, y se convirtió, a finales del siglo VI/XII, en un ajetreado puerto que excitó la codicia de España en el siglo VII/XIII. Así, Alfonso X de Castilla, aprovechando las disensiones entre almohades y meriníes, se apoderó de ella y la saqueó en 658/1260, el día de *Aid al-Fitr,* "Fiesta de la ruptura del ayuno del Ramadán", pero Abu Yusef Ya'qub la recuperó al cabo de catorce días. Este soberano meriní construyó entonces una muralla para protegerla, y edificó en su interior una *medersa*, una *zawiya*, una escuela de medicina y un acueducto.

Los meriníes fueron grandes protectores de las artes y las letras. Como sus contemporáneos, los reyes de Granada, embellecieron las principales ciudades de su reino. Desde entonces, Salé se convirtió en el puerto principal del reino de Fez y en la plaza comercial más importante de la costa occidental, frecuentada por comerciantes de todo el mundo cristiano: mediterráneos, flamencos e ingleses llegaban atraídos por la aptitud y cortesía de los mercaderes saletinos, que vendían pieles, lana, tejidos, tapices, marfil, cera y miel, comprando a su vez telas y objetos manufacturados a los pisanos, catalanes, genoveses y venecianos. Cuando los moriscos (musulmanes y judíos) fueron expulsados de España, vinieron familias enteras de Castilla, Cataluña, Andalucía y Murcia a instalarse en las dos riberas del Bu Regreg: en Salé la Antigua (la actual Salé), y en Salé la Nueva (Rabat). Bajo el impulso de los hornacheros, ricos negociantes de los alrededores de Badajoz, avezados en las técnicas de la navegación marítima, se especializaron en una nueva forma de *yihad*: el corso filibustero, al que se dedicaron durante más de medio siglo, tanto para hacer fortuna como para vengarse de los cristianos que les habían arrebatado su tierra natal.

La llegada de estos moriscos coincidió con las luchas fratricidas entre príncipes saadíes, que presagiaban el final de la dinastía y que se tradujeron en una gran debilidad de la autoridad política central. Recalcitrantes frente al poder español cristianizado, ante el que no quisieron renegar de los aspectos arábigo-musulmanes de su patrimonio cultural, al otro lado del Mediterráneo se mostraron de nuevo recalcitrantes frente a un poder marroquí en disolución, ante el que tampoco quisieron renegar de la parte europea de ese mismo patrimonio cultural. En diez años capturaron más de 1.000 navíos; "Estos señores andalusíes, gobernadores del castillo y de sus dependencias", como los designaban sus cautivos, decidieron desvincularse de la autoridad del sultán de Marrakech, al que dejaron de pagar el diezmo de sus beneficios, para organizarse en entidad autónoma, una ciudad-estado dirigida por un gobierno elegido por un año y que vino a reforzar el cinturón defensivo del país contra las veleidades belicosas y dominadoras de Europa. Paralelamente a las actividades de piratería, Salé mantuvo un comercio fructífero con varias naciones europeas (España, Francia, Holanda, Italia) y firmó tratados de no agresión o de tregua que negoció con los representantes de algunas de dichas potencias.

Entretanto, la dinastía alauí sustituyó a la saadí, y esta "República de las Dos Riberas" acabó por ser considerada como un lugar de excesos y desenfreno por los *chorfa* alauíes, nuevos dueños del país, que

RECORRIDO VIII   *Pleamar y bajamar, resplandor y ocaso*
Salé

Bab Mrissa, vista de conjunto, Salé.

ocuparon las riberas del Bu Regreg en 1076/1666. Tomaron a los corsarios bajo su tutela, confiándoles ocasionalmente misiones políticas, como la embajada del Rais Abdallah Ibn Aicha ante Luis XIV, en 1109/1698.

Fue en esta época, como destaca Charles-André Julien, donde se sitúa el origen del Marruecos moderno; un Marruecos que no cesará de enfrentarse a las aspiraciones imperialistas de los Estados europeos, que se afanarán por dominarlo y dividirlo. Mulay Ismail (1082/1672-1139/1727) confió la custodia de la fortaleza a miembros de la tribu nómada de los udayas, y sus sucesores la consolidaron, la fortificaron y desarrollaron su armamento.

Después de ser uno de los principales polos de intercambio comercial con el extranjero y de contribuir a la apertura de Marruecos al exterior, el puerto del Bu Regreg vio declinar sus actividades con la creación del gran puerto de Essauira (Mogador) en 1177/1764. Las dos ciudades del Bu Regreg volverán progresivamente la espalda al mar, pero seguirán siendo un lugar de paso obligatorio entre Fez y Marrakech.

Rabat se convirtió en ciudad real bajo el reinado del sultán Sidi Mohamed Ibn Abdallah, que construyó en ella la mezquita Sunna, inaugurada en 1199/1785. Pero la epidemia de peste declarada entre 1211/1797 y 1214/1800 diezmó más de un tercio de la población del país, calculada en la época en 5 millones de almas, y redujo la población de Rabat a menos de 20.000 habitantes, haciéndola entrar en un nuevo período de letargo. En 1248/1833, el sultán Mulay Abderrahman hizo que parte de la tribu de los udayas se instalara de forma sedentaria entre Rabat y Temara para crear un escudo contra las turbulentas tribus de los zaers.

Las autoridades francesas de ocupación escogieron Rabat como capital del reino en

RECORRIDO VIII *Pleamar y bajamar, resplandor y ocaso*
Salé

1912, con el fin de asegurar su Protectorado lejos de las ciudades que simbolizan los grandes imperios marroquíes: Fez, Marrakech y Mequinez. Con tal motivo, la alcazaba de los Udayas fue restaurada y convertida en museo, y se le añadió un jardín andalusí; Salé se entregó a actividades más pacíficas: la religión y el artesanado.

Pero la apacible aglomeración burguesa de 20.000 habitantes se convertiría muy pronto en la cuna del nuevo movimiento nacionalista independentista y, tras la independencia en 1956, habría de registrar un gran desarrollo que perpetuó en las dos orillas del Bu Regreg la huella profunda de la civilización arábigo-musulmana de al-Andalus, tanto en los edificios de culto como en los oficiales, así como en algunas construcciones de particulares.

VIII.2.a Bab Mrissa

Una vez en Salé, en la plaza Bab Rih, dirigirse hacia la muralla que rodea la medina. La puerta Bab Mrissa abre la medina a la calle Ach Charid Ahmed ben Abud.

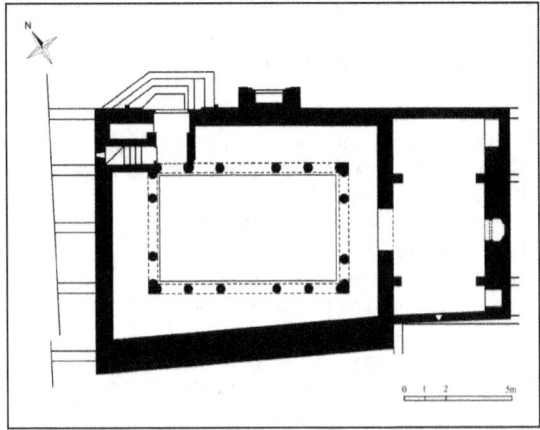

Medersa Meriní, plano de la planta baja, Salé.

El monumento más antiguo conocido de la época meriní es, sin duda, esta puerta monumental, construida entre 658/1260 y 668/1270, que permitía la entrada de barcos intramuros a través de un canal que unía el Bu Regreg con un arsenal actualmente encenagado. Aunque parcialmente hundida, continúa siendo sorprendente por la amplitud de su arcada, tan ancha como larga, con una ojiva de 8 m de luz. Fue construida por un arquitecto sevillano que supo adaptar la estructura de la puerta marroquí tradicional a una nueva función; en particular, suprimiendo los recodos característicos de las puertas defensivas. Flanqueada por dos torres rectangulares, igual que las puertas almohades, pero sin ninguna arcada que venga a duplicar las dovelas lisas, tiene en una de sus fachadas una decoración floral muy rica, en tanto que la otra está totalmente desprovista de decoración.

Si la novela de Daniel Defoe *Robinson Crusoe* (1719) no fuera una obra de ficción, diríamos que fue junto a Salé donde capturaron al protagonista, y que fue Bab Mrissa su puerta de entrada antes de huir para encallar en una isla desierta.

VIII.2.b Medersa Meriní

Desde la puerta Bab Mrissa, tomar la calle Haddadin (calle de los Herreros) dirigiéndose hacia el Suq al-Kebir, antiguo mercado de esclavos. Continuar por la calle Kechachin, que desemboca en la plaza donde están enclavadas la Mezquita Mayor y la medersa.
Abierto todos los días: 9h/12h; 14h30/18h. Pagar entrada.

Este centro de enseñanza, especializado en teología, filosofía y lingüística, fue fundado hacia el año 733/1333 por Abu

RECORRIDO VIII *Pleamar y bajamar, resplandor y ocaso*
Salé

al-Hassan, el famoso "Sultán Negro" cuya tumba se encuentra en la necrópolis del Chellah. La *medersa* continuó su actividad durante casi seis siglos gracias, en especial, a los hábices legados por su fundador. Situada frente a la Mezquita Mayor, que data de la época almohade, en ella destaca el contraste de estilos entre ambas dinastías: la poderosa sobriedad almohade frente a la delicadeza y finura meriní. También las inscripciones grabadas en la piedra testimonian la voluntad de refinamiento estético: "Las maravillas de esta *medersa* turban la razón y cautivan a los ascetas y a los piadosos", afirma una de ellas, en tanto que otra dice: "Mi construcción es la de un palacio escalonado y resplandeciente como las sartas de perlas del collar de una novia".

La elegante puerta de entrada se distingue por el arco de herradura apuntado, inscrito en un arrabá rectangular que lleva en su mitad superior un texto en escritura cúfica y está coronado por un bello tejadillo de cedro tallado, cubierto con tejas verdes barnizadas. Se accede a un vestíbulo, ricamente decorado, que desemboca en un patio rectangular, rodeado de galerías sostenidas por columnas revestidas de *zelish* y decoradas con labores de estuco en forma de paneles de miel. La ornamentación, específicamente meriní, cubre totalmente el conjunto, utilizando alternativamente *zelish* (negro y verde), estuco y madera tallada. En la sala de oración, de pequeñas dimensiones como el resto del edificio, hay un nicho o *mihrab* con una exquisita decoración.

Por la escalera del vestíbulo se llega a las habitaciones de los estudiantes y a la terraza, desde donde se puede disfrutar de una vista sorprendente de Salé, Rabat y el estuario del Bu Regreg.

Bab Mrissa, detalle de la decoración floral, Salé.

RECORRIDO VIII *Pleamar y bajamar, resplandor y ocaso*
Salé

Museo de Cerámica
Ubicado en el borsh noroeste de las murallas, el Museo de Cerámica, abierto en 1994, alberga una colección de piezas excepcionales de las alfarerías de Fez, del Rif y del Atlas Medio.
Otro de sus atractivos es la espectacular vista de los tejados de la medina. Para dirigirse allí desde la medersa, atravesar el cementerio musulmán; el museo está pegado a la muralla.

La Fiesta de los Cirios
La fiesta de los cirios es una procesión solemne pero popular que tiene lugar en Salé en la víspera del Mawlid, día del aniversario del nacimiento del profeta Mahoma. En esta ceremonia, acompañados por fanfarrias, los tobyi (término turco para designar a los artilleros de la Marina) llevan en procesión unos deslumbrantes monumentos de cera, ricamente decorados, que pasean por la ciudad hasta el santuario del primer santo patrono de la ciudad, Sidi Ahmed Ibn Achir, médico y místico emigrado de al-Andalus en el siglo VIII/XIV. Esta tradición fue introducida a finales del siglo X/XVI por el sultán saadí Mansur al-Dahbi, vencedor de la Batalla de los Tres Reyes (30 Yumada 986/4 de agosto de 1578), que había asistido a una ceremonia similar en Estambul. El soberano deseaba que se organizara una procesión de cirios con ocasión del Mawlid tanto en su capital, Marrakech, como en otras ciudades principales del reino. Pero esta celebración solo perdura en Salé, gracias a Sidi Abdallah Ibn Hassun, gran místico contemporáneo de Mansur al-Dahbi, que decidió transferir parte de sus bienes a los hábices (bienes de manos muertas, inalienables) para emplearlos anualmente en la fabricación de los cirios. La danza mágica de los cirios tiene lugar en su mausoleo —que data del siglo XIII/XIX— por la tarde y al son de la música andalusí, y allí mismo se depositan las monumentales velas. La preparación de la ceremonia consta de diferentes etapas y requiere varias semanas de trabajo, movilizándose carpinteros, fabricantes de papel y artesanos de la cera que se transmiten sus conocimientos de generación en generación. Los cirios adoptan la forma de arañas, auténticas lámparas de varios pisos con millares de pequeños motivos modelados en cera, de colores tornasolados, con temas arquitectónicos (arcadas, columnas, cúpulas), geométricos y caligráficos que dan al conjunto el aspecto de ser una copia reducida del santuario, en honor del Mensajero del Islam y de los santos patronos de la ciudad.

DAHIR (DECRETO REAL) PROMULGADO EL AÑO 637/1239 POR EL SOBERANO ALMOHADE AL-RACHID, QUE PUSO EL LUGAR DE RIBAT AL-FATAH A DISPOSICIÓN DE LOS EMIGRANTES ANDALUSÍES

Traducción al francés: Kamal Lakhdar

Este prestigioso decreto fue promulgado por orden del Comendador de los Creyentes, hijo, nieto, bisnieto y tataranieto del Comendador de los Creyentes —quiera Dios otorgarle bendición y asistencia—, en beneficio de los emigrantes de Valencia, de la isla de Chakd y de Chabta, así como en favor de todos los que, del mismo modo, vinieron de los países de Oriente tras conocer similares malos días. Así, y después de que quien detenta los dos visiratos, el nobilísimo, considerabilísimo, respetuosísimo y generosísimo Jeque Abu Alí, hijo del nobilísimo y generosísimo Abu Ya'far Ibn Jalas —quiera Dios perpetuar su fortuna y su generosidad—, hubiera relatado las angustias del exilio que les ha golpeado y los malos tratos que los enemigos les han infligido, y después de que hubiera solicitado para ellos, a título de buena vecindad, la concesión de un abra de asentamiento donde puedan por fin abandonar su cayado de peregrino, ha tenido a bien ordenar —quiera Dios guiar sus mandatos y perpetuar su gloria— que se personen con armas y bagajes en Ribat al-Fath —quiera Dios desarrollar la población, que tomen posesión de edificios y tierras, y que erijan una ciudad acogedora y de buena convivencia— y sean, ciertamente, dignos de la mejor acogida y aptos para la mayor vida en común.

Allí encontrarán las condiciones adecuadas para los negocios y la agricultura, y será el lugar de encuentro de nómadas y sedentarios.

Sus equipos terrestres y marítimos están disponibles en cualquier estación y permiten al habitante gozar de tranquilidad y comodidad. El(los) beneficiario(s) de las obligatorias disposiciones presentes —cuyos efectos quiera Dios perpetuar— conocerán allí un destino tan favorable como el mejor que hayan conocido con anterioridad, de suerte que los poderosos tengan la oportunidad de incrementar su poder, y que los débiles se beneficien de tanta benevolencia que puedan allí adquirir desahogo y riqueza.

Tendrán la oportunidad de dedicarse al cultivo de la tierra, ya que el espacio es amplio y abundante, y ejercer todas las actividades lucrativas y rentables, plantando higueras y otros árboles según las tradiciones de sus países.

Están en condiciones de adquirir propiedades en su nombre y en nombre de sus hijos y de su progenie, y cualquier propiedad agrícola, inmobiliaria o territorial que hayan así adquirido habrá de revestir un carácter oficial, definitivo y perpetuo sin que les sea reclamada una contrapartida o contravalor cualquiera, excepto los cánones legales que Dios ha ordenado deducir de la fortuna de los musulmanes. A este propósito, se confiará en las declaraciones que hagan al respecto del importe de dichos cánones. Del mismo modo, sus deseos y los de sus sucesores serán plenamente satisfechos.

Los *walíes* y los gobernadores —que Dios proteja— están encargados de precaverles contra cualquier dolo que pudiera afectarles de una manera u otra, o que les impidiera realizar una labor cualquiera, grande o pequeña. Están obligados, por lo mismo, a honrar a sus sabios y sus notables, y a dar prueba para consigo de una hospitalidad y una buena vecindad capaz de despojarles de la nostalgia de su país, de hacerles perder el recuerdo de las injusticias que sufrieron y de hacerles disfrutar al mismo tiempo de los derechos adquiridos del autóctono y de los privilegios debidos al huésped. La aplicación de su magnanimidad —quiera Dios glorificar su poder y derramar sobre él el reconocimiento— se extenderá al conjunto de su grupo y de su elite y les llevará a permanecer vinculados a las disposiciones de este eminente decreto, cuyos efectos y beneficios Dios perpetúe. Cualquiera que haga referencia a él, desde el estudiante hasta el gobernador —que Dios colme de dones— deberá conformarse a él y respetar sus generosas orientaciones, con la ayuda del Todopoderoso, Aquel cuyo apoyo se necesita, Aquel que es el Único Dios.

Redactado el 21 de *cha'ban* del año 637.

1- Citado por A. Kriem en *Ribat Al-Fath, Aasimat. Al Mamalakahs Al Maghribyah* (1988).

GLOSARIO

'Abid	Esclavos conversos.
Adan	Llamada a la oración.
Adwa	Orilla.
Alcazaba	Fortaleza o ciudadela fortificada y sede del gobierno.
'Alim	(Pl. *'ulama'*). Sabio y doctor en leyes y ciencias teológicas islámicas.
'Alsh	Renegado.
Amir al-Mu'minin	Príncipe de los creyentes.
Amir al-Muslimin	Príncipe de los musulmanes.
Anza	Quiosco de madera.
Bab	Puerta.
Berchla	Graneros.
Bestela	Torta de masa de hojaldre rellena de pollo o de carne.
Bhu	Alcoba.
Bled	En el norte de África, país, región, interior del país, campiña.
Bojari	Cuero argelino, originario de Bojari (Asia central).
Borsh	Bastión.
Cadí	Juez musulmán.
Caíd	Jefe militar de alto rango, responsable de la administración de una provincia.
Caravansaray	Véase *funduq*.
Chayj	Jeque. Anciano, hombre respetado por su edad y conocimientos. Jefe de tribu o de cofradía.
Cherif	(Pl. *chorfa*.) Jerife, descendiente del profeta Muhammad.
Chilaba	Vestimenta tradicional larga, con mangas largas y capucha, utilizada por hombres y mujeres en el norte de África.
Chkayri	Marroquinero.
Dar	Casa.
Dbag	Curtidor.
Derb	Callejuela o callejón sin salida. Por ext., barrio.
Darih	Mausoleo.
Fqih	(Pl. *fuqaha'*.) Alfaquí, letrado tradicional.
Funduq	En el norte de África, hospedería para los mercaderes y sus animales de carga, almacén para mercancías y centro de comercio equivalente al *caravansaray* o al *jan* del Oriente islámico.
Futa	Pieza de tela que se ciñe a los riñones a modo de delantal, específica de la región del Rif. Servilleta.
Hábices	Bienes de manos muertas.

Hadiz	(Lit. "dichos".) Tradición relativa a los hechos, dichos y actitudes del Profeta Muhammad.
Hammam	Baño público o privado.
Hanta	Gremio.
Heri	Granero para abastecimiento.
Horm	Espacio sagrado.
Jalifa	Funcionario administrativo. Lugarteniente, vicario, representante, sucesor. Califa.
Jarraz	Fabricante de babuchas.
Ksar	(Pl. *ksur.*) Palacio.
Lahri	Silo.
Lekbir	(Fem. *lekbira.*) Grande.
M'allem	(Pl. *m'almin.*) Maestro artesano.
Majzen	(De *majzen,* silo para granos.) Gobierno del sultán.
Maq'ad	Habitaciones abiertas, sin puerta, situadas a los lados del patio.
Maristán	Hospital.
Mechuar	Plaza donde las delegaciones esperan antes de ser recibidas por el sultán.
Meda	Sala de abluciones.
Medersa	Escuela de ciencias islámicas (teología, derecho, Corán, etc.) y lugar de alojamiento para estudiantes en la Edad Media. Hoy en día, escuela.
Medina	Ciudad. En el norte de África, parte antigua de una aglomeración, por oposición a la extensión europea de las ciudades.
Mellah	Término genérico que designa al barrio judío en Marruecos.
Menqach	Martillo utilizado por los tallistas del *zelish*.
Mesriya	Habitación independiente, destinada generalmente a los huéspedes.
Mihrab	Nicho situado en medio del muro de fondo en las mezquitas, que indica la dirección de La Meca.
Mimbar	Púlpito de una mezquita desde donde el imam dirige el sermón a los fieles.
Minzah	Pabellón con jardín. Elemento característico del *riyad* de las grandes mansiones urbanas en Marruecos.
Mruziya	Carne de cordero cocida con siete especies llamadas *ras al-hanut,* almendras, uvas pasas y miel.
Mucharabieh	Rejilla de madera torneada y ensamblada. Celosía.
Muhtasib	Controlador de los mercados, jefe de los gremios y regidor de las costumbres.
Munia	Palacio de recreo.

Glosario

Musem	Fiesta patronal.
Nadir	Funcionario encargado del control y la administración de los hábices.
Qaysariyya	Mercado cubierto (Alcaicería).
Qibla	Dirección de la Ka'ba (lit. "cubo"), templo de La Meca convertido en el centro del culto musulmán, hacia el cual se orientan los creyentes para la oración.
Qsar	(Pl. *qsur.*) Burgo, villa.
Qubba	Cúpula. Por ext., monumento elevado sobre la tumba de un morabito.
Ribat	Fortaleza construida en las zonas fronterizas, desde donde los "monjes-guerreros" que lo habitaban partían para la guerra santa. El nombre de la ciudad de Rabat viene de *Ribat al-Fath, Ribat* "de la Conquista".
Riyad	Jardín en el interior de las casas.
Sabat	Tramo de calle cubierto.
Sahn	Patio interior de una mezquita.
Sahriy	Gran estanque.
Seffar	Encuadernador de libros.
Selham	Vestido tradicional masculino.
Serray	Talabartero.
Sufismo	(De *suf,* lana.) Vestimenta de los ascetas (sufíes). Nombre dado al misticismo musulmán a partir del siglo VIII.
Tal'a	Subida. *Tal'a Lekbira,* "Gran Cuesta", eje principal de la Medina de Fez.
Taleb	(Pl. *tolba.*) Estudiante.
Tawhid	Unicidad.
Tochabim	Judíos marroquíes.
Wad	Curso de agua, a menudo temporal, en las regiones áridas.
Waqf	Bienes de manos muertas.
Wudu'	Abluciones rituales que preceden a la oración.
Yama'	Mezquita donde se celebra la oración cotidiana y la del viernes.
Ybala	Gentes originarias de la región de Yebala, al norte de Marruecos.
Ydid	Nuevo. *Fas-Ydid,* Fez "la Nueva".
Yebel	Montaña, terreno montañoso.
Yihad	Guerra santa llevada a cabo para defender los territorios del Islam. Esfuerzo de perfeccionamiento moral y religioso. Puede

Glosario

                                        conducir al combate "en la senda de Dios" contra disidentes o paganos. *Iytihad* (de la misma raíz que *yihad*). Esfuerzo de interpretación personal de la ley musulmana.

Zawiya   Establecimiento religioso. Mausoleo bajo la autoridad de una cofradía, especialmente dedicado a la enseñanza, el sermón y el encuentro de los adeptos.

Zelish   Pequeños azulejos de cerámica esmaltada, que se utilizan en la decoración de monumentos o en interiores.

ÍNDICE DE PERSONAJES HISTÓRICOS

Abd al-Malik
Sultán saadí, reinó de 983/1576 a 986/1578.

Abd al-Mumen Ibn Alí
Primer monarca de la dinastía almohade, reinó de 524/1130 a 558/1163.

Abdallah Ibn Yassin
Sultán almorávide, propagador de la doctrina malikí, muerto en 450/1059.

Abdelkader Achache
Gobernador de Tetuán, rigió de 1261/1845 a 1267/1851, y posteriormente de 1862 a 1864.

Abu al-Abbas al-Sabti
Erudito, uno de los más importantes representantes del sufismo de la época almohade, protector de los ciegos y uno de los patronos actuales de la ciudad de Marrakech.

Abu al-Hassan
Sultán meriní, reinó de 731/1331 a 752/1351.

Abu Bakr al-Korachi
Médico andalusí.

Abu Djuzay (721/1321-757/1356)
Transcriptor de Ibn Battuta; secretario del sultán meriní Abu Inan.

Abu Inan
Sultán meriní (hijo de Abu al-Hassan), reinó de 751/1351 a 759/1358.

Abu Said Uzman
Sultán meriní (padre de Abu al-Hassan), reinó de 709/1310 a 731/1331.

Abu Ubayd al-Bakri (431/1040-487/1094)
Historiador y geógrafo. Autor del *Libro de los caminos y de los reinos* (*Kitab al-Mamalik wal-l-masalik*).

Abu Ya'qub Yusef
Sultán almohade, reinó de 558/1163 a 579/1184.

Abu Ya'qub Yusef
Sultán meriní, reinó de 684/1286 a 706/1307.

Abu Yusef Ya'qub
Sultán meriní, reinó de 656/1258 a 684/1286.

Abu Zakariya
Sultán wattasí, reinó de 831/1428 a 852/1449.

Ahmed al-Mansur al-Dahbi
Sultán saadí, reinó de 986/1578 a 1011/1603.

Ahmed Errifi (Ahmed Ibn Alí Errifi)
Gobernador de Tánger, Larache y Tetuán de 1124/1713 a 1155/1743 (hijo del gobernador Alí Errifi).

Al-Bujari
Tradicionalista, autor del *Sahih* (recopilación de *hadiz* auténticos).

Alfonso X, conocido como Alfonso el Sabio (1221-1284)
Rey de Castilla y León, de 1252 a 1284, y emperador de Occidente, de 1267 a 1272; restableció la Universidad de Salamanca y propició la elaboración de las tablas astronómicas llamadas *Tablas alfonsíes*.

Alí Errifi (Alí Ibn Abdallah Errifi)
Gobernador de Tánger, Larache y Tetuán de 1090/1680 a 1124/1713.

Alí Ibn Yusef
Sultán almorávide, reinó de 500/1107 a 537/1143.

Al-Mokadem Abu al-Abbas Ahmed Ibn Aissa Naqsis
Jefe guerrero tetuaní, reinó en el siglo XI/XVII.

Al-Nasiri (1250/1835-1314/1897)
Erudito, historiador y funcionario jerifiano. Autor de una historia general de Marruecos, *Kitab al-istiqsa li-akhbar dowal al-Maghrib al-aqsa*.

Aurillac (d'), Gerbert (938-1003)
Papa de 999 a 1003, bajo el nombre de Silvestre II.

Buluguin (Ibn Ziri)
Príncipe zirí de Fez hacia 369/980

Chénier, Louis
Cónsul francés en Rabat en el siglo XVIII.

Defoe, Daniel (h. 1660-1731)
Escritor inglés, aventurero, comerciante y agente político. Autor de narraciones, ensayos y una novela de aventuras de reputación universal, *Robinson Crusoe* (1719).

Fatima al-Fihri
Hija de un rico hombre de negocios kairuaní, fundadora de la mezquita Qarawiyin en 242/857.

Felipe II (1527-1598)
Hijo de Carlos I de España y V de Alemania. Rey de España de 1556 a 1598, y rey de Nápoles, Sicilia y Portugal de 1580 a 1598.

Foucauld (de), Charles (1858-1916)
Explorador y misionero francés. Autor de *La Renaissance au Maroc*.

Ibn al-Jatib (713/1313-776/1374)
Cronista andalusí, escritor, médico y ministro en Granada. Autor de *Mi'yar al-Ikhtiyar*.

Ibn Marzuk (n. en Tlemcen en 709/1310)
Escritor y poeta en la corte de los príncipes meriníes Abu al-Hassan y Abu Inan. Autor de *Musnad as-Sahih al-Hassan*.

Ibn Rochd, conocido como Averroes (520/1126-594/1198)
Ilustre filósofo árabe, visir y médico del soberano almohade Abu Ya'qub Yusef. Autor de *Descubrimiento del método*.

Ibn Tofail (504/1110-581/1185)
Maestro de Ibn Rochd. Autor de *El filósofo autodidacta* (*Risalat Hayy Ibn Yaqzan*).

Ibn Zidan
Historiador de la dinastía alauí. Autor de *Al-Ithaf*.

Idris I (Idris Ibn Abdallah)
Sultán idrisí, reinó de 171/788 a 174/791.

Idris Ibn Abdallah
Ver Idris I.

Idris II
Sultán idrisí, reinó de 192/808 a 213/828.

Imam Ahmed Abu Bakr
Sultán zeneta, muerto en 480/1087-88.

Jayreddine, conocido como Barbarroja (880/1476-952/1546)
Corsario griego y gobernador de Argel. Fue nombrado por Soleimán el Magnífico «Gran Almirante de todas las flotas otomanas».

Julián, Conde
Gobernador de Ceuta en 710.

Luis XIV, conocido como Rey Sol
Rey de Francia desde 1643 hasta 1715.

Lyautey (1854-1934)
Mariscal de Francia, alto comisario de la República Francesa en Marruecos.

Maimónides (Moshe Ibn Maimun) (529/1135-600/1204)
Autor de la *Epístola de la Persecución*.

Meryem al-Fihri
Hermana de Fatima al-Fihri, fundadora de la mezquita de los Andalusíes en 244/859.

Mohamed al-Nasir
Príncipe almohade, hijo de Ya'qub al-Mansur. Reinó de 595/1199 a 609/1213.

Mohamed al-Muttawakil
Sultán saadí, sobrino de Abd al-Malik, reinó de 981/1574 a 983/1576.

Mohamed Ibn Idris
Sultán idrisí (hijo de Idris II), reinó de 212/828 a 221/836.

Mohamed Ibn Tumert (472/1080-524/1130)
Sultán almohade, *fqih* pensador y *mahdi* de los almohades, que le dieron el sobrenombre de "El Imam irreprochable".

Mohamed III
Sultán alauí, reinó de 1170/1757 a 1204/1790.

Mohamed IV
Sultán alauí, reinó de 1859 a 1873.

Mohamed V
Sultán alauí, reinó de 1927 a 1961.

Mulay Abdallah
Sultán alauí, reinó de 1140/1728 a 1170/1757.

Mulay Abderrahman
Sultán alauí, reinó de 1237/1822 a 1275/1859.

Mulay Abdessalam Ibn Mchich
Jerife idrisí de la tribu de los Banu Aruss, muerto en 622/1225.

Mulay Hassan
Sultán alauí, reinó de 1873 a 1894.

Mulay Ismail (1055/1646-1139/1727)
Sultán alauí, reinó de 1082/1672 a 1139/1727.

Mulay Rachid
Sultán alauí, reinó de 1076/1666 a 1082/1672.

Mulay Sliman
Sultán alauí, reinó de 1206/1792 a 1237/1822.

Musa Ibn Nosayr (19-640/97-717)
Gobernador de Ifriqiya en 78/698.

Omar Lukach
Andalusí, descendiente de los califas omeyas. Fue secretario de Mulay Ismail, y después jefe de aduanas y del califato del gobernador Ahmed Errifi.

Salah-Eddine al-Ayyubi, conocido como Saladino (531/1137-589/1193)
Sultán de Egipto y Siria, fundador de la dinastía de los ayyubíes.

Sebastián, rey de Portugal
Reinó de 1557 a 1578.

Sidi al-Mandri
Originario de Granada, fundador y símbolo de la ciudad de Tetuán, muerto en 916/1511)

Tarik Ibn Ziyad (siglo I/VIII)
Liberto del general omeya Mussa Ibn Nosayr.

Ya'qub al-Mansur
Sultán almohade, reinó de 579/1184 a 595/1199.

Yusef Ibn Tachfin
Soberano almorávide, reinó de 453/1061 a 500/1107.

ORIENTACIÓN BIBLIOGRÁFICA

AFRICAIN, L., *Description de l'Afrique*, París, 1956.

AZZIANI, *Turjuman al murib an diwal al Machriq wal Magrib, Le Maroc de 1631 à 1812*, éd. et trad. O. Houdas, París, 1886.

BEL, A, *Inscriptions arabes de Fès,* París, 1938.

BUSNOT, D., *l'Histoire du règne de Moulay Ismaïl, Roy du Maroc, Fès, Tafilalet, Souses* ..., Rouen, 1714.

CARVAJAl, M., *Descripción general de África*, Granada, 1573.

GAILLARD, H., *Une ville de l'Islam, Fès*, París, 1905.

AL-GHAZALI, *Le Livre du licite et de l'illicite (Kitab al-halal wa-l-haram)*, traduction R. Morelin, París, 1981.

IBN BATTOUTA, *Récit de voyages* (Rihla), trad. francesa y ed. C. Defrémery y B. R. Sanguinetti, 4 vols., 1853-1859.

IBN HAWQAL, *Livre de la configuration de la terre* (*Kitab surat al-ard*), trad. Francesa G. Wiet, París-Beyrouth, 1964.

IBN KHALDOUN, *Prolégo-mènes*, trad. de Slane, París, 1863.

IBN QUZMAN, *Le Diwan d'Ibn Guzman*, texto, traducción y comentarios D. de Gunzburg, Berlín, 1896.

AL-IDRISSI, *Livre de Roger (Kitab Rudjar),* trad. A. Jaubert, 2 vols., París, 1836-1840.

JULIEN, Ch-A., *Histoire de l'Afrique du Nord*, París, 1956.

MARÇAIS, G. *L'architecture musulmane d'Occident*, París, 1954.

— *L'Art musulman*, París, 1962.

MIÈGE, J. L., *Le Maroc et l'Europe (1830-1894)*, París, 1961.

MIÈGE, J. L., BENABOUD, M., ERZINI, N., *Tétouan, ville andalouse marocaine*, Tetuán, 1996.

MOÜETTE, G., *Relation de la captivité de S. Moüette dans les royaumes de Fès et du Maroc*, París, 1682.

TERRASSE, H., *Histoire du Maroc*, t. I et II, Casablanca, 1950.

— *Islam d'Espagne. Une rencontre de l'Orient et de l'Occident*, París, 1958.

ZAFRANI, H., *2000 ans de vie juive au Maroc*, Casa-blanca, 1998.

PUBLICACIONES COLECTIVAS

Fès médiévale, Autrement, série Mémoires, núm. 13, 1992.

Histoire du Maroc, Hatier, 1990.

AUTORES

Naïma El-Khatib Boujibar
Arqueóloga e historiadora del arte, Naïma El-Khatib Boujibar ha ocupado diferentes puestos en el seno del Ministerio de Asuntos Culturales antes de dirigir el centro del Patrimonio Marroquí-Lusitano (1997).
Autora de *Dos mil años de arte*, ed. Gauthey, Casablanca, 1964, ha colaborado, además, con diferentes revistas de arqueología y ha publicado numerosos artículos sobre las artes mobiliarias de Marruecos, sobre arquitectura antigua, así como sobre el arte y las tradiciones marroquíes, entre las cuales se destacan los siguientes:
Mémorial du Maroc, éd. Nord Organisation, Rabat, vol. 1, 1983, 128-167 et 177-189 et vol. 8, 1985, 228-249.
"Les fouilles de Dchar Jdid 1977-1980", *Bulletin d'Archéologie Marocaine*, ed. Marocaines et internationales, Tanger, 1984, vol. 14, 169-2454.

Mhamad Benaboud
Profesor investigador en la Universidad de Tetuán, Mhamad Benaboud es historiador y especialista en la ciudad de Tetuán. Es autor de numerosas obras, entre otras, *Tétouan, ville andalouse Marocaine*, CNRS éditions, Paris, 1996, y *Kalila wa dimna*, Rabat, 1996.

Kamal Lakhdar
Historiador y miembro de la asociación Ribat El-Fath, ha sido durante mucho tiempo alto funcionario de la administración pública de Marruecos. Kamal Lakhdar es autor del libro *Rabat: le temps d'une ville*, Eddif, Casablanca, 1991.

Mohamed Mezzine
Doctor en Historia moderna por la Universidad de París VII-Jussieu, Mohamed Mezzine es actualmente decano de la Facultad de Letras Modernas Fez-Saïss. Premio de Marruecos en ciencias sociales por el libro *Fès et sa campagne 1549-1637. Contribution à l'histoire du Maroc Saadien*, Dar al-Maarif al-Jadida, Rabat, 1986. Es coautor del volumen *Histoire de l'Encyclopédie du Maroc*, 1988, en el que ha participado con los artículos siguientes:
"Les Saadiens: XVIe et XVIIe siècles", pp. 83-96
"L'avènement d'une nouvelle dynastie, les Alaouites, 1660-1727", pp. 98-108.

Abdelaziz Touri
Doctor en Arqueología e Historia del arte por la Universidad de París-IV Sorbona, Abdelaziz Touri es director del Patrimonio en el Ministerio de Asuntos Culturales. Director de numerosas misiones de investigación arqueológica en Marruecos, es autor también de gran número de artículos sobre arqueología marroquí y el Occidente musulmán, así como coautor de diversas obras, entre ellas:
Abdelaziz Touri, M. Ameziane Hassani et Gian Carlo Barbato, *Le projet pilote de restauration et réhabilitation internationale du palais Dar Adiyel à Fès (un exemple de coopération internationale tripartite)*, éd. Diagonale, Rome, 1999, 25-41.
"L'oratoire de quartier", *Fès Médiévale. Entre légende et histoire, un carrefour de l'Orient à l'apogée d'un rêve*, dirigida por Mohamed Mezzine, éd. Autrement, série Mémoires, núm. 13, París, 1992, 100-109.

Museum With No Frontiers (MWNF)
Itinerarios-Exposición y guías temáticas
EL ARTE ISLÁMICO EN EL MEDITERRANEO

Las guías temáticas MWNF son elaboradas por expertos locales que nos presentan la historia, el arte y el patrimonio cultural desde la perspectiva del país tratado.

Egipto
EL ARTE MAMELUCO
Esplendor y magia de los sultanes *236 páginas*
cuenta la historia de casi tres siglos de estabilidad política y económica, obtenida gracias a la exitosa defensa del territorio por los sultanes, ante las amenazas de mongoles y cruzados. El florecimiento intelectual, científico y artístico se manifiesta en la arquitectura y las artes decorativas mamelucas, de una elegante y vigorosa simplicidad casi moderna, que atestiguan la vitalidad de su comercio, su energía cultural, y su fuerza militar y religiosa.

España
EL ARTE MUDÉJAR
La estética islámica en el arte cristiano *318 páginas*
descubre la riqueza fascinante de una simbiosis cultural y artística genuinamente hispánica, que se convirtió en un elemento distintivo de la España cristiana al finalizar la dominación árabe. Los mudéjares eran musulmanes a quienes se permitió permanecer en los territorios reconquistados, y los artistas y artesanos mudéjares tuvieron una gran influencia en la cultura y el arte de los nuevos reinos cristianos. Las iglesias, los monasterios y los palacios de ladrillo, bellamente decorados, en Aragón, Castilla, Extremadura y Andalucía, son un ejemplo sin igual de la creativa preservación de formas islámicas en el arte cristiano en España, entre los siglos XI y XVI.

Italia (Sicilia)
EL ARTE SÍCULO-NORMANDO
La cultura islámica en la Sicilia medieval *328 páginas*
ilustra cómo el gran patrimonio artístico y cultural de los árabes, que gobernaron la isla en los siglos X y XI, fue asimilado y reinterpretado durante el posterior reinado normando, y alcanzó su apogeo en la era resplandeciente de Ruggero II, en el siglo XII. Los espectaculares paisajes costeros y de montaña proporcionan el telón de fondo para las visitas a las ciudades, los castillos, jardines, iglesias y antiguas mezquitas cristianizadas.

Jordania
LOS OMEYAS
Los inicios del arte islámico *224 páginas*
presenta un recorrido por el gran florecimiento artístico y cultural que dio origen a la fase de formación del arte islámico durante los siglos VII y VIII. Los omeyas unificaron el Mediterráneo y las culturas persas, y desarrollaron una síntesis artística innovadora que incorporó e inmortalizó el legado clásico, bizantino y sasánida. La elegante arquitectura de los castillos del desierto así como los frescos, mosaicos y obras maestras del arte figurativo y decorativo aún evocan el fuerte sentido del realismo y la gran vitalidad cultural, artística y social de los centros del califato omeya.

Marruecos
EL MARRUECOS ANDALUSÍ
El descubrimiento de un arte de vivir 264 páginas

cuenta la historia de los intercambios entre la frontera más alejada del Magreb y al-Andalus, durante más de cinco siglos. Las circunstancias políticas y sociales condujeron a una encrucijada de culturas, técnicas y estilos artísticos, evidenciada por el esplendor de las mezquitas, los minaretes y las madrasas idrisíes, almorávides, almohades y meriníes. La influencia de la arquitectura cordobesa y los modelos decorativos, los arcos de herradura, los motivos florales y geométricos andalusíes, así como el empleo del estuco, la madera y las tejas policromadas, muestran el intercambio continuo que hizo de Marruecos uno de los ámbitos más brillantes de la civilización islámica.

Territorios Palestinos
PEREGRINACIÓN, CIENCIAS Y SUFISMO
El arte islámico en Cisjordania y Gaza 254 páginas

explora un período durante los reinados de las dinastías ayyubíes, mamelucas y otomanas, en el cual llegaban a Palestina numerosos peregrinos y eruditos de todo el mundo musulmán. Las grandes dinastías encargaban obras maestras del arte y la arquitectura para los centros religiosos más importantes. Por atraer a los sabios más destacados, muchos centros gozaban de un prestigio considerable y promovían la difusión de un arte peculiar que sigue fascinando. Los monumentos y la arquitectura islámica de este Itinerario-Exposición reflejan claramente las conexiones entre el mecenazgo dinástico, la actividad intelectual y la rica expresión de la devoción popular, arraigada en esta tierra durante siglos.

Portugal
POR TIERRAS DE LA MORA ENCANTADA
El arte islámico en Portugal 200 páginas

descubre los cinco siglos de civilización islámica que dejaron su impronta en la población del antiguo Garb al-Andalus. Desde Coimbra hasta los más lejanos confines del Algarbe, los palacios, mezquitas cristianizadas, fortificaciones y centros urbanos atestiguan el esplendor de un pasado glorioso. Este recuerdo artístico es la expresión de una delicada simbiosis, que ha determinado las particularidades de la arquitectura vernácula y sigue omnipresente en la identidad cultural de Portugal.

Túnez
IFRIQIYA
Trece siglos de arte y arquitectura en Túnez 312 páginas

es un viaje a través de la historia de la arquitectura islámica del Magreb, para descubrir una civilización milenaria que convirtió en obras de arte sus espacios más importantes. Las grandes dinastías islámicas –abbasíes, aglabíes, fatimíes, ziríes, almohades, hafsíes, otomanos–, así como las escuelas y los movimientos religiosos islámicos dejaron la impronta de su expresión artística a lo largo de los siglos. El arte islámico de Túnez es una encrucijada de culturas y ha sido ampliamente influenciado por las costumbres artísticas locales, por los elementos arquitectónicos y decorativos andalusíes y orientales, por tradiciones árabes, romanas y beréberes, y por la diversidad del paisaje natural.

www.ingramcontent.com/pod-product-compliance
Lightning Source LLC
Chambersburg PA
CBHW070323240426
43671CB00013BA/2348